HOLZARBEITEN
IM LANDHAUSSTIL

Jack Hill

HOLZARBEITEN
IM LANDHAUSSTIL

Fotografiert von James Merrell

Augustus Verlag Augsburg

Die Deutsche Bibliothek – CIP-Einheitsaufnahme

Holzarbeiten im Landhausstil / Jack Hill. Fotogr.: James Merrell.
[Übers. Eva-Maria Müller]. – Augsburg : Augustus-Verl., 1996
ISBN 3-8043-0478-8

'First published in Great Britain in 1995
under the title THE COUNTRY WOODWORKER
by Mitchell Beazley an imprint of Reed Consumer Books Ltd
Michelin House, 81 Fulham Road, London SW3 6RB
Text © 1995 Jack Hill
Illustrations © 1995 Reed International Books Limited
© 1995 Reed International Books Limited
All rights reserved

Senior Art Editor **Larraine Shamwana**
Senior Editor **Jennifer Jones**
Designer **Geoff Fennell**
Editors **Jonathan Hilton, Maggi McCormick**
Produktion **Michelle Thomas**

Art Director **Jacqui Small**
Executive Editor **Judith More**

Übersetzung: Eva-Maria Müller, Augsburg
Fotografie: James Merrell
Deutsches Fachlektorat: Helmut Kränzlein, Möbel und Innenausbau
Schupik, Schrobenhausen
Umschlaggestaltung: Christa Manner, München

AUGUSTUS VERLAG AUGSBURG 1996
© Weltbild Verlag GmbH, Augsburg
Satz: satz-studio gmbh, Bäumenheim
ISBN 3-8043-0478-8

Origination by Mandarin Singapore
Produced by Mandarin Offset
Printed and bound in China

INHALT

Leben mit Holz

Von allen natürlichen Materialien ist Holz das am meisten verarbeitete. Ähnlich wie die Nahrung hat Holz schon seit frühester Zeit dazu beigetragen, die Grundbedürfnisse des Menschen zu befriedigen. Man charakterisiert und bezeichnet die frühen Kulturen nach den Materialien, aus denen Axt und Beil hergestellt wurden – Steinzeit, Bronzezeit, Eisenzeit –, später entwickelten sich neue Werkzeugtypen zum Fällen von Holz und zum Gebrauch als Waffe. Holz und Axt lieferten dem Menschen der Frühzeit das Brennmaterial und später auch ein Dach über dem Kopf.

WISSEN UND TECHNIKEN ENTWICKELN SICH

In allen alten Kulturen, in Ägypten, Asien, Europa und in Amerika, wurde Holz zum Hausbau, für Möbel und eine Vielzahl von Haushaltsgegenständen und landwirtschaftlichen Geräten verwendet. Die den Werkstoff Holz bearbeitenden Handwerker erkannten mit der Zeit die unterschiedlichen Eigenschaften der verschiedenen Holzarten und entwickelten Verarbeitungstechniken, mit denen Qualitäten effektiver und vorteilhaft genutzt werden konnten. Im Mittelalter entstand das technische Wissen zur Holzbearbeitung – vom Schneiden, Zurichten, Schnitzen bis hin zu ersten Holzverbindungen. Diese frühen Verbindungen waren zwar noch sehr einfach und grob, aber solide angefertigt – so solide, daß manche noch bis heute intakt sind. Gleichzeitig entwickelte man damals neue Werkzeuge und Arbeitsmethoden, und allmählich erreichten Möbel und kunsthandwerkliche Erzeugnisse von städtischen Handwerkern ein ausgesprochen hohes Niveau.

Die Möbel der Dorfschreiner – die häufig noch mit Axt, Breitbeil und großem Bohrer arbeiteten – zeigten jedoch weiterhin einen sehr einfachen Stil. Sie entsprachen den Bedürfnissen einer mehr auf Funktion als auf formale Gesichtspunkte ausgerichteten Landbevölkerung. Bäume und Wälder als Rohmaterial waren vor Ort zumeist im Überfluß vorhanden, und als noch weitere Teile der Welt von den europäischen Seefahrernationen erschlossen wurden, entdeckte man, daß einheimische wie neue Baumsorten weit verbreitet waren und sogar in noch größerer Fülle zur Verfügung standen. Und weil Bäume wachsen, also auch gepflanzt werden können, kam man schließlich zu der Erkenntnis, daß sich dem Menschen hierin womöglich eine unerschöpfliche, weil zu ersetzende Rohstoffquelle eröffnete – eine Schlußfolgerung, die bis heute in ihrer ganzen Tragweite noch nicht richtig eingeschätzt wird.

Bald zeigte die Erfahrung, daß sich bestimmte Holzarten für einen spezifischen Verwendungszweck besser eigneten als andere. Esche beispielsweise ist äußerst robust und doch elastisch, widerstandsfähig auch bei kräftigen Stößen und Erschütterungen – und so wurden aus Eschenholz verstärkt Werkzeuggriffe angefertigt. Eichenholz dagegen, das ehemals in großer Menge zur Verfügung stand, ist robust, aber auch hart und sehr schwer. Das Kernholz ist extrem langlebig, was dazu führt, daß Eiche auf breiter Basis im Haus- und Möbelbau Verwendung fand.

DIE KOLONIALZEIT

Im Zuge der Erschließung und Kolonisierung der Neuen Welt entdeckten Siedler Baumarten mit ähnlichen Charakteristika wie diejenigen ihrer Heimatländer, aber auch neue mit völlig unterschiedlichen Eigenschaften. Wald und Bäume waren überall, und zunächst mußten Tausende gefällt werden, um Platz zu schaffen für die Siedlungen und Anbauflächen. Durch diese Rodungen im Zusammenhang mit der Urbarmachung und Kultivierung des Landes gewann man gleichzeitig die notwendigen Mengen an Bau- und Brennholz. Wieder mußten elementare Lebensbedürfnisse – Nahrung, Wohnen, Brennmaterial – befriedigt werden, und noch einmal war Holz dafür die Grundlage – zusammen mit dem wichtigsten Werkzeug, der Axt.

Zunächst ging es diesen frühen Siedlern zweifellos ums bloße Überleben. Was man am notwendigsten brauchte, wurde zuerst erledigt, und als es dann ans Möbelbauen ging, wurden dieselben Maßstäbe und Prioritäten gesetzt. Ein Tisch, Hocker und Betten, vielleicht ein Stuhl oder eine Wiege, ein Kasten oder Schrank als Stauraum und einige Küchenutensilien – viel mehr war nicht vonnöten.

Links: Einige wesentliche Charakteristika des Landhausstils sind hier vereint: gekalkte Natursteinwände, ein schlichter Dielenboden und die offene Holzbalkendecke. Tisch und Stühle sind von Shaker-Möbeln inspiriert, zum Trocknen aufgehängte Kräuter und die Körbe vervollständigen das Bild.

Oben: Diese rustikale »Stalltür« mit schmiedeeisernen Beschlägen und Riegeln ist ein schönes Beispiel für die Zusammenarbeit von Schreiner und Schmied. Originale Türen dieser Art finden sich heute aufgrund intensiver »Restaurierungen« und der Mode, Altes durch Neues zu ersetzen, nur noch sehr selten.

RÜCKKEHR ZU DEN URSPRÜNGEN

Während Holz in Hülle und Fülle vorhanden war, mangelte es an Werkzeugen – was dazu führte, daß die ersten Gebrauchsgegenstände und Möbelstücke sehr schlicht und streng funktional ausgeführt waren. Diejenigen, die sie anfertigten, sahen sich – auch wenn sie mit den kunstvolleren zeitgenössischen Stilrichtungen in Europa vertraut waren – aufgrund ihrer Lebensumstände dazu gezwungen, die einfachere, ländliche Tradition der Holzbearbeitung zu praktizieren. Dies entsprach einem Stil, der für englische, holländische und skandinavische Dorfzimmerer oder -schreiner typisch war. Obwohl auch ausgebildete Handwerker unter den frühen Siedlern waren, nahmen diese bewußt die Methoden der Holzbearbeitung in ländlichen Gegenden wieder auf und machten mit Erfindungsgeist und ihren Fähigkeiten das beste aus dem, was sie hatten und wußten.

Diese Handwerks-»Pioniere« schufen solide Holzkonstruktionen und – weil Nägel und Schrauben schwierig zu beschaffen und Leim praktisch unbekannt war – Schwalbenschwanz- bzw. Nutverbindungen. Schlitz- und Zapfenverbindungen wurden entweder gedübelt oder verkeilt – genau wie es die »Kollegen« in der Alten Welt jahrhundertelang praktiziert hatten.

Natürlich brachten die aus unterschiedlichen Ländern Europas stammenden Siedler auch ihre eigenen Traditionen im Möbelbau mit, und diese hatten – genau wie der Beitrag religiöser Gemeinschaften, insbesondere der Shaker und Amish – wiederum Einfluß auf das lokale Handwerk. Neuenglischer, spanischer und holländischer Kolonialstil, pennsylvaniadeutscher, französischer oder skandinavischer Stil – all das steht für einen Möbeltyp, den wir heute allgemein mit »amerikanischem Landhausstil« beschreiben. In Europa haben die jeweiligen Länder einen individuellen Stil beibehalten, der sogar regional unterschiedlich war und bis heute noch ist. Die enorme Vielfalt an Stilen bei bemalten Möbeln ist ein gutes Beispiel für das breite Spektrum auf dem europäischen Kontinent.

WERTSCHÄTZUNG DES LANDHAUSSTILS

Heute wird den Arbeiten, wie sie in Dorfschreinereien des 18. und 19. Jahrhunderts in Europa, in den abgelegenen Gebieten und frühen Siedlungen des kolonialen Amerika entstanden sind, höchste Wertschätzung entgegengebracht. Diese Möbel sind Ausdruck einer bestimmten Zeit und eines Lebensstils – einer Zeit, in der die Umgebung des Menschen noch natürlicher und der Alltag noch gemächlicher war als in unserer modernen, technologiegehetzten Welt. Holzarbeiten, Möbel im »Landhausstil«, vermitteln – vielleicht mehr als irgend etwas anderes – dieses Lebensgefühl, das Substrat eines »Lebens auf dem Land«.

Und doch ist dieser Landhausstil mehr als ein Stil, mehr als eine Laune oder Mode. Es handelt sich vielmehr um ein Phänomen von bleibendem Interesse, ein Erbe vergangener Praktiken und Traditionen – um etwas in seiner Schlichtheit Zeitloses. Es ist ein Stil, der aus der Notwendigkeit heraus geboren wurde, von Menschen, die schon dankbar waren, wenn sie überlebten – ein Stil, der unprätentiös, in seiner Eigenständigkeit zugleich aber sehr kreativ ist. Sich selbst genügend und anpassungsfähig bauten diese Handwerker einzig und allein auf das überlieferte technische Wissen, ihre wenigen Werkzeuge und das reichlich vorhandene Material.

Dieses Buch verfolgt eine doppelte Absicht: Zum einen möchte es zeigen, wie holzgefertigte Möbel und Gegenstände dieser vergangenen Tage zu einem »Landhaus«-Lebensstil beitragen können, zum anderen soll es – in praktischer Hinsicht – die Möglichkeiten eröffnen, dieses Ziel zu erreichen. Die einführenden Texte und Bilder zu Beginn jedes neuen Kapitels enthalten eine Fülle an Ideen, mit denen eine komplette »Landhaus«-Umgebung geschaffen werden kann; durch die mit praktischen Arbeitsanleitungen beschriebenen Modelle sollen Sie dazu ermutigt werden, selbst mit Holz zu arbeiten. Solche in Handarbeit entstandenen Objekte können mit der Zeit zu Erbstücken werden, die für sich allein Gültigkeit haben und sich auch bei nachfolgenden Generationen ihrer Wertschätzung erfreuen werden. Ein Leben mit Holz ist unbestreitbar angenehm, und mit Holz zu arbeiten kann zutiefst befriedigend und erfüllend sein.

Oben: Durch den geflochtenen Raumteiler hindurch fällt Sonnenlicht auf diesen ungewöhnlichen Stuhl; es hinterläßt ein lebendiges Lichtmuster auf der Sitzfläche. Der Entwurf für dieses relativ neue Möbelstück orientiert sich an Stühlen, die in einigen ländlichen Gebieten Irlands zu finden und dort als »Sligo-Stühle« bekannt sind.

Rechts: Die Ecke dieser Landhausküche zeigt eine gelungene Mischung aus alt und neu. Der moderne Herd links der Tür wird flankiert von einem einfachen Büfett mit farbenfrohen Schachteln und hölzernen Schalen und Schüsseln aus dem 19. Jahrhundert.

Wohnräume

Von dem kleinen Landhaus, in dem Familien früher in einem einzigen Raum wohnten, aßen und manchmal auch schliefen, bis hin zu einem modernen ländlichen Wohnraum gibt es eine klare Abfolge. Das Ein-Zimmer-Haus mit seinem Herd bildete damals das Zentrum aller häuslichen Aktivitäten, und auch heute stellt der Wohnraum einen Mittelpunkt dar, in dem Familie und Freunde zusammenkommen. Während früher allerdings Möblierung und Dekoration von grundlegenden Bedürfnissen bestimmt waren, sind die wesentlichen Gesichtspunkte für den Wohnraum heute Wohlbefinden und angenehme Entspannung. Mit Ausnahme vielleicht der Küche (siehe S. 72 bis 85) ist der Wohnraum der am wenigsten private, aber heimeligste Raum im Haus. Er ist, im wörtlichen Sinn, der Raum, in dem man wohnt.

ERINNERUNG AN FRÜHERE ZEITEN

Der Wohnraum einer durchschnittlichen Familie auf dem Land war äußerst schlicht eingerichtet, und selbst im 19. Jahrhundert begnügten sich die meisten von der Landwirtschaft lebenden Familien mit dem absoluten Minimum an Möbeln und nur wenigen Annehmlichkeiten, die in den letzten Jahrzehnten für uns zur Selbstverständlichkeit wurden. Aber sobald es ein Häusler oder kleiner Bauer zu etwas mehr Wohlstand gebracht hatte, war bereits ein gewisses Maß an Behaglichkeit erkennbar. Die Sozialhistorikerin und Schriftstellerin Flora Thompson beschreibt die kleinen Landhäuschen im England der 1880er Jahre folgendermaßen: »In nahezu allen Cottages gab es im Erdgeschoß nur einen Raum, und viele davon waren nur kärglich eingerichtet – mit einem Tisch, ein paar Stühlen und Hockern als Möblierung und einem ausgedienten Kartoffelsack als Kaminvorleger. Andere Räume (in anderen Häuschen) waren hell und gemütlich, mit Büfetts für das Geschirr, gepolsterten Stühlen, Bildern an der Wand und farbenfrohen, handgearbeiteten Fleckenteppichen. Dort entdeckte man auch Blumentöpfe mit Geranien, Fuchsien und dem altmodischen, süß duftenden Moschus am Fensterbrett. In den älteren Cottages gab es zudem Standuhren, Klapptische und in Reihe aufgestellte Zinngefäße...« *(Lark Rise to Candleford, 1945.)*

ELEMENTE DES LANDHAUSSTILS

Die von Flora Thompson beschriebene Atmosphäre ländlicher Behaglichkeit könnte man bei der Gestaltung eines modernen Wohnraums für die Familie im Landhausstil als Leitfaden benutzen. Um die Sache von Grund auf anzugehen, sollten Sie die Wände – ob verputzt oder holzverschalt – in ländlichen Farben streichen – beispielsweise cremefarben oder in sanften Blau-, Grün- oder Rosétönen. Verputzte Wände können Sie auch tapezieren; wählen Sie als Muster einfache Streifen oder kleine naturalistische Motive wie Eicheln oder Blätter. Auch mit den Textilien sollten Sie die ländliche Thematik aufgreifen: Vorhangstoffe können einfarbig, gestreift, kariert oder – etwas schmeichelnder – aus traditionellem Chintz sein. Kombinieren Sie letzteren mit karierten oder gestreiften Naturfaserstoffen wie Baumwolle, Leinen und Halbleinen für Stuhl- und Sofabezüge. Gewebte Decken und handgearbeitete Quilts passen gut zur gröberen Struktur des Holzes und sorgen für Farbe und Gemütlichkeit. Am besten verwenden Sie sie als Überwurf über Lehnstühle und kleine Sofas oder auch als Wandbehang.

Bei den Möbeln gilt, daß nichts zu perfekt, zu wertvoll, zu glänzend sein sollte. Auch gleiche Stühle und »passend zusammengestellte« Möblierung sind hier fehl am Platz, denn bei einem ländlich gestalteten Wohnraum handelt es sich nicht um den Salon eines wohlhabenden Haushalts oder den Ableger eines viktorianischen Empfangszimmers. Die Möbel sollten funktional, aber in formaler Hinsicht auch nicht zu streng sein, robust, aber auch nicht nur nützlich wirken. Und Holz – mit seinen angenehmen Oberflächenqualitäten und seinen sanften, warmen Tönen, die perfekt mit der schlichten, heimeligen Umgebung harmonieren – ist natürlich für diesen Zweck das ideale Material.

Auch sollte man sich mit dem Raum selbst genau auseinandersetzen, denn er kann wesentlich zu der gewünschten Atmosphäre beitragen. Häufig ist hier bereits Holz verwendet – als wesentliches oder Teilelement der Wandkonstruktion oder in Form einer Vertäfelung. Ursprünglich waren auch freiliegende, naturbelassene Holzbalken in vielen Fällen ein wichtiger Aspekt ländlichen Wohnens.

Oben: Von schweren Deckenbalken bis hin zu den leichten Stühlen mit Stoffgeflecht: Die vielseitigen Verwendungsmöglichkeiten von Holz in ländlichem Ambiente sind offensichtlich. Der Tisch aus Kiefernholz und die Stühle stammen aus Shenandoah Valley in Virginia, das Sofa ist ein Beispiel für ländlichen Chippendale-Stil.

Rechts: Die Feuerstelle ist meist Mittelpunkt eines Raumes, insbesondere des Wohnraums. Wie hier werden häufig, ganz selbstverständlich, die bequemsten Sitzgelegenheiten um den Kamin gruppiert. Gewebte Decken und Quilts sorgen für leuchtende Farbakzente und Behaglichkeit.

Oben: Die einfache Konstruktion dieses zweiteiligen Schranks bzw. Büfetts mit kiefergelbem Anstrich ist typisch für den neu-englischen Stil. Ein derartiges ländliches Möbelstück, solide angefertigt und schlicht in der Ausführung, paßt in jeden Raum des Hauses und bietet zudem den dringend benötigten Stauraum.

Rechts: Sitzbänke waren ursprünglich mit der Wand verbunden oder eingebaut; seit dem Ende des 16. Jahrhunderts wurden sie aber auch freistehend angefertigt und konnten so in die Nähe der Feuerstelle gerückt werden. Dieses attraktive Exemplar aus dem frühen 18. Jahrhundert ist ein Beispiel für die sogenannten »Schinken-Bänke«. Die Bezeichnung erklärt sich dadurch, daß in dem Schränkchen an der vertäfelten Rückwand Schinken zum Trocknen aufgehängt wurden. Unter der hochklappbaren Sitzfläche befindet sich ein zusätzlicher Stauraum.

Holzbalken verleihen einem Raum Charakter und Würde; sie geben die Konstruktion des gesamten Gebäudes zu erkennen und sind sprechende Zeugnisse für die namenlosen Zimmerer und Handwerker ohne Ausbildung, deren »Signaturen« die Spuren ihrer einfachen Werkzeuge sind.

Zentrum des Wohn- und Gemeinschaftsraums ist die Feuer- und Kochstelle, die damals die hauptsächliche, wenn nicht einzige Licht- und Wärmequelle darstellte. Sie kann als »Kaminecke« gestaltet sein – tief und hoch genug, um darin stehen zu können und mit einem massiven,

vom Rauch geschwärzten Eichen- oder Ulmenträger als oberen Abschluß. Oder es ist ein kleinerer und etwas niedrigerer Kamin mit einem Kaminsims, auf dem in der Regel Zier- und Erinnerungsstücke der Familie ausgestellt werden.

Die Herdstelle war immer und ist bis heute ein besonderer Platz im Haus. Ein offenes Holzfeuer mit seinem intensiven Geruch und hell lodernden Scheiten ruft ursprüngliche Gefühle und manchmal auch liebgewordene Erinnerungen in uns wach, während das flackernde Licht geheimnisvolle Schatten wirft und den Raum in einen tiefen Glanz taucht, der sich auf den Gesichtern widerspiegelt. Ist die Einrichtung eines offenen Kamins aus bestimmten Gründen nicht praktikabel, sollten Sie eine alternative Wärmequelle an diesem Platz in Erwägung ziehen – wie beispielsweise einen gußeisernen Holzofen oder eine moderne, gasbeheizte Version.

Beim Kamin oder Ofen stehen die bequemsten Stühle im Haus: eine Einladung, sich zu setzen und in Ruhe zu genießen; ein sanfter Wink, daß für heute genug getan ist und Sie sich nun mit einer Pause Zeit für sich selbst gönnen sollten. Mit niedrigen Schemeln können auch Kinder nahe am Feuer sitzen; für Erwachsene ist ein schwerer Windsor-Stuhl – ein sehr bequemes Modell, trotz seines starren Aussehens – oder gepolsterter Stuhl ideal. Zu einem derartigen informellen Arrangement passen hier wie andernorts auch die rustikalen Möbel im Stil des nordamerikanischen Adirondack hervorragend. Diese auf den ersten Blick scheinbar eher für draußen gedachten Stücke aus roh belassenem, ungehobeltem und unbehandeltem Holz bringen »ein Stück Wald« und freie Natur ins Haus.

DIE SUCHE NACH BEQUEMLICHKEIT

Als man etwa seit dem 16. Jahrhundert begann, Behaglichkeit und Wohlbefinden als Gesichtspunkte für ein Raumkonzept ernsthaft zu erwägen, bezog sich dies gewöhnlich auf die Wärmequelle in einem Raum und auf die Vermeidung von Zugluft. Heute wird dieses Problem durch zentrale Heizungssysteme und Isolierung gelöst, früher waren es die Möbelbauer, die zumindest teilweise Abhilfe schaffen konnten – und zwar durch eine Sitzbank mit hochgezogener Rückenlehne und Seitenteilen.

Darstellungen von Gaststuben und gemütlichen Cottage-Räumen aus dem 17. Jahrhundert zeigen häufig eine tiefe, warme Feuerstelle, die von einer oder öfter noch zwei derartigen Sitzbänken flankiert wird. Auf diese Weise wurde ein abgeschlossener Raum im Raum geschaffen, der mehreren Personen die Möglichkeit bot, geschützt vor der stets präsenten Zugluft am Feuer zu sitzen.

Als ausgesprochen ländliches Möbelstück war die Sitzbank für die mode- und geschmacksorientierten Gesellschaftsräume wohlhabenderer Schichten kein Thema – bis sie andere, gepolsterte Form annahm und als Sofa wiedergeboren wurde. Man sagt, die Sitzbank sei eine Weiterentwicklung der Truhe, die schon immer eine Doppelfunktion als Sitzgelegenheit und Behältnis hatte. Es mußten nur durchgehende Arm- und Rückenlehnen hinzugefügt werden, um daraus die kastenförmige Sitzbank entstehen zu lassen, unter deren hochklappbarer Sitzfläche sich außerdem auch ein Stauraum befand. Eine weitere Verbesserung brachten Zugluft abhaltende Abschlußelemente zum Schutz des Kopfes; diese der Kopfform angepaßten Teile wurden später für den bis heute beliebten Ohrensessel übernommen.

WEITERENTWICKLUNG EINES GRUNDMODELLS

Findige Handwerker haben die Sitzbank – mehr als jedes andere Möbelstück – multifunktional und raffiniert umgestaltet. War zum Beispiel die Rückenlehne mittels Scharnieren nach hinten zu klappen, konnte man die Bank in einen praktischen Tisch verwandeln. Diese Variante erfreute sich sowohl in Europa als auch bei den Siedlern Nordamerikas großer Beliebtheit; dort wurde das Kombinations-Möbelstück gewöhnlich aus Kiefer angefertigt. Sehr häufig war die Sitzbank auch in Straßenkneipen zu finden, und ein ähnlicher Möbeltypus ist auch bei geistlichem Chorgestühl ausgeprägt.

Insbesondere bei beengten Raumverhältnissen war eine Sitzbank-Ausführung, die zum Bett umfunktioniert werden konnte, sehr beliebt. Untertags als Sitzgelegenheit benutzt, klappte man abends den unteren Teil heraus, so daß ein geräumiges Kastenbett entstand. War das Bett nicht in Gebrauch, konnten Matratze und Bettzeug bequem im Inneren verstaut werden. Die Parallelen zum modernen Sofabett sind offensichtlich. Manchmal diente der Kasten im unteren Teil der Sitzbank auch zur Unterbringung einer eierlegenden Henne oder Gans – eine Gewohnheit, die sich glücklicherweise auf Dauer nicht durchsetzen konnte.

Viele Sitzbänke verfügten auch über in die Rückenlehne eingebaute Schränke (siehe Abbildung unten), in denen Schinken zum Trocknen aufgehängt wurden. Solche und andere Schränkchen, die entweder am Boden standen oder als Wandschränkchen für Vorräte genutzt wurden, waren früher sehr verbreitet und sind die Vorläufer zahlreicher Typen wesentlich größeren Formats, die heute verschiedenste Verwendungszwecke haben.

Der mittelalterliche »Schrank« – häufig in Form übereinander angeordneter Bretter für Tassen oder Trinkgefäße – entsprach eher einer Vorrichtung, die wir heute schlicht als »Regal« bezeichnen würden. Heutigen Modellen näher verwandt waren der englische »aumbry« oder französische »armoire«, der sich aber später im 17. Jahrhundert zu einem Prunkmöbel entwickelte.

Beide bestanden aus einem kastenartigen Gehäuse, hatten aber, bezeichnenderweise, auch eine Tür. Aufbewahrt wurden darin wohl hauptsächlich Lebensmittel und andere Gegenstände. Heute kennen wir verschiedenste Schranktypen, die jeweils unterschiedliche Anforderungen erfüllen; allgemeiner Verwendungszweck in Wohnräumen und anderen Bereichen des Hauses ist ihre Funktion als Stauraum.

Unter den Möbelstücken eines im Landhausstil eingerichteten Wohnraums bietet sich der Schrank für farbige Oberflächenbehandlung – einschließlich Schablonenmalerei, Imitation der Maserung und Patinieren – natürlich besonders an. Früher wurden Schränke und andere Möbelstücke in Cottages und größeren Landhäusern mit Kaseinfarbe in verschiedenen Erdtönen gestrichen – beispielsweise cremefarben, lederfarben, entenei-blau, ziegelrot und ochsenblutrot. Auch die nordamerikanischen Siedler machten ausgiebig davon Gebrauch, da ihnen die Bestandteile – Buttermilch oder entrahmte Milch, Farbpigmente und etwas Kalk – unmittelbar zur Verfügung standen. Mit der Zeit bildet sich bei Kaseinfarben eine attraktive Patina, die den Farbton sanft abmildert. Auch Gebrauchsspuren und Abnützungserscheinungen können leicht hervorgerufen werden, indem man an einigen Stellen die frische Farbe mit Schleifpapier oder Stahlwolle soweit wegnimmt, daß das Holz darunter wieder zum Vorschein kommt.

Links und oben: Im Wohnraum dieses Landhauses in Massachusetts, das aus zwei restaurierten Scheunen besteht, sind ein derber Schrank aus Fichtenholz und ein schlichtes Wandschränkchen untergebracht – beide frisch gestrichen und künstlich »gealtert«. Die Möbel passen zu den hohen Decken und grob behauenen Holzbalken.

KERZEN
KÄSTCHEN

Kleine Kästchen aller Art waren charakteristischer Bestandteil ländlicher Haushalte. In ihnen bewahrte man alles auf, was sicher verstaut, aber auch schnell wieder zur Hand sein mußte: Salz und Gewürze, Messer, Löffel, natürlich auch Kerzen u. v. m. Die frühesten Beispiele waren mit einem Haken oder Nagel an der Wand befestigt oder lehnten auf einem Bord oder Tisch gegen die Wand. In ihrer einfachsten Ausführung besaßen diese Kästchen keinen Deckel, andere hingegen schon, und mit den allmählich entstehenden neuen Formen begann man auch, Schubladen zu integrieren. Dies ging manchmal so weit, daß aus dem ehemals einfachen Kästchen ein Miniatur-Schubladenset wurde. Diese Entwicklung vollzog sich analog zu der der Truhe, beschrieben auf S. 124.

Sammler haben diesen Behältnissen Namen gegeben, die sich auf ihren Verwendungszweck beziehen. So gibt es neben den oben erwähnten z. B. Klöppel-Kästchen zum Aufbewahren von Klöppelspitzen, Würfel- und Domino-Kästchen, Pfeifen- und Tabakskästchen. In Wirtshäusern auf dem Land gab es Tabakskästchen mit verschlossenem Deckel, die zu öffnen waren, indem man eine Münze durch den Schlitz steckte. Die Raucher konnten so bei gleichzeitiger Bezahlung auf Treu und Glauben ihre Pfeife füllen.

The custom is, before you fill,
To put a penny in the till;
When you have filled, without delay,
Close the lid or sixpenny pay.

Manche Kästchen hatten keinen spezifischen Verwendungszweck zu erfüllen, sondern waren einfach zur Aufbewahrung verschiedenster persönlicher Schätze, wichtiger Dokumente und Briefe oder auch als »Safe« für ein wertvolles Buch gedacht. Solche Kästchen wurden von ihren Besitzern recht häufig aufwendig bemalt oder mit Schnitzereien verziert, was dem Wert, den man ihnen und ihrem Inhalt beimaß, noch zusätzlich Ausdruck verlieh.

Selbst wenn für uns heute – in Hinblick auf die modernen Einbau- und Küchenschränke – der Nutzen, den diese Behältnisse in der Vergangenheit hatten, nicht mehr derselbe ist, können solche Kästchen neben ihrem dekorativen noch immer auch einen praktischen Zweck erfüllen. Ein Kerzen-Kästchen kann auch als Brief- oder Zeitungsständer oder zum Sammeln von Rechnungen dienen, und in anderer Ausführung bieten sich alle nur denkbaren Verwendungsmöglichkeiten an.

Rechts: Links unterhalb des Simses an diesem großen, offenen Kamin ist ein kleines Wandkästchen aufgehängt, für das Sie auf den folgenden Seiten die Arbeitsanleitung finden. In diesem Fall wird es für Kerzen genutzt, es könnten aber auch Zündhözer und Späne für das Kaminfeuer darin Platz finden.

Arbeitsanleitung:

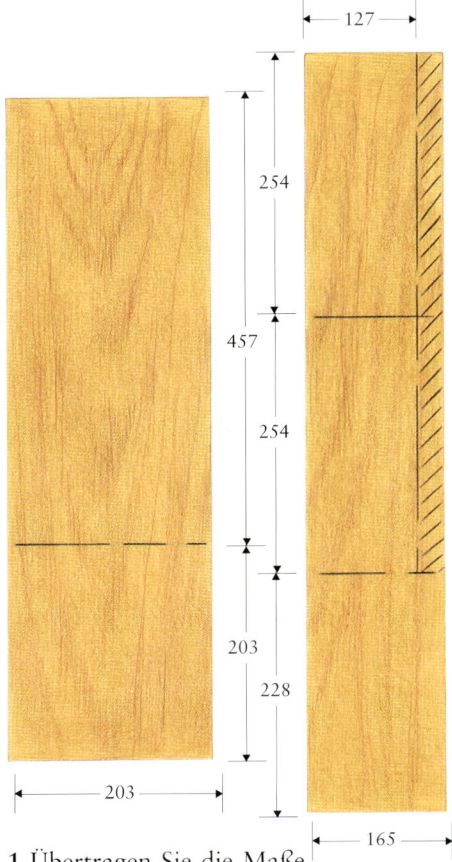

Stufe 1/2:
Anfänger/Geübte

Fertigmaße:
457 x 228 x 165 mm

Material:
Fichte, Kirschbaum, Eiche

Holzliste:
1 Rückseite
457 x 203 x 12 mm

1 Front
203 x 203 x 12 mm

2 Seitenteile
254 x 127 x 12 mm

1 Boden
228 x 165 x 12 mm

Die Vorlagen finden Sie auf S. 152.

Alle Maße sind in Millimetern angegeben.

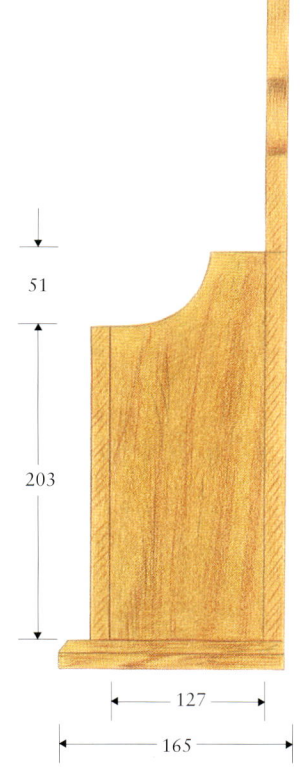

1 Übertragen Sie die Maße und schneiden Sie die Einzelteile entsprechend zu. Materialsparend können sie wie oben gezeigt aus zwei Brettern angefertigt werden. Kennzeichnen Sie dann die Teile, damit klar ist, an welcher Stelle sie verwendet werden.
2 Pausen Sie die in Originalgröße wiedergegebenen Vorlagen auf S. 152 durch und übertragen Sie sie auf die entsprechenden Holzteile.
3 Dann sägen Sie die Formen aus.
4 Um das innen liegende Herz an der Rückseite auszusägen, bohren Sie zuerst in der Mitte

durch das Holz. Dann sägen Sie mit einer Laub- oder kleinen Bügelsäge nach außen, sägen die Herzform aus. Zum Schluß bearbeiten Sie die Schnittflächen mit einer Feile und Schleifpapier.

5 Wenn die Teile in ihrer Form zugeschnitten sind, glätten Sie alle Sägekanten. Achten Sie darauf, daß die Seitenteile ein gleiches Paar bilden.

6 Setzen Sie Rückseite, Front und Seitenteile probeweise zusammen und überprüfen Sie, ob alle Kanten an den Verbindungsstellen gerade verlaufen. Gegebenenfalls wird jetzt noch korrigiert.

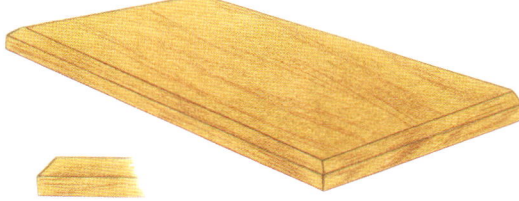

7 An Vorder- und Seitenkanten des Bodens markieren Sie in Höhe und Breite eine Fase von 6 mm, die Sie entsprechend abhobeln.

8 Anschließend werden alle Teile für den Zusammenbau vorbereitet und gereinigt.

9 Verleimen Sie die Einzelteile und nageln Sie sie mit kleinen Drahtstiften oder Stauchkopfnägeln zusammen. Arbeiten Sie vorsichtig,

damit das Holz dabei nicht splittert, insbesondere, wenn Sie Hartholz verwendet haben. (Nähere Hinweise und Erläuterungen zum Nageln finden Sie auf S. 141.)

10 Zuerst verbinden Sie die Rückseite mit den Seitenteilen, dann erst wird die Front aufgesetzt. Bevor zuletzt der Boden angeleimt und

vernagelt wird, sollten Sie überprüfen, daß alle Kanten an der Unterseite gerade sind und in einer Ebene liegen. Wischen Sie überschüssigen Leim weg und lassen Sie den Kasten gut trocknen.

11 Danach treiben Sie die Nagelköpfe unter die Oberfläche und füllen die Löcher mit Holzkitt oder einer Mischung aus Sägespänen und Leim auf.

12 Abschließend wird das Kästchen mit einem für Innenräume geeigneten Mittel eingelassen. Die altbewährte Bienenwachspolitur verleiht der Oberfläche einen warmen Glanz, insbesondere wenn die Anwendung mehrmals wiederholt wird; mit Lack entsteht ein kräftiger Schutzüberzug. Wenn das Kästchen alt aussehen soll, wenden Sie eine der auf S. 146/147 näher erläuterten Spezialtechniken an – beispielsweise indem Sie die Holzoberfläche mit »Antik«-Beize einlassen oder streichen und anschließend mit Altersspuren versehen.

13 Das Kerzen-Kästchen hängen Sie mit dem ausgesägten Herz der Rückseite und zwei Nägeln, Haken oder kleinen Stiften an der Wand auf; oder Sie verwenden Beschläge für Spiegel, die an der Rückseite festgeschraubt werden. Das Kästchen kann aber auch einfach auf dem Tisch oder vielleicht dem Fensterbrett stehen.

Oben: Eine attraktive Sammlung von Küchenutensilien, zu denen ein Kerzen-Kästchen sowie ein mit Kerbschnitzereien verzierter Schöpflöffel (Ausschnitt) gehören.

Links: So sieht das fertige Kerzen-Kästchen aus. Die Oberfläche wurde mit klarem Antik-Lack überzogen.

MELK-SCHEMEL

Bevor man zu intensiver Viehwirtschaft überging und notwendigerweise Melkmaschinen zum Einsatz kamen, wurden die wenigen Kühe einer altmodischen Milchwirtschaft noch von Hand gemolken. Jahrhundertelang, ja seit überhaupt Kühe als Wirtschaftstiere gehalten wurden, hatte es keine andere Möglichkeit gegeben, und Melken mit der Maschine wurde auch dann erst praktikabel, als ein Mechanismus erfunden worden war, der die komplexen Bewegungsabläufe der Hände perfekt imitiert.

Beim Handmelken saßen der Knecht oder die Milchmagd auf einem niedrigen, kräftigen Schemel, der in der Regel drei Beine hatte. Derartige dreibeinige Hocker bezeichnet man heute allgemein als Melkschemel, auch wenn sie nie für diesen Zweck genutzt wurden. Eine funktionale Notwendigkeit war es, die Beine zudem nach außen zu stellen, denn dadurch konnte auf dem meist unebenen Stein- oder Lehmboden der alten Stallungen die erforderliche Stabilität erzielt werden. Und beim Melken hatte die dreieckige Anordnung der Beine noch einen weiteren Vorteil: Sie ermöglichte es, sich beidbeinig nach vorn, an die Kuh zu lehnen, ohne das Gleichgewicht zu verlieren.

Die meisten Melkschemel haben eine runde Sitzfläche; einige besitzen aber auch eine gerade Vorderkante mit einem Bein in jeder Ecke und eine halbrunde Kante an der Rückseite mit dem dritten Bein in der Mitte. Auch in dieser Ausführung konnte man sich leicht nach vorn kippen lassen. Schemel mit viereckiger Sitzfläche und vier Beinen waren wohl eher für den Hausgebrauch gedacht. Bekannt ist auch eine skandinavische Sonderform mit lediglich einem Bein. Bei älteren Exemplaren ist häufig zu erkennen, daß die Beine direkt von einem Holzklotz abgespalten und grob mit dem Ziehmesser in Form gebracht wurden, oder man hatte geeignetes Astholz dafür ausgesucht. In der Regel wurden die Beine mittels durchgestemmter und verkeilter Zapfen mit der Sitzfläche verbunden. Wenn Bohrwerkzeug fehlte, kam es auch vor, daß die Zapfenlöcher für die Beine mit einer glühenden Eisenstange durch die Sitzfläche gebrannt wurden.

Selbst wenn Sie keine Milchkuh im Stall oder auf der Weide haben – was noch bis in die jüngste Vergangenheit in ländlichen Gegenden Europas und Nordamerikas eine Selbstverständlichkeit war –, kann ein Melkschemel dennoch am Kamin in einem Wohnraum oder in einer Landhaus-Küche sinnvolle Verwendung finden. Etwas muß an dieser Stelle aber noch gesagt werden: Benutzen Sie den Schemel nicht, um sich daraufzustellen, denn mit seinen drei Beinen kippt er leicht um, wenn die Belastung nicht genau in der Mitte erfolgt.

Links: Der Wohnraum dieses Landhauses aus dem 18. Jahrhundert in Vaksala, Schweden, bildet die ideale Umgebung für die gezeigten original schwedischen Landmöbel. Vor dem Feuer steht unter anderen ein Kiefernholz-Melkschemel aus dem 19. Jahrhundert, von jahrelangem Gebrauch gezeichnet.

Stufe 1/2:
Anfänger/Geübte

Fertigmaße:
254 x 254 x 203 mm

Material:
Ulme, Eiche, Kiefer (**Sitzfläche**)
Esche, Buche, Ahorn, Eiche (**Beine**)

Holzliste:
1 Sitzfläche
254 x 254 x 51 mm

3 Beine
203 x 51 x 51 mm

Alle Maße sind in Millimetern angegeben.

Arbeitsanleitung:

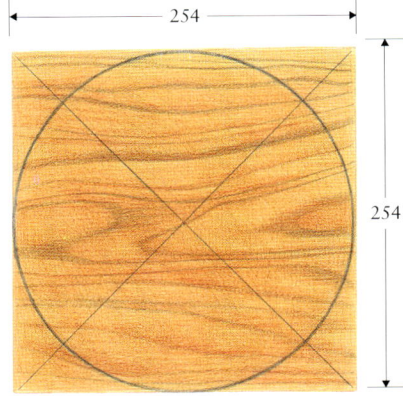

1 Mit einem Zirkel zeichnen Sie die Sitzfläche im Durchmesser von 254 mm an und sägen sie aus.

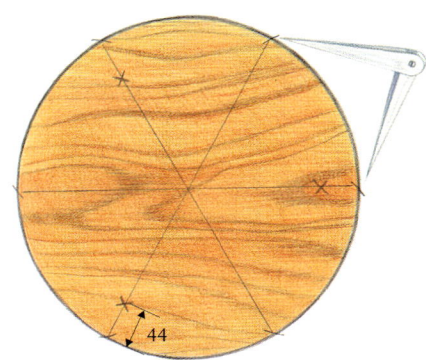

2 Dann suchen Sie die bessere Seite als Oberfläche aus und markieren mit demselben Zirkelradius von 127 mm in gleichen Abständen sechs Punkte am Außenumfang der Sitzfläche.
3 Verbinden Sie diese Punkte mit Bleistiftlinien und zeichnen Sie dann die Bohrlöcher für die Beine 44 mm weiter innenliegend an.
4 Die drei Löcher für die Beine des Schemels

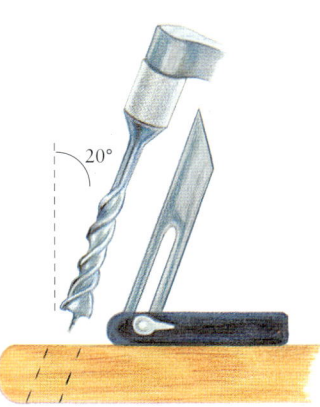

werden im Neigungswinkel von 20° gebohrt. Mit ausreichender Erfahrung kann dieser Winkel leicht nach Augenmaß bestimmt werden.

Die einfachste Hilfsmethode besteht aber darin, eine Zimmermannsschmiege, die im Winkel von 20° eingestellt ist, beim Bohren als Orientierung zu benutzen.

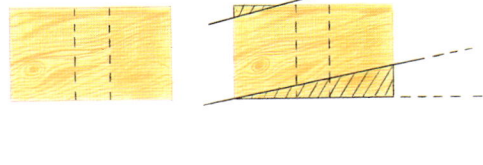

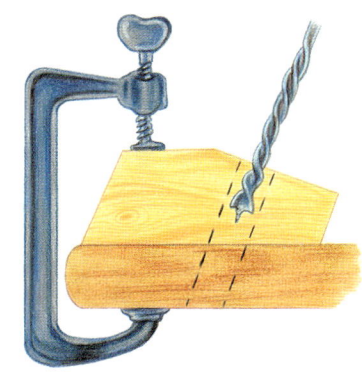

5 Am exaktesten können Sie aber dann arbeiten, wenn Sie nach oben gezeigter Methode ein vorgebohrtes Holzklötzchen anfertigen. Wird dieses anschließend mit einer Zwinge richtig auf das Werkstück gespannt, brauchen Sie nur noch durch das vorgebohrte Führungsloch hindurch in die Sitzfläche zu bohren.

6 Falls Sie eine fest installierte Ständerbohrmaschine haben, ist es am besten, die Sitzfläche mit einem Holzklötzchen im entsprechenden Winkel zu neigen und vertikal hineinzubohren. Eine sicherere Methode besteht darin, sich eine Kippvorrichtung in der Art der gezeigten zu basteln. Bestimmen Sie mit einem Winkelmesser den Neigungswinkel der Oberfläche und stellen Sie diesen wiederum mit einem Holzklötzchen fest. Wenn Sie auf dem Kipptisch eine Mittellinie ziehen und die Linien auf der Sitzfläche mit dieser jeweils zur Deckung brin-

gen, ist gewährleistet, daß alle drei Löcher im gleichen Winkel gebohrt werden.

7 Bohren Sie nun – am besten mit dem Forstnerbohrer – Löcher im Durchmesser von 25 mm.

8 Abschließend glätten Sie alle Kanten; die Außenkanten werden zudem abgerundet, damit

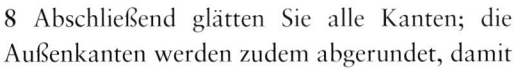

man bequemer auf dem Schemel sitzen kann.

9 Nun wenden Sie sich den Beinen zu. Diese können – sofern vorhanden – in den angegebenen Maßen an einer Drehbank gedrechselt werden. In Handarbeit werden Sie wie früher mit einem Ziehmesser oder Schabhobel grob in runde oder annähernd sechseckige Form gebracht. Sie können aber auch mit einem anderen Hobel arbeiten.

10 Gleich welche Technik Sie hierfür verwenden: Die Beine müssen nach oben hin auf eine Länge von etwa 51 mm und 25 mm Durchmesser kegelförmig verjüngt werden, wodurch der runde Zapfen entsteht. Dies geht am besten mit einem Schabhobel, Sie können aber auch eine Raspel oder Feile zu Hilfe nehmen.

11 Überprüfen Sie bei der Arbeit immer wieder, ob der Zapfen in das vorgesehene Zapfenloch paßt und achten Sie darauf, daß er in die-

sem Stadium – obwohl die Verbindung recht fest sein sollte – noch nicht zu straff sitzt, denn später kommen ja noch die Keile hinzu.

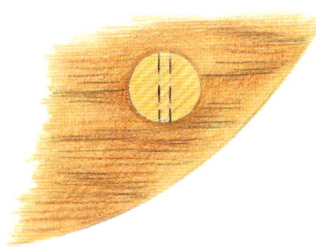

12 Wenn alle Beine passen und probeweise eingesteckt sind, markieren Sie mit Bleistiftlinien an der Hirnholzfläche der Beine die Richtung für die Sägeschnitte. Wichtig dabei ist, daß die Keile später im rechten Winkel zur Faserrichtung der Sitzfläche eingetrieben werden. Andernfalls besteht die Gefahr, daß das Holz splittert.

13 Nun ziehen Sie die Beine wieder heraus und sägen 32 mm tiefe Kerben für die Keile ein.

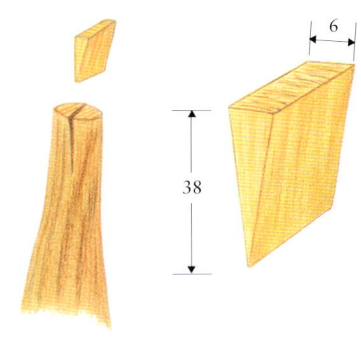

14 Die Keile fertigen Sie in den angegebenen Maßen aus Hartholz an. Achten Sie dabei darauf, daß die Holzmaserung in Längsrichtung und nicht über die Breite des Keils verläuft. Wenn möglich wählen Sie für die Keile auch Holz in einer kontrastierenden Farbe aus: Dadurch ergibt sich eine zusätzliche dekorative Komponente.

15 Für den Zusammenbau werden jetzt alle Verbindungsteile nochmals geglättet und gereinigt. Dann geben Sie ein wenig Leim in die drei Zapfenlöcher und stecken die Beine so hindurch, daß sie leicht über die Sitzfläche hinausstehen.

16 Jedes Bein wird so ausgerichtet, daß die Keile später im rechten Winkel zur Faserrichtung der Sitzfläche eingetrieben sind (siehe Schritt 12 oben)

17 Stellen Sie den Schemel auf eine ebene, stabile Unterlage. Nun treiben Sie die drei Keile nacheinander ein Stück weit ein, dann wieder der Reihe nach alle drei etwas weiter, bis sie

stramm sitzen. Ein schwererer Hammer ist dafür besser geeignet als ein Holzhammer.

18 Prüfen Sie, ob die Verbindungen stabil sind, wischen Sie überschüssigen Leim ab und lassen Sie den Schemel trocknen.

19 Dann sägen Sie die überstehenden Beinenden mit den Keilen fast bündig mit der Oberfläche vorsichtig ab, damit der Sitz nicht beschädigt wird. Den Rest nehmen Sie mit einem scharfen Stemmeisen oder Schlichthobel weg.

20 Die Innenkanten der Stuhlbeine markieren Sie unten mit einer Linie parallel zum Fußboden. Dann sägen oder raspeln Sie die Ecke ab, damit der Schemel stabil steht.

21 Der fertige Schemel wird, wenn notwendig, mit feinem Schleifpapier geglättet.

22 Abschließend können Sie ihn mit einem geeigneten Mittel (siehe S. 146/147) einlassen. Traditionell waren die im Stall verwendeten Melkschemel jedoch unbehandelt. Sie wurden von Zeit zu Zeit mit grobem Sand gescheuert und gesäubert.

ENTEN-
LOCKVOGEL

Die amerikanischen Ureinwohner verwendeten bereits vor über tausend Jahren tote oder künstliche Lockvögel, um Wildenten und andere Vögel in Reichweite ihrer Waffen zu locken. Diese frühen Lockvögel waren aus Schilfbündeln geformt und entweder mit echter Entenhaut und -gefieder überzogen oder einfach bemalt und mit Federn ausstaffiert. Andere wiederum bestanden lediglich aus Schlamm- und Lehmklumpen, die mit getrockneten Grasbüscheln auf einen Stock gesteckt wurden.

In Europa benutzte man zum Fang von Wildvögeln halb gezähmte domestizierte, lebende Vögel, die ihre arglosen Artgenossen in spezielle, tunnelförmige Fangnetze bzw. Fallen lockten.

Für die ersten europäischen Siedler in der Neuen Welt hingegen war es zweckmäßiger, die dort üblichen Fangmethoden zu übernehmen, denn Haustiere oder -vögel waren nicht verfügbar, und gleichzeitig wurde Anpassung an die neuen Lebensumstände zu einem unumgänglichen Prinzip. Im Laufe der Zeit war man jedoch mit dem nicht sehr langlebigen und weitgehend auch landgebundenen Lockvogel der Indianer nicht mehr zufrieden. Statt dessen wurde eine dauerhaftere Lösung in Form eines schwimmenden Lockvogels aus Holz entwickelt. Obwohl die ersten Exemplare noch sehr einfach konstruiert und häufig nur sehr grob bemalt waren oder in der Glut eines Holzfeuers angekohlt wurden, tanzten sie doch – mit Steinen richtig ausbalanciert und verankert – täuschend echt auf der Wasseroberfläche. Sogar mit diesen rohen Gebilden konnten die Wildvögel erfolgreich angelockt werden. Später wurden die Holzgebilde in Form und Oberflächenbehandlung natürlich kunstvoller, und Exemplare bestimmter Hersteller waren aufgrund ihrer realistischen Ausarbeitung besonders begehrt.

Die Lockvogel-Methode basiert auf dem Instinkt zahlreicher Wasser- und anderer Vogelarten, Schwärme zu bilden. Für viele von ihnen bedeutete dieser Trieb die völlige oder fast vollständige Ausrottung, denn jedes Jahr – insbesondere zur Zugzeit – wurden buchstäblich Zehntausende vorwiegend von professionellen Jägern geschossen. Auf Märkten angeboten und verkauft, wurde so den Bedürfnissen der stetig wachsenden Bevölkerung Rechnung getragen. Natürlich waren für eine derartige, in großem Stil angelegte Jagd auch größere Mengen an Lockvögeln erforderlich: Ein Jäger allein setzte dazu etwa 40 bis 50 Holzenten aus und schoß am Tag mehrere hundert Wildvögel. Zeitweise konnte der Bedarf an hölzernen Vogelimitationen nur durch groß angelegte Massenanfertigung gedeckt werden, aber diese Lockvögel waren natürlich nie so attraktiv und perfekt gestaltet wie die handgemachten.

Heute ist Entenjagd dieses Ausmaßes gesetzlich verboten, doch für die saisonal und mit entsprechender Lizenz zugelassene Sportjagd werden noch immer Lockvögel angefertigt, die man an Ufern und in sumpfigen Gewässern aussetzt. Viele jedoch, insbesondere die alten, sind mittlerweile ausschließlich dekorativen Zwecken vorbehalten, und die schönsten Exemplare haben sich zu begehrten Sammelobjekten entwickelt.

Links: Die qualitätvolle Sammlung vor Ort hergestellter Lockvögel bringt Frische und Lebendigkeit in den von Erdtönen geprägten Wohnraum dieses nordamerikanischen Kolonialhauses. Der Lehnstuhl mit doppelt verlängerter Rückenlehne aus neun Spindeln, wahrscheinlich aus dem 17. Jahrhundert, ist eine seltene amerikanische Variante des Windsor-Stuhls.

Oben: Die meisten Lockvögel wurden schwimmend ausgesetzt, aber deren Vorläufer, die ursprünglichen Lockvögel der Indianer Nordamerikas, wurden an Land »aufgesteckt«. Der oben gezeigte Vogel ist ein hervorragendes Beispiel für diesen Typus.

Stufe 2:
Geübte

Fertigmaße:
279 x 152 x 127 mm

Material:
Fichte

Holzliste:
Körper: 1 Teil
279 x 127 x 76 mm

oder Körper: 2 Teile
279 x 63 x 76 mm

Kopf
140 x 63 x 38 mm

1 Holzdübel
51 x 12 mm (∅)

Die Vorlagen für Kopf und Körper finden Sie auf S. 150.

Alle Maße sind in Millimetern angegeben.

Arbeitsmethode:

1 Ein geübter Lockvogelhersteller ging bei der Anfertigung des Entenkörpers so vor: Der Holzblock wurde auf die entsprechende Länge zugeschnitten und anschließend auf einem Hackstock mit einem scharfen Beil grob in Form gebracht. Dabei wurden zuerst die Ecken abgeschlagen, die Brust einigermaßen gerundet und der Schwanz zugespitzt geformt.

2 Dann spannte man den roh vorgefertigten Körper in einen Schraubstock und verfeinerte die Form mit einem Ziehmesser oder Schabhobel. Vorne blieb eine größere, gerade Fläche stehen, auf die später der Kopf gesetzt wurde. Für diesen Arbeitsprozeß benötigten die Handwerker damals keine Vorlagen oder Schablonen; beim Ausarbeiten der gewünschten Form

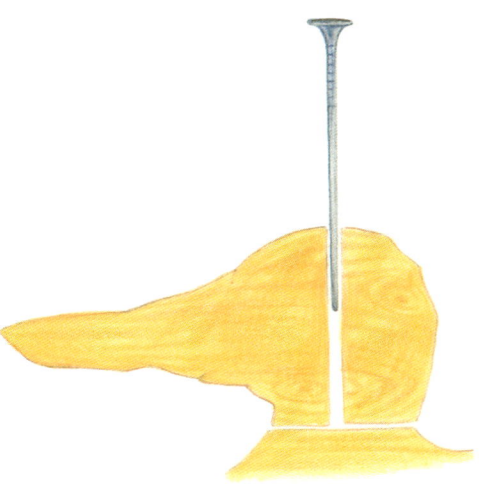

verließen sie sich einzig auf ihr Können und ihre Erfahrung.

3 Der Kopf, der größere Aufmerksamkeit beansprucht, wurde je nach Vogelart im Profil zugesägt und dann durchbohrt, damit er mit

einem Dübel oder Nagel am Körper befestigt werden konnte. Zum Bohren spannte man ihn in einen Schraubstock.

4 Mit einem Schabhobel oder Schnitzmesser erhielt der fertig zusammengesetzte Vogel seine

detaillierte Form, bevor abschließend noch die Oberfläche mit Sand geschliffen und dann bemalt wurde.

5 Den modernen, wohl vorwiegend dekorativen Zwecken vorbehaltenen »Lockvogel« fertigen Sie folgendermaßen an: Zunächst schneiden Sie den Block für den Körper in den angegebenen Maßen zu. Wollen Sie dafür zwei

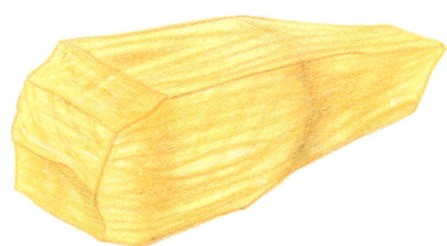

Teile verwenden, leimen Sie diese anschließend zusammen und lassen die Verbindung zuerst ganz trocknen.

6 Nach der Vorlage auf S. 150 sägen Sie dann die Grobform zu. Wenn Sie glauben, die ausreichende Übung dafür zu besitzen, können Sie dazu auch das Beil verwenden.

7 Ist die Grundform angelegt, wird der Körper mit Ziehmesser oder Schabhobel, Schnitzwerkzeug oder Messer weiter bearbeitet und detailliert. Orientieren Sie sich dabei auch immer wieder an den Querschnitten, die ebenfalls auf S. 150 gezeigt sind. Am sichersten ist es, das Werkstück zum Formen in einen Schraubstock

zu spannen oder mit Zwingen an der Werkbank zu befestigen.

8 Abschließend bearbeitet wird der Körper mit Feile oder Messer, wobei der Halsansatz zum Aufsetzen des Kopfes gerade und etwas größer als notwendig beibehalten wird.

9 Mit der Bandsäge oder einer Bügelsäge schneiden Sie nun nach der Vorlage auf S. 150 die Kopfform zu. Achten Sie darauf, daß die Unterseite eben ist.

10 Soll die Ente als Zierstück verwendet werden, ist es die optisch beste Lösung, den Kopf mittels eines eingestemmten Dübels mit dem Körper zu verbinden. Dazu bohren Sie ein 12 mm starkes Loch von unten in den Kopf, in dem Sie den Dübel festleimen. Neben seiner Funktion als Befestigung kann dieser Dübel auch als Griff dienen, während Sie zum Schluß die Feinarbeiten am Kopf vornehmen.

11 Nun spannen Sie den unteren Teil des Kopfes in den Schraubstock und formen den Hauptteil aus. Als Orientierungshilfe können die Vorlage und Details auf S. 150 dienen. Die unteren Partien bearbeiten Sie, indem Sie den Dübel in den Schraubstock klemmen. Geben Sie acht, daß er dabei nicht zersplittert.

12 Jetzt wird das Bohrloch für den Körper angezeichnet und anschließend ausgebohrt.

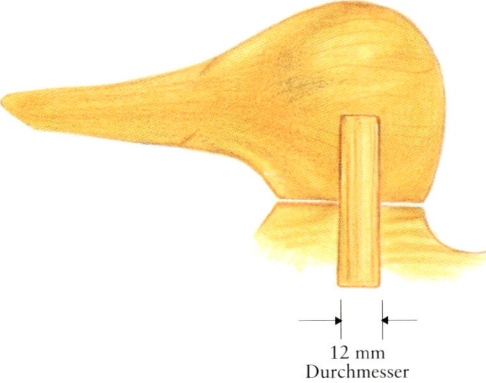

12 mm
Durchmesser

Die Ansatzstelle am Körper hobeln Sie leicht ab, damit die Fläche waagrecht und eben ist. Stecken Sie probeweise den Kopf auf und gleichen Sie die Verbindungsstellen falls notwendig so an, daß sie genau zusammenpassen. Dann werden die beiden Teile miteinander verleimt. Trocknen lassen.

13 Danach können Sie mit der Feile die letzten Detaillierungen vornehmen. Bevor es ans Be-

malen geht, wird die Oberfläche noch mit Schleifpapier fein geglättet.

14 Die Lockvögel früher waren meist in matten Erdfarben bemalt und zeigten kaum Details – wie z. B. Federn oder Augen. Sie können diesen Ansatz grundsätzlich übernehmen und alles sehr schlicht halten oder auch versuchen, ein realistischeres Erscheinungsbild zu erzielen. Körperform und Kopf des beschriebenen Lockvogels entsprechen annähernd einem Stockenten-Erpel, könnten also auch mit den entsprechenden Gefiederfarben und Details bemalt werden.

Vielleicht haben Sie auch ein Foto als Orientierungshilfe zur Hand. Tips und nähere Erläuterungen zum Bemalen siehe S. 146/147.

Unten: Vor dem Hintergrund dieser von der Sonne gebleichten Kiefernholzwand wird die Holzente in einem nicht mehr benutzten Kasten für Setzlinge zum beschaulichen, dreidimensionalen Stilleben. Passend ist eine von Wind und Wetter gebleichte Bank aus Fichtenholz darunter plaziert.

KERZEN-STÄNDER

Für das Kerzenmachen als neuen Handwerks- und Handelszweig in Europa gibt es seit dem 13. Jahrhundert Belege. Zunächst wurden sie aus Talg hergestellt – d. h. aus tierischen Fetten, die beim Abbrennen einen fürchterlichen Gestank verbreiten. Das gleichfalls verwendete Bienenwachs war zwar teurer, aber besitzt ein wesentlich angenehmeres Aroma. Erst durch Paraffin als Rohmaterial – erstmals 1846 von Abraham Gesner in den Vereinigten Staaten hergestellt und kommerziell weiterentwickelt von dem Schotten James Young –, wurde der Gebrauch von Kerzen erträglich und für jedermann erschwinglich, was zu ihrer schnellen Verbreitung und Beliebtheit beitrug. Bis heute greift man immer dann gern auf Kerzen zurück, wenn warmes Licht und romantische Stimmung verbreitet werden sollen.

Kerzen werden meist in einer Halterung – häufig ein spezieller Leuchter – aufgesteckt und möglichst so plaziert, daß das im Radius beschränkte Kerzenlicht vorteilhaft zur Geltung kommt. Zum Aufstellen der Kerze in bestimmter Höhe waren Kerzenständer sehr beliebt.

Diese Kerzenständer sind mit den Tischchen verwandt, die einen Säulenfuß oder drei Beine besitzen; die Ähnlichkeiten in Form und Aufbau liegen auf der Hand, und Unterschiede ergeben sich hauptsächlich hinsichtlich der Größe und mehr oder weniger kunstvoller Bearbeitung. Ein jetzt im British Museum befindliches Manuskript aus dem 11. Jahrhundert enthält die frühe Beschreibung eines derartigen runden Tischchens mit zentraler Säule und ausgestelltem Fuß als Sockel. Den Zenit ihrer Beliebtheit erreichten Kerzenständer in England wohl kurz nach der Restauration unter Charles II. im 17. Jahrhundert, als sie reich ornamentiert, zusammen mit genauso üppig verzierten Wandspiegeln, in den extravagant gestalteten Empfangszimmern der Zeit zur Mode wurden.

Der hier gezeigte Kerzenständer hingegen ist ganz und gar funktional geprägt. Einfach in der Anfertigung und solide konstruiert, ist er ein typisches Beispiel für die in Europa und Nordamerika zur frühen Kolonialzeit gebräuchlichen Alltagsausführungen. Im Gegensatz zu manchen Modellen – einschließlich derjenigen der Shaker –, die häufig eine gedrechselte Säule mit drei Füßen als Stand aufweisen, ist dieser Kerzenständer wesentlich einfacher ausgeführt. Er besitzt einen kreuzförmig ausgestellten Sockel und eine quadratische Säule, deren Ecken oktogonal abgeschrägt sind; mit der Basis wird er durch einen kräftigen Dübel bzw. Zapfen verbunden.

Rechts: Dieser Kerzenständer kann in modernen Wohnräumen unterschiedlich genutzt werden. Hier dient er als praktische Buchablage, aber auch als Säulenfuß für ein Arrangement mit frischen oder getrockneten Blumen oder zur Aufstellung einer Skulptur könnte man ihn sinnvoll verwenden.

Stufe 2:
Geübte

Fertigmaße:
686 x 330 x 330 mm

Material:
Kirschbaum, Eiche

Holzliste:
1 Säule
610 x 57 x 57 mm

1 Platte
305 x 305 x 25 mm

1 Querstrebe
254 x 51 x 25 mm

2 Füße
343 x 63 x 51 mm

1 Holzdübel
76 x 25 mm (Ø)

Alle Maße sind in Millimetern angegeben.

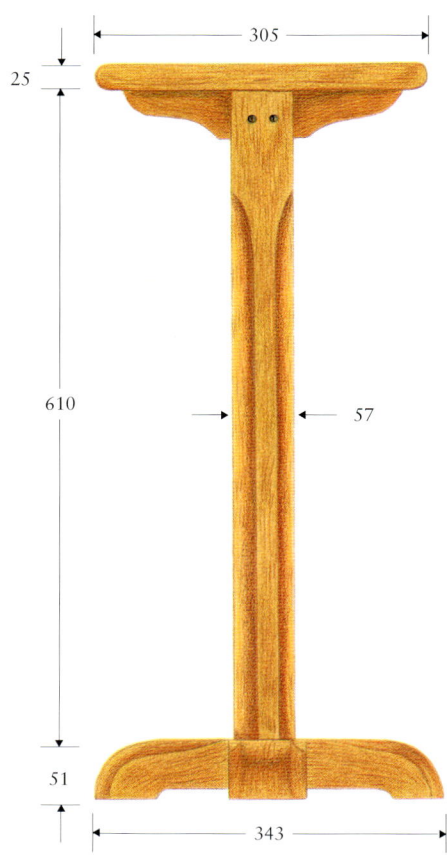

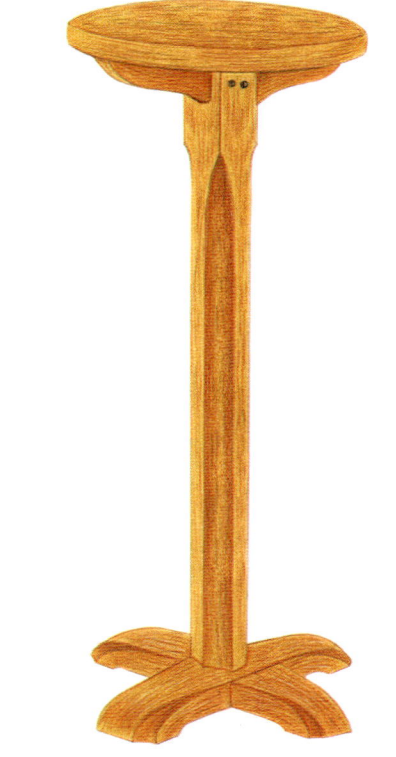

Arbeitsanleitung:

1 Falls Sie die Platte nicht in einem Stück bekommen, müssen Sie zwei oder mehrere Teile in der Breite verleimen (nähere Erläuterungen siehe S. 141f.).

2 Die Oberfläche muß völlig eben sein. Wenn Sie mehrere Teile zusammengeleimt haben, wird sie nach dem Trocknen abgehobelt und mit Schleifpapier geglättet (solange die Platte noch quadratisch ist, läßt sie sich leichter halten).

3 Dann sägen Sie die kreisförmige Platte im Durchmesser von 305 mm aus. Die Ober- und Unterkante werden geschliffen und anschließend abgerundet oder leicht abgefast.

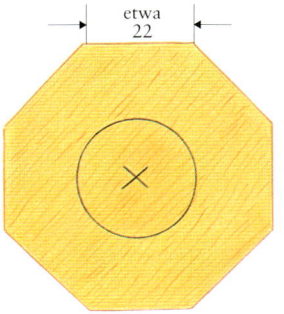

4 Schneiden Sie nun die Säule in der erforderlichen Länge zu und achten Sie darauf, daß die Enden waagrecht und eben sind. Zur Orientierung markieren Sie an den Ecken die abzuhobelnden Schrägen. Es genügt, wenn Sie diese Bleistiftlinien von Hand anreißen (siehe S. 137).

5 Mit dem Hobel bilden Sie nun die oktogonale Grundform der Säule. Lassen Sie die Schrägen oben spitz zulaufen, wobei die Säule auf

eine Länge von 102 mm quadratisch erhalten bleiben sollte, damit die Zapfenverbindung für die Querstrebe gebildet werden kann.

6 Für die Dübelverbindung an der Unterseite bohren Sie ein Loch, in das Sie ein Dübelstück von 25 mm Durchmesser einleimen. Der Dübel wird später mit dem entsprechenden Zapfenloch des fertiggestellten Fußes verbunden (siehe Schritt 12, nebenstehende Seite). Die Löcher müssen völlig senkrecht eingebohrt werden.

7 Alternativ können Sie auch einen runden Zapfen aus dem Säulenende bilden oder eine

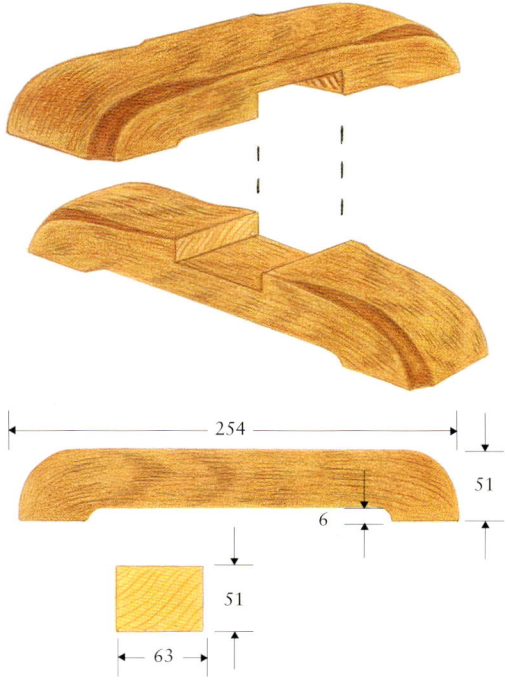

herkömmliche rechteckige Schlitz- und Zapfenverbindung ausarbeiten (siehe S. 144). In jedem Fall müssen hierfür bei der Länge des Pfeilers 38 mm zugegeben werden.

8 Jetzt beginnen Sie mit der Ausarbeitung des Fußes. Dessen beide Teile werden kreuzförmig überblattet und jeweils auf die Hälfte ausgeklinkt. Dadurch entsteht eine bündige Oberfläche.

9 Reißen Sie die beiden Verbindungen wie oben gezeigt an und schneiden Sie sie zu (nähere Erläuterungen siehe S. 143). Korrigieren Sie gegebenenfalls, bis die Überblattung straff sitzt.

10 Jetzt reißen Sie die geschwungene Form der beiden Füße an und schneiden diese entsprechend zu. Die Schnittflächen werden abgeschliffen, die Kanten an der Oberseite abgefast.

11 Dann setzen Sie den überkreuzten Sockel noch einmal probeweise zusammen, bevor Sie die beiden Teile verleimen und dabei, falls notwendig, mit einer Schraubzwinge zusammenspannen. Überschüssigen Leim wegwischen und trocknen lassen.

12 Wenn Sie den Sockel wie vorher beschrieben mit Hilfe eines Dübels mit der Säule ver-

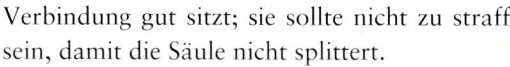

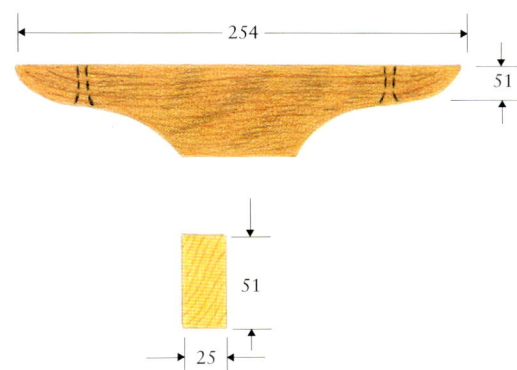

binden, bohren Sie jetzt ein Loch (Durchmesser 25 mm) durch die Mitte der Überblattung. Bei einer Zapfenverbindung stemmen Sie den Schlitz so aus, daß er gerade in der Mitte der Überblattung sitzt. Auch hier muß die Verbindung straff sein. Dann nehmen Sie die Teile wieder auseinander.

13 Die Querstrebe, die die Tischplatte stützt, ist mit ihrer gesamten Breite in das obere Teilstück der Säule eingelassen – eine Verbindung, die auch als Reiterklaue bezeichnet wird. Sägen Sie die Strebe nach obigen Angaben in ihrer Form zu und passen Sie sie dann an der Unterseite der Platte an. Sie sollte quer zur Faserrichtung der Platte festgeleimt und verschraubt werden.

14 Nun reißen Sie am oberen Ende der Säule den Schlitz für die Strebe an und stemmen ihn vorsichtig aus. Nehmen Sie die Maße dafür von der Strebe ab, denn sie können von den angegebenen abweichen. Überprüfen Sie, ob die

Verbindung gut sitzt; sie sollte nicht zu straff sein, damit die Säule nicht splittert.

15 Nehmen Sie jetzt noch einmal alle Teile auseinander und schleifen Sie die Oberflächen nach. Dann verleimen Sie die Säule mit dem Sockel. Für zusätzlichen Halt kann die Verbindung auch verkeilt werden (nähere Hinweise siehe S. 29).

16 Zum Schluß wird die Tischplatte aufgesetzt, indem man die Strebe im Säulenschlitz verleimt. Sichern Sie die Verbindung zusätzlich mit zwei Bohrlöchern, durch die Sie zwei Dübel (Durchmesser 6 mm) setzen. Wenn der Leim getrocknet ist, schneiden Sie diese entweder bündig mit der Säulenoberfläche zu oder lassen sie leicht darüber hinausragen.

17 Überschüssigen Leim entfernen und alle Oberflächen schleifen.

18 Früher wurden die Kerzenständer entweder gebeizt und poliert oder unbehandelt zum Schutz mit Bienenwachs eingelassen. Wachs unterstreicht den warmen Farbton des Holzes, und im Laufe der Zeit – auch bei mehrmaliger Anwendung – wird der Ton dunkler und intensiver. Schneller erzielen Sie diesen Effekt, wenn Sie zuerst beizen und dann eine Wachs- oder vielleicht auch Klarlackschicht darüberlegen. (Nähere Hinweise zur Oberflächenbehandlung finden Sie auf S. 146/147.)

BEISTELL-
TISCH

Im Mittelalter bestanden Tische lediglich aus einem langen Brett – oder mehreren, die zur Vergrößerung der Oberfläche aneinandergefügt wurden – auf hölzernen Böcken. Dabei handelte es sich um temporäre Einrichtungsgegenstände, die beispielsweise nach dem Essen leicht wieder abgebaut und weggestellt werden konnten. Diese Art von Möblierung entsprach einer Zeit, in der Gemeinschaftsleben gesellschaftlich bestimmend und den Räumen noch keine spezifischen Funktionen zugewiesen waren. Im Laufe der Jahre fügte man Platte und Untergestell für längere Phasen zusammen, woraus der feststehende oder »ruhende« Tisch entstand. Geoffrey Chaucer (1340-1400) beispielsweise erwähnt im 14. Jahrhundert seinen »ständig im Raum befindlichen ›ruhenden‹ Tisch«. Irgendwann im 16. Jahrhundert veränderte sich das Prinzip durch Einführung der Rahmenkonstruktion jedoch entscheidend, und der Tisch wurde zum »verbundenen« Tisch.

Statt der Böcke besaß er nun vier oder mehrere Beine, die oben rechtwinklig durch Querzargen, unten mittels diagonaler Verstrebungen verbunden waren. Die Verbindungen der gesamten Konstruktion waren mit Schlitz und Zapfen ausgebildet und, um zusätzlichen Halt und Stabilität zu gewährleisten, sorgfältig gedübelt. Viele dieser Tische besaßen beträchtliche Größe, aber mit dem Wandel der Architektur und der sich verändernden Struktur der Innenräume ergab sich auch der Bedarf an unterschiedlichen Möbeltypen, wozu auch kleinere Tische zählten. Anfänglich waren diese schlichtweg verkleinerte Versionen der großen Ausführungen. Bald jedoch entwickelten sich ausgeprägte Unterschiede in Aufbau und Stil; die Konstruktionen wurden leichter, und mittels verschiedenster ausgeklügelter Vorrich-

tungen konnten die kleinen Tische auch zu großen ausgezogen werden, ein Prinzip, das sich bis heute größter Beliebtheit erfreut.

Heute gibt es für praktisch jeden Raum im Haus und alle nur denkbaren speziellen Aufgaben einen geeigneten Tisch in geeigneter Form. Ein häufig anzutreffender, im frühen 17. Jahrhundert entwickelter Typus ist das Beistelltischchen. In der Regel hat es quadratische oder rechteckige, manchmal auch halbrunde Grundform; früher wurde häufig ein gleiches Paar angefertigt, so daß an den Schmalseiten einer nach formalen Kriterien gestalteten Tafel jeweils ein Tischchen aufgestellt werden konnte.

Das hier gezeigte Beistelltischchen kann auf verschiedenste Weise genutzt werden, wobei allerdings schon die allgemeine Bezeichnung Hinweise für die typische und beste Aufstellung liefert: Es sollte mit einer Seite an der Wand stehen und kann dann als Schreibtisch, kleiner Arbeitstisch oder beispielsweise auch in der Küche genutzt werden. In jedem Fall wird sich die große Schublade als praktisches Detail erweisen. Früher wurde der Rahmen solcher Tischchen in Hinblick auf größtmögliche Stabilität aus Hartholz gebaut; die Platte dagegen war meist aus billigerem Weichholz, z. B. Kiefer oder Fichte. Um optisch Einheitlichkeit herzustellen, wurde der ganze Tisch dann gebeizt – außer er war für die Küche bestimmt. In diesem Fall blieb die Platte unbehandelt, damit sie mit Wasser und Sand gescheuert und damit sauber gehalten werden konnte.

Links: Derartige schlichte Beistelltischchen tragen viel zur ländlichen Atmosphäre bei. Aus Gründen der Stabilität wurden Beine und Rahmen häufig aus Hartholz angefertigt, während die Platte beispielsweise aus billigem Fichtenholz bestand.

Oben: Die Vase mit blühendem Ginster bringt den natürlichen Charme dieses Beistelltischchens hervorragend zur Geltung. Der Rahmen ist aus Eiche, die Tischplatte aus Gelbkiefer angefertigt. Nützliches Detail in der Gesamtkonstruktion ist die Schublade. Wie das Tischchen gemacht wird, erfahren Sie auf den Seiten 40 bis 42.

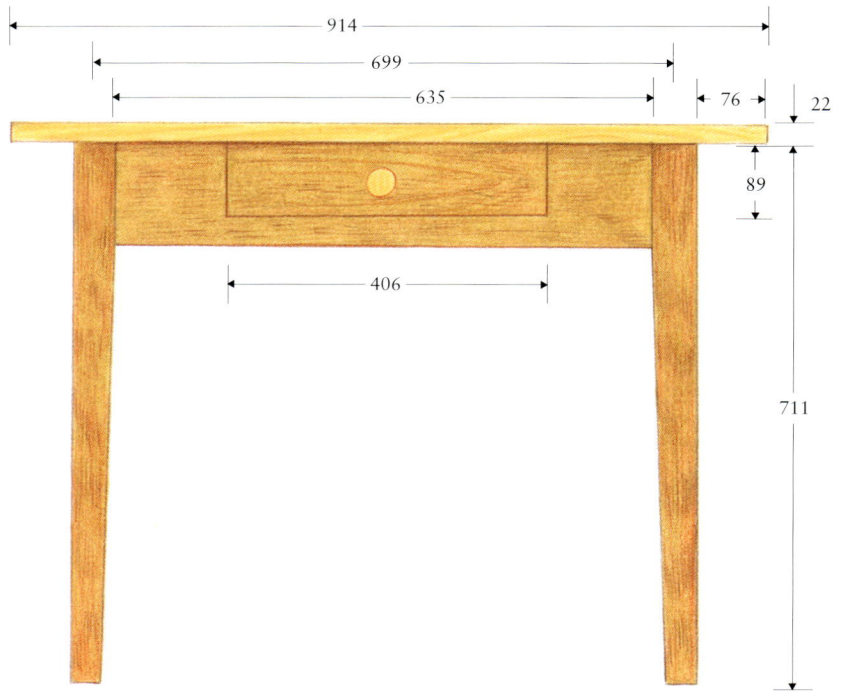

Stufe 3:
Fortgeschrittene

Fertigmaße:
914 x 762 x 559 mm

Material:
Fichte (Platte)
Eiche, Kirschbaum, Buche (Rahmen)

Holzliste:
1 Tischplatte
914 x 559 x 22 mm

4 Tischbeine
711 x 63 x 63 mm

2 Längszargen
699 x 127 x 22 mm

2 Querzargen
343 x 127 x 22 mm

2 Querstreben
356 x 51 x 22 mm

Schublade

2 Führungen
330 x 22 x 22 mm

1 Vorderstück
406 x 89 x 22 mm

2 Seiten
305 x 89 x 12 mm

1 Hinterstück
406 x 76 x 12 mm

1 Boden
330 x 406 x 6 mm

Alle Maße sind in Millimetern angegeben.

Arbeitsanleitung:

1 Die Tischplatte besteht aus schmaleren Fichtenbrettern, die in der Breite verleimt werden. Wählen Sie gerade Bretter dafür aus, hobeln Sie die zusammenstoßenden Kanten zu und verbinden Sie sie einfach mit »stumpfer Fuge« oder auch einer anderen auf S. 141/142 beschriebenen Methode. Wird die Platte nicht behandelt – z. B. bei Aufstellung des Tischchens in der Küche – sollten Sie wasserfesten Leim verwenden.
2 Nun verleimen Sie die Kanten wie auf S. 142 beschrieben. Setzen Sie zum Trocknen mindestens drei Spannknechte an und achten Sie darauf, daß die Oberfläche eben ist.
3 Dann schneiden Sie das Rahmenmaterial zu. Die Tischbeine verjüngen sich nach unten hin, und der Rahmen wird mit doppelten Schlitz- und Zapfenverbindungen (siehe S. 144/145) zusammengebaut.

4 Die nach oben zeigenden Enden der Beine zeichnen Sie als Hilfe für alle weiteren Arbeiten wie gezeigt mit einer Bleistiftlinie zusammen.
5 Jedes Bein wird nun an lediglich zwei Seiten (und zwar den beiden nach innen liegenden) zugespitzt. Den Großteil des Holzes sägen Sie ab, der Rest wird mit dem Hobel weggenommen. Im oberen Teil (auf eine Länge von 152 mm) bleibt die quadratische Grundform der Beine erhalten. Zum Schluß werden die scharfen Kanten an den Ecken abgeschliffen.
6 Reißen Sie an jedem Bein die Position der beiden Schlitze für die doppelten Zapfen an. Stemmen Sie sie rechtwinklig und gerade aus. Achten Sie dabei auf die Absätze für das Mittelstück und oben für den abgesetzten Nutzapfen.
7 Dann reißen Sie an den Enden der Längs- und Querzargen die doppelten Zapfen wie oben gezeigt an. Vergessen Sie nicht den abgesetzten Nutzapfen oben und die zwischen bei-

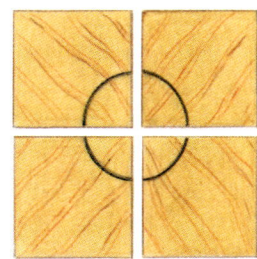

den Zapfen erhaltene Feder. Auch die Zapfen müssen entsprechend gerade und rechtwinklig angelegt sein.

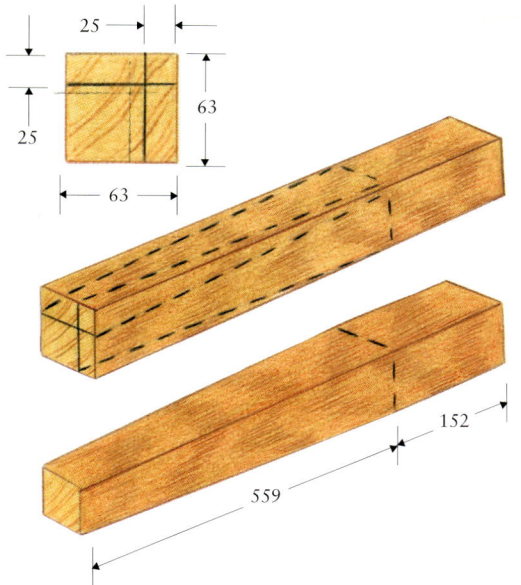

8 Überprüfen Sie, ob alle Zapfen genau passen und korrigieren Sie gegebenenfalls.

9 Dann setzen Sie sämtliche Teile (Beine und Zargen) probeweise zusammen. Prüfen Sie, ob alles gerade und im rechten Winkel ist.

10 Kennzeichnen Sie auch, wohin der Ausschnitt für die Schublade kommt und notieren Sie sich die Länge (einschließlich der eingestemmten Zapfen an jedem Ende) der beiden innenliegenden Querstreben, die den Rahmen

11 Reißen Sie die 406 x 89 mm große Schubladenöffnung an der Tischfront an und sägen Sie sie aus.

12 Außerdem wird an der Innenseite der Längszargen die Lage der Schlitze für die Querstreben markiert. Wichtig ist, daß sie im rechten Winkel und parallel zueinander stehen. Dann stemmen Sie – nicht tiefer als 12 mm – vorsichtig die Schlitze aus.

13 Nun werden die Zapfen an den Querstreben angerissen. Messen Sie sie einzeln aus und machen Sie individuell die Zuschnitte, damit sie gut passen. Die Querstreben sollten bündig mit der Schubladenöffnung abschließen.

14 Probehalber noch einmal den kompletten Rahmen zusammenbauen, wobei diesmal zuerst die Querstreben eingesteckt werden müssen. Auseinanderbauen.

15 Falls die Zapfenverbindungen an den Tischbeinen zusätzlich gedübelt werden sollen, müssen hierfür jetzt die Dübel und Bohrlöcher vorbereitet werden (siehe »Zapfenverbindung auf Zug«, S. 145). Dann schleifen Sie die Flächen nach und bereiten das Tischgestell zum Verleimen vor.

16 Verleimen Sie das gesamte Gestell. Zuerst werden die Querstreben positioniert, dann die Längs- und Querzargen mit den Beinen verbunden. Spannen Sie die Teile mit Spannknechten zusammen oder arbeiten Sie mit Bankhaken. Überprüfen Sie, ob alles im Winkel ist, wischen Sie überschüssigen Leim feucht ab und lassen Sie den Rahmen komplett austrocknen.

17 Anschließend werden die Schubladenführungen vorbereitet und eingepaßt. Sie sitzen parallel zueinander auf den Querstreben und schließen bündig mit der Öffnung an der Front ab. Sie werden nun sicherheitshalber festgeschraubt, nicht verleimt.

18 Dann wird die Schublade gebaut. Am Vorderstück wird eine halbverdeckte Zinkung, am Hinterstück eine offene Zinkung als Verbindung angelegt (siehe S. 143). Hobeln Sie das Vorderstück so zu, daß es nicht zu locker in der Öffnung sitzt. Das Hinterstück wird in dersel-

ben Länge, eventuell etwas kürzer zugeschnitten; die Seiten haben dieselbe Höhe wie das Vorderstück. Achten Sie darauf, daß die Schnittflächen gerade sind und zeichnen Sie an, wie die Teile zusammengehören.

stützen und stabilisieren. Dann bauen Sie das Gestell wieder auseinander.

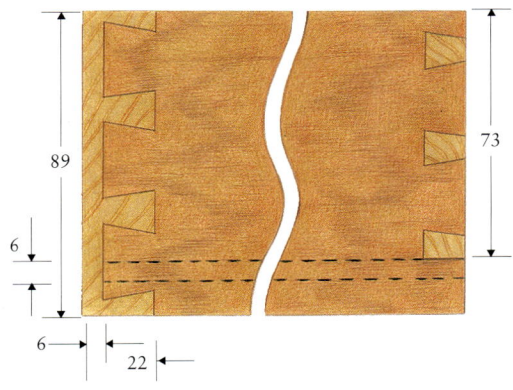

19 An Vorderstück und Seiten bilden Sie nun die Nut für den Schubladenboden aus (siehe dazu die Zeichnung ganz oben).

20 Dann reißen Sie an den Enden der Seiten die Schwalbenschwänze an und sägen sie aus. Maße und Proportionen siehe Zeichnung oben, zur Arbeitstechnik siehe S. 143.

21 Mit den Schwalbenschwänzen als Vorlage reißen Sie im nächsten Schritt die Zinken an Vorder- und Hinterstück an. Aussägen. (Nähere Erläuterungen siehe S. 143.)

22 Überprüfen Sie, ob alle Verbindungen passen und korrigieren Sie gegebenenfalls. Vermeiden Sie aber zu häufiges Einpassen. Setzen Sie dann die Schublade probeweise zusammen und achten Sie besonders darauf, ob alle Ecken rechtwinklig sind. Auseinanderbauen und die Flächen nachschleifen.

23 Dann wird die Schublade verleimt. Überprüfen Sie nochmals, ob alles gerade und im rechten Winkel ist, und lassen Sie das Werkstück trocknen.

24 Messen Sie die Schublade anschließend noch einmal aus, damit eventuell die Maße für den Boden angeglichen werden können. Schneiden Sie den Boden so zu, daß er in die Nut von Vorderstück und Seiten paßt (er läuft unter dem Hinterstück durch). Die Faserrichtung soll quer, von Seite zu Seite, verlaufen. An

der Unterkante des Hinterstücks wird der Schubladenboden festgeschraubt oder -genagelt, nicht verleimt.

25 Ist die Schublade ganz getrocknet, werden die Verbindungsflächen gereinigt. Überprüfen Sie, ob sie in die Rahmenöffnung paßt und korrigieren Sie gegebenenfalls so, daß die Schublade sich gut ziehen läßt.

26 Dann befestigen Sie die Stoppklötze wie oben abgebildet. Bevor die Tischplatte aufgesetzt wird, ist dies einfach durchzuführen.

27 Bohren Sie ein genau passendes Loch durch die Front und leimen Sie einen selbstgemachten oder gekauften Knopf für die Schublade ein. Wenn möglich sollten Sie ihn noch verkeilen.

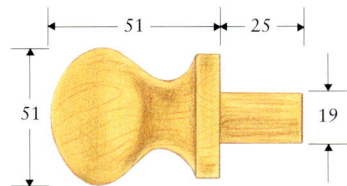

28 Jetzt kann die Tischplatte befestigt werden. Normalerweise geschieht das mit »Schlitten«. Diese werden von unten an der Platte festgeschraubt und sitzen frei beweglich in einem

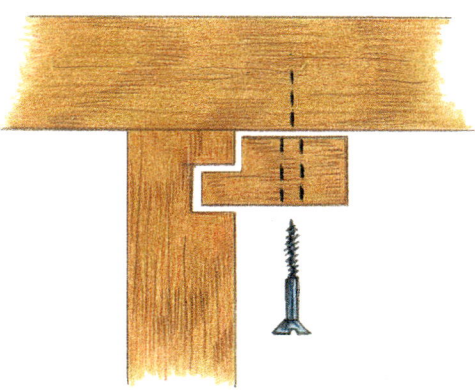

Schlitz, der in den Seiten gebildet wird. Dadurch können Verschiebungen, die auftreten, wenn das Holz arbeitet, aufgefangen werden.

Die Brüstungshöhe des Schlittens sollte etwas geringer sein als der Abstand zwischen Schlitz und Oberkante der Seiten: So wird die verschraubte Tischplatte nach unten gezogen. Befestigen Sie zwei Schlitten an jedem Ende und zwei an jeder Seite. Achten Sie darauf, daß die Schrauben nicht zu lang sind.

29 Bevor Sie die Tischplatte wie in Schritt 28 beschrieben befestigen, hobeln Sie die Oberfläche glatt. Auch die Kanten werden geglättet, die Oberkanten und Ecken zusätzlich abgeschrägt.

30 Sie können den Rahmen des Tischchens dunkler beizen oder die Oberflächen, je nach Gebrauch, entsprechend einlassen. Eine Möglichkeit wäre es, die Platte mit Klarlack zu streichen; wird das Tischchen in der Küche verwendet, kann sie auch unbehandelt bleiben und durch Scheuern gereinigt werden.

Rechts: In der Konstruktion ist dieses elegante Tischchen mit nach unten hin schmäler werdenden Beinen und einer praktischen Schublade dem beschriebenen Beistelltischchen verwandt. Durch seine zeitlose Schlichtheit paßt auch die moderne Leselampe; es fügt sich aber genausogut in seine Umgebung – mit alter Wandverschalung und einem geschnitzten Stuhl im Kolonialstil – ein.

Terrasse & Garten

Gefallen am Landleben zu finden heißt auch, gern draußen zu sein, in der Natur – beides ist nicht voneinander zu trennen. Natürlichkeit und eine gewisse Anspruchslosigkeit sind für ein solches Leben von zentraler Bedeutung, und wie könnte man sich der Natur verbundener fühlen als bei einem Landaufenthalt – und sei es nur für ein paar Tage am Wochenende, an denen man den Asphaltwüsten unserer Städte entflieht –, mit der Sonne auf dem Rücken und Erde unter den Füßen? Und wie könnte man diese Naturverbundenheit besser gestalten als mit dem natürlichen Material Holz?

HOLZ ALS BAUMATERIAL

Als Baumaterial hat Holz eine lange Geschichte – von den einfachen, oft nur kurzlebigen Schutzhütten unserer prähistorischen Vorfahren bis hin zu den solide ausgeführten Fachwerkbauten des Mittelalters; von den grob behauenen Blockhäusern in Gebirgs- und Waldregionen Europas – eine Bauweise, die zur Kolonialzeit immer wieder auch von den Landpionieren in verschiedensten Teilen der Welt praktiziert wurde – bis hin zu den verschalten und mit Holzschindeln gedeckten Häusern, die an der amerikanischen Ostküste typisch sind. Die frühen Siedler bauten ihre Häuser aus Holz, weil dieses Material für sie am einfachsten zugänglich war – und sie bauten dort, wo Bäume und damit Bauholz im Überfluß zur Verfügung standen. Die Bauweise aber war in starkem Maß von der Tradition ihrer Heimatländer beeinflußt und hing auch bis zu einem gewissen Grad von Art und Größe der Bäume bzw. von den Eigenschaften des Holzes ab, das sie daraus gewinnen konnten.

DER ÜBERGANGSRAUM

Diese ethnisch und regional bedingt verschiedenen Baustile hatten jedoch häufig ein bemerkenswertes Element gemeinsam: den überdachten Hauseingang bzw. die Veranda. Das aus dem Hindi stammende Wort »verandah« bedeutet »Bungalow/einstöckiges Haus« und wurde durch die britischen Raj in Indien in unseren Sprachgebrauch übernommen. Als überdachte, in der Regel jedoch an den Seiten offene Erweiterung des Hauses, bildet die Veranda die Schnittstelle zwischen drinnen und draußen, den Raum, in dem beide Bereiche ineinander übergehen.

In Konstruktion und Charakter gibt es enorme Unterschiede – von formal bis streng funktional, von rustikal bis verschachtelt. Wird eine Veranda zum Schutz vor Wind und Wetter nicht regelmäßig gestrichen, beginnt das Holz schnell zu verwittern und nimmt so die für ländliche Gegenden typische Tönung an.

Je nach klimatischen Bedingungen und Jahreszeit kann die Veranda ein viel genutzter, zusätzlicher Raum des Hauses werden oder eben nur gelegentlich zum Aufenthalt im Freien dienen. In Gegenden mit langen, heißen Sommern spendet eine Veranda wohltuenden Schatten und wird wahrscheinlich auch – aufgrund ihrer regelmäßigen Nutzung – wie jeder andere Raum im Haus eigenständig möbliert und eingerichtet sein. Ist das Klima weniger gemäßigt und das Wetter eher wechselhaft, bieten sich Möbel an, die leicht von drinnen nach draußen gebracht werden können.

Rechts: Dieses Blockhaus eines zur Gemeinschaft der Amish gehörenden Bauern wurde nach Pennsylvania, County Chester, versetzt. Das steile Vordach ist mit gespaltenen Schindeln aus kanadischer Rotzeder (Thuja) gedeckt, die durch die Witterungseinflüsse einen angenehm silbrig-grauen Ton angenommen haben.

Außen rechts: Rustikale Möbel, typisch für die Gegend von Adirondack im Norden des Staates New York, prägen diese Veranda. Zusammen mit den verwitterten, lediglich geschälten Baumstämmen, die als Eckstützen dienen, rückt ein Stück Natur näher an den Wohnbereich.

MÖBEL AUS HOLZ

Ein kleiner Tisch oder eine Bank können im Freien vielseitig verwendet werden, und eine einfache, aus fünf Brettern bestehende Bank paßt insbesondere auf Veranda oder Terrasse besonders gut. Eine derartige Sitzgelegenheit ist ohne großes Vorwissen oder besondere Fertigkeiten sehr leicht aus den vorbereiteten Einzelelementen zusammenzubauen und gehörte zu den ersten Stücken, die in verschiedenen Teilen der Welt von Möbelbauern auf dem Land angefertigt wurden. Prinzip und Konstruktionsmethode dieser Sitzbank, die zu den besten Beispielen traditionellen Landhausstils zählt, sind problemlos übertragbar – und so können Varianten in verschiedenen Größen und Formen entstehen, vom Fußschemel bis zum Tisch.

In der Vorstellung der meisten Menschen ist der im 18. Jahrhundert erfundene Schaukelstuhl die Quintessenz einer Veranda-Möblierung. Zunächst war er als »Verdauungsstuhl« bekannt, womit auf seinen erkennbaren Nutzen damals wie heute angespielt wird. Auch das Geständnis eines unbekannten frühen Anhängers – »...manchmal schaukle ich und denke und manchmal schaukle ich nur« – zeichnet das Bild totaler Entspannung in einem alten Schaukelstuhl auf der dem Garten zugewandten Veranda.

Ob Schaukel- oder normaler Stuhl: Stühle gibt es in allen Formen und Größen, und zahlreiche Stilvarianten sind auch für den Gebrauch auf einer Terrasse oder im Garten geeignet. Windsor-Stühle z. B. wurden ursprünglich gern in englischen Gärten verwendet und waren für diesen speziellen Zweck häufig auch grün getrichen; und sehr wahrscheinlich waren ähnliche Stühle bis zum Ende des 19. Jahrhunderts auch in Londoner Parks und auf Cricketplätzen zu finden. Ein anderer Typus im Shakerstil mit sprossen- oder leiterartig gestalteter Rückenlehne und geflochtenem Sitz paßt besonders gut für draußen. Die strenge, trotzdem aber gefällige Form dieser Stühle, die sich auch für Schaukelstühle anbietet, steht in vollkommenem Einklang mit der Einfachheit des Landlebens.

Stühle, Bänke und andere Stücke in »rustikalem« Stil sind besonders beliebt als Garten- oder Terrassenmöbel, eignen sich in bestimmtem Umfeld auch für Innenräume. In solchen »rustikalen« Möbeln zeigt sich eine besonders enge Verbindung von Landleben und Natur: Halb Möbel, halb noch Baum, sind hier der Gestaltungswille dessen, der sie schuf, und Elemente der Natur in Einklang gebracht, ist die Synthese von Mensch und Natur geglückt.

Links: Ein Tisch, der zu einer Bank mit hoher Rückenlehne umgestaltet werden kann: die neu-englische Version der traditionellen Sitzbank (siehe S. 19).

Oben rechts: Kann man sich etwas Einladenderes vorstellen als einen Schaukelstuhl auf einer geschützten Veranda – den Inbegriff des Wohlbefindens und der Entspannung?

Unten rechts: Herbstbeginn in Neu-England: Ein kleiner Stuhl mit Sprossenlehne und ein Beistelltischchen – Reminiszenzen des Sommers – warten auf ihren Umzug ins Haus.

NISTKASTEN

Eine der Freuden, die ein Garten in der Stadt oder das Leben in ländlicher Umgebung bieten, ist die Beziehung zu den dort heimischen, an den Menschen gewöhnten Tieren – insbesondere kleinen Vögeln. Bei regelmäßigem Futterangebot werden diese Ihren Garten bereitwillig in das Terrain ihrer Nahrungssuche integrieren, und meist erscheinen sie dann auch sehr regelmäßig, um sich die täglich offerierten Leckerbissen abzuholen. Aber um Vögel in den Garten zu locken – sei es ein städtischer, einer inmitten von Wald oder Feldern oder auch nur das Fensterbrett eines Apartments –, müssen neben dem Nahrungsangebot auch noch andere Grundbedürfnisse wie Wasser oder Unterschlupfmöglichkeiten erfüllt sein.

Beim Füttern gibt es verschiedene Möglichkeiten: Sie können gelegentlich Krümel und übriggebliebene Brotstückchen nach draußen werfen, eine eigene Futterstelle einrichten oder ein Vogelhäuschen aufstellen, das regelmäßig gefüllt wird. Wasser wird meist in Form einer Tränke bereitgestellt, in der die Vögel auch baden können. Ob in kunstvoll-dekorativer oder schlicht funktionaler Ausführung – wichtig für die Vögel ist, daß sie zum Baden nicht zu schmal oder zu tief ist, und vom Aussehen her sollte eine Tränke eben zum Stil des Gartens passen.

Geeigneten Unterschlupf – zum Schlafen oder Brüten – finden die Vögel in einem Nistkasten. Da hier jedoch die Bedürfnisse je nach Art völlig verschieden sind, informieren Sie sich vorher, damit der Nistkasten, den Sie bauen, auch den Vögeln entspricht, die

Sie anlocken wollen. Die hier gezeigten Kästen, die zu dem folgenden Modell inspirierten, sind für Höhlenbrüter wie Blaumeise, Rotkehlchen oder Sperling geeignet. Ein kritischer Punkt ist allerdings die Größe des Einfluglochs, denn fällt es zu groß aus, besteht die Gefahr, daß andere Vögel, aber auch Säugetiere, eindringen und die Eier stehlen.

Ein Nistkasten für draußen muß nicht besonders kunstvoll oder exakt ausgeführt sein, ja nicht einmal so sauber angefertigt werden wie die abgebildeten. Die Vögel wird es nicht stören, wenn ihrem neuen Eigenheim die gewisse Feinheit und Raffinesse fehlt, und wahrscheinlich wird auch eine möglichst natürliche Außengestaltung am ehesten ihren Geschmack treffen. Angesichts der wenig kritischen Nutzer könnte dies eine ideale Aufgabe für einen Anfänger sein. Einfach Schritt für Schritt die Bauanleitung befolgen, das richtige Material verwenden und das Einflugloch je nach Vogelart richtig dimensionieren – mehr brauchen Sie nicht zu tun.

Selbstverständlich müssen solche Nistkästen und Vogelhäuschen nicht nur im Freien verwendet werden. Sie haben ganz offensichtlichen ästhetischen Reiz, weshalb sie zunehmend als interessante Dekorationsidee auch im Haus zu finden sind. Um Elemente von draußen in einen Innenraum oder auf die Terrasse zu bringen, werden sie manchmal bewußt in ihrem Rohzustand belassen, häufiger aber wie die abgebildeten Häuschen in matten Erdtönen gestrichen. Damit sich die Vögel einnisten, müssen die Kästen spätestens zum neuen Jahr ins Freie gebracht werden.

Oben: Dieser reich verzierte und dekorierte Vogelkäfig, ein enger Verwandter des Vogelhäuschens, ist ein hinreißendes Beispiel für geschicktes ländliches Handwerk. Die Überzahl an kleinen Pünktchen verleiht ihm, trotz seiner einfachen Bauweise, etwas Märchenhaftes. Vielleicht kann Ihnen dieses Beispiel für die Verzierung Ihres eigenen Vogelhäuschens Anregungen vermitteln.

Rechts: Die Veranda eines Blockhauses im Bundesstaat New York bildet den idealen Rahmen für diese Sammlung von Nistkästen. In den 50er Jahren gebaut, waren sie alle zum praktischen Gebrauch bestimmt. Und so sehen sie auch aus.

Dieser attraktive Nistkasten eignet sich für Vögel, die in Höhlen brüten.

Stufe 1:
Anfänger

Fertigmaße:
254 x 203 x 152 mm

Material: Fichte
Stück Leder oder Dachpappe

Holzliste:
1 Front
254 x 152 x 16 mm

1 Rückseite
254 x 152 x 16 mm

2 Seitenteile
178 x 127 x 16 mm

1 Dachhälfte
190 x 152 x 16 mm

1 Dachhälfte
178 x 152 x 16 mm

1 Boden
203 x 127 x 16 mm

Hinweis: Sämtliche Einzelteile können von einem Brett – am besten einem Bodenbrett – der Maße 1270 x 152 x 16 mm zugeschnitten werden.

Alle Maße sind in Millimetern angegeben.

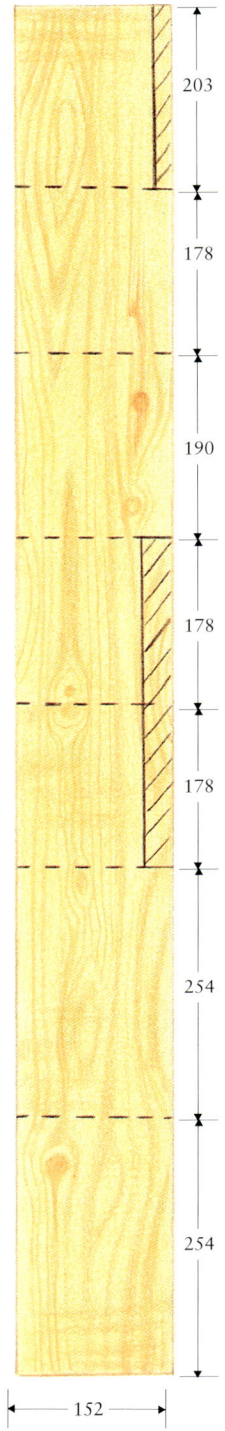

Arbeitsanleitung:

1 Zeichnen Sie die erforderlichen Teile nach den angegebenen Maßen an und schneiden Sie sie zu. Bezeichnen Sie die Stücke entsprechend, damit später keine Verwirrung entsteht.

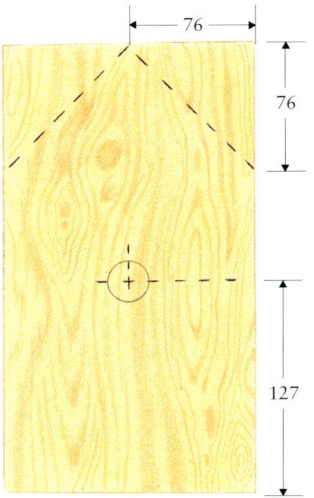

2 An der Front reißen Sie die Dachneigung im 45°-Winkel an und sägen die Dreiecke beidseitig ab. Dann markieren Sie die Lage des Einfluglochs und bohren es im gewünschten Durchmesser aus. Bei kleinen Vögeln wie Meisen und Rotkehlchen empfiehlt sich ein Durchmesser von 29 mm, bei größeren wie Sperlingen sollte das Loch einen Durchmesser von 32 mm aufweisen. Falls Sie keinen Bohrer in entsprechender Größe haben, bohren Sie mehrere kleine Löcher und vergrößern bzw. verbin-

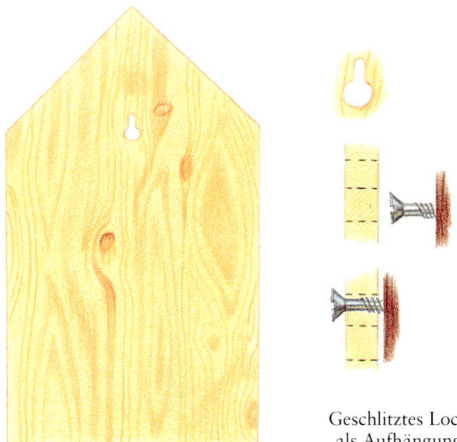

Geschlitztes Loch
als Aufhängung

den diese mit einer Feile. Dann schleifen Sie die Kante des fertigen Lochs.

3 Auch an der Rückseite reißen Sie die Dachschrägen im 45°-Winkel entsprechend an und sägen sie zu. Hier wird ein geschlitztes Loch eingefügt, mit dem der fertige Kasten später aufgehängt werden kann.

4 Bohren Sie nun ein paar Abflußlöcher mit etwa 6 mm Durchmesser in den Boden.

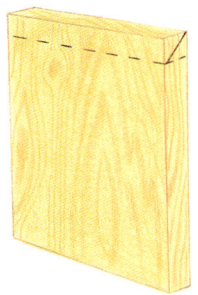

5 Eine Kante an der Schmalseite der Seitenteile schrägen Sie nun gleichfalls im 45°-Winkel ab, so daß sie bündig mit der Dachlinie verläuft.

6 Setzen Sie Front, Rückseite und Seitenteile probeweise zusammen und überprüfen Sie, ob die seitlichen Schrägen genau passen.

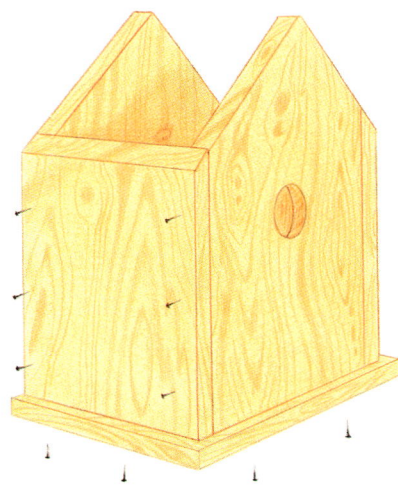

7 Dann werden die vier Wände mit wasserfestem Leim verleimt und zusammengenagelt. Achten Sie beim Nageln darauf, daß das Holz nicht splittert (weitere Hinweise dazu siehe S. 141).

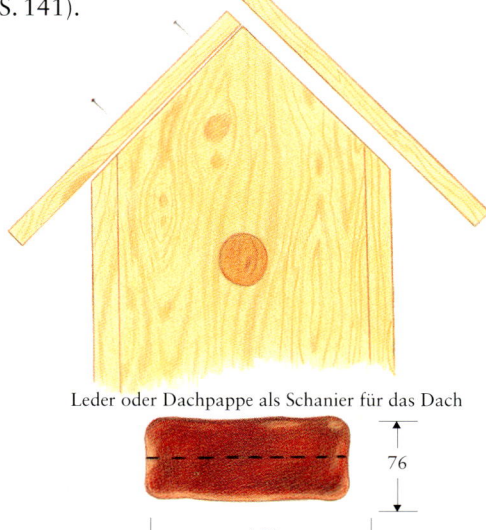

Leder oder Dachpappe als Schanier für das Dach

76

152

8 Jetzt wird der Boden so aufgeleimt und festgenagelt, daß er vorne und an den Seiten etwas übersteht. Achten Sie darauf, daß er gerade und im rechten Winkel sitzt. Überschüssigen Leim wegwischen und trocknen lassen.

9 Überprüfen Sie dann, ob die Dachteile passen. Die längere Hälfte liegt über der kürzeren. Wenn alles genau sitzt, verleimen Sie auch diese Elemente und nageln sie fest.

10 Der Dachfirst mit der Verbindungskante wird mit einem Leder- oder Dachpappenstreifen gedeckt und mit Dachpappennägeln oder Zwecken bzw. Klammern befestigt.

11 Wollen Sie den Nistkasten beispielsweise zur Reinigung nach der Brutzeit öffnen, verbinden Sie nur die kürzere Dachhälfte fest mit dem Gehäuse. Das zweite Dachteil wird einfach

Dachbefestigung

aufgelegt. Oben wird es durch das Leder- oder Dachpappenstück gehalten.

12 Zur Fixierung der aufklappbaren Dachhälfte bilden Sie eine Drahtschlinge. Der Zeichnung können Sie entnehmen, wie diese mit zwei Drahtkrampen an der Unterseite des Dachs und an der Seitenwand befestigt wird. Schlagen Sie die Krampen vorsichtig ein, damit das Holz nicht splittert.

13 Sitzstangen unter dem Einflugloch sind nicht unbedingt zu empfehlen, weil sie für Räuber eine Einstiegshilfe darstellen. Wenn Sie möchten, können Sie aber trotzdem eine aus einem Zweig gebildete Stange in einem Bohrloch befestigen.

14 Der fertige Nistkasten wird mit einem geeigneten Mittel zum Schutz vor Witterungseinflüssen eingelassen. Folgen Sie dabei genau den Hinweisen des Herstellers und arbeiten Sie in einem gut gelüfteten Raum. Auch sollte das Einlassen oder Streichen sehr rechtzeitig geschehen, damit die Dämpfe verflogen sind, wenn Sie den Kasten aufhängen.

15 Den Nistkasten einige Monate vor der Brutzeit anbringen, damit sich die Vögel daran gewöhnen können. Er sollte mindestens 2 Meter über dem Boden und nicht an einer Stelle aufgehängt werden, die direkt in der Sonne liegt – am besten in einem Baum oder Strauch.

GARTENBANK

Schon seit sehr langer Zeit ist der Stuhl nicht einfach nur eine Sitzgelegenheit, sondern auch ein Zeichen von Autorität. Vom Häuptling bis zum modernen Vorsitzenden, im Unternehmen oder auch im Dorfgemeinderat – immer war er ein Statussymbol und Ausdruck für die verantwortliche Position, die derjenige innehat, der auf ihm sitzt. Bis etwa zur Mitte des 16. Jahrhunderts waren Stühle außerdem eine Rarität; nur der Hausherr und zugleich das Familienoberhaupt konnte sich zu den glücklichen Besitzern zählen – der Rest der Welt mußte mit Hockern oder Bänken vorliebnehmen.

Vom Stuhl unterscheiden sich diese »niederen« Sitzgelegenheiten durch ein sehr offensichtliches und wesentliches Merkmal: Sie haben keine Rückenlehne. Die Differenzierung untereinander ist dagegen nicht immer so eindeutig: Ein Schemel oder Hocker ist ein frei beweglicher Sitz für eine Person, die größere Variante wird als Bank bezeichnet. Und auch hier gibt es zwei grundsätzliche Typen: die ursprünglich massive und fest installierte Bank und eine leichtere, transportable Version. Die Mitglieder des Britischen Parlaments beispielsweise sitzen nach Rangordnung auf Bänken, die jüngeren in den hinteren Reihen. Und auch in den Klaßzimmern wurde früher durch Bänke eine hierarchische Gliederung geschaffen.

Bei der Konstruktion von Schemeln und Bänken wurden verschiedenste Prinzipien angewandt: Von einfachen Modellen mit Beinen, wie der Melkschemel

(siehe S. 27), bis hin zu kunstvoll ausgearbeiteten Ausführungen mit Holzverbindungen war alles möglich. Ein früher und sehr einfach anzufertigender Typus basierte auf einer Konstruktion mit Böcken. Dabei wurde, ähnlich wie bei den Tischen der gleichen Zeit, ein Brett über zwei soliden Fußteilen befestigt, die wiederum miteinander verstrebt waren – und zwar entweder durch ein Mittelstück, häufiger aber durch zwei flankierende Leisten oder Bretter. Die Enden der seitlichen Böcke waren oben durch die Sitzfläche gezapft und zusätzlich verkeilt, oder man wählte eine einfachere Methode, bei der die fünf Komponenten zusammengedübelt, verschraubt oder genagelt wurden. Derartige Bänke waren meist aus Fichtenholz angefertigt und dann gestrichen. Der Vorteil dieser Konstruktion liegt darin, daß gebrauchsfertiges Material verwendet werden kann; auch genügt einfachstes Werkzeug. Die Konstruktionsmethode ermöglicht außerdem eine beliebige Variation in der Größe, so daß vom kleinsten Schemel für Kinder bis hin zur Sitzbank, auf der mehrere Erwachsene Platz finden, alle Funktionen abgedeckt werden können. Gibt man in der Höhe zu, wird die Bank automatisch zum schmalen Tisch, der sich in Stil und Charakter hervorragend für Garten oder Terrasse eignet. Die Maßangaben des beschriebenen Modells beziehen sich auf einen großzügig bemessenen Zweisitzer, sind aber problemlos zu modifizieren, so daß beispielsweise auch eine Bank für drei Personen oder ein praktischer Hocker für eine Person entstehen können.

Links: Deutlich erkennbar sind hier die vielseitigen Variationsmöglichkeiten dieses Banktypus in Größe und Detailausführung. Fast alle Möbel sind aus Fichtenholz angefertigt; der abgeblätterte, stark abgenutzte Farbanstrich zeugt von permanentem Gebrauch.

Oben: Hier wurde eine niedrige Bank – urspünglich vielleicht eine Sitzgelegenheit für Kinder – zum praktischen Tischchen in einem Badezimmer umfunktioniert. In dem alten Besteckkasten aus Holz werden verschiedenste Badeutensilien verräumt.

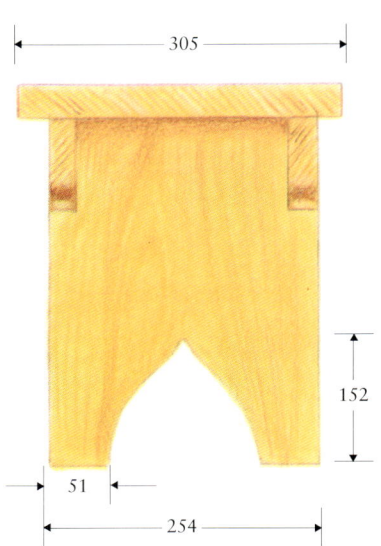

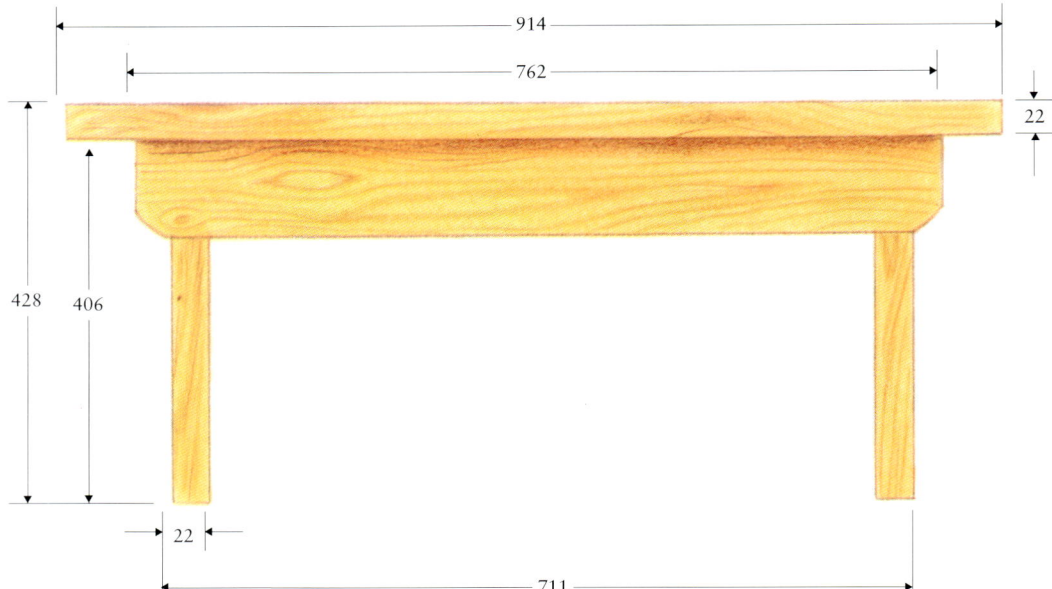

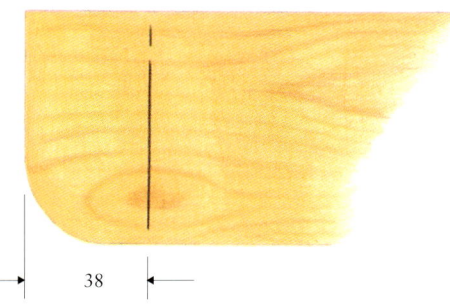

Stufe 1:
Anfänger

Fertigmaße:
914 x 428 x 305 mm

Holz:
Fichte oder Hartholz nach Wunsch

Holzliste:
1 Sitzfläche
914 x 305 x 22 cm

2 Fußteile
406 x 254 x 22 mm

2 Seitenteile
762 x 102 x 22 mm

Die Vorlagen zum Zuschnitt der Fußteile finden Sie auf S. 152.

Alle Maße sind in Millimetern angegeben.

Hinweis: Ist die Bank zum Gebrauch im Garten oder auf der Terrasse bestimmt, sollte man beim Zusammenbau wasserfesten Leim verwenden.

Arbeitsanleitung:

1 Schneiden Sie das gewählte Material in den angegebenen Maßen zu. Die Breite der Sitzfläche von 305 mm können Sie gegebenenfalls auch erzielen, indem Sie zwei oder mehrere schmalere Bretter an den Kanten verbinden (nähere Erläuterungen siehe S. 141).

2 Die Form der Fußteile schneiden Sie mit Hilfe der Vorlage auf S. 152 aus, oder Sie gestalten sie nach eigenen Ideen.

3 Den Falz für die Seitenteile sägen Sie wie oben gezeigt in den entsprechenden Maßen zu (falls diese von den angegebenen abweichen). Diese Falzverbindung trägt, wenn sie sauber ausgeführt ist, erheblich zur Stabilität der fertigen Bank bei. Sie wird zusätzlich verleimt und genagelt.

4 Dann werden die Enden der Seitenteile wie abgebildet geformt. Anschließend die Sägekanten und scharfen Ecken abschleifen.

5 Im Abstand von 38 mm ziehen Sie außen an

den Seitenteilen eine gerade Bleistiftlinie als Orientierungshilfe zum Setzen der Nägel oder Schrauben. Berücksichtigen Sie dabei, daß die Enden der Seitenteile jeweils 25 mm über die Fußteile hinausragen. Dadurch verringert sich die Gefahr, daß das Holz beim Zusammennageln der Elemente splittert.

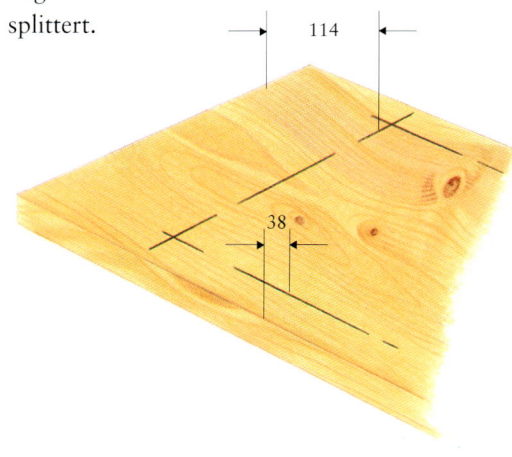

6 Genauso markieren Sie auch die Sitzfläche, wobei hier die Linien allerdings im Abstand von 114 mm (Schmalkanten) und von 38 mm (Längskanten) parallel zu ziehen sind.

7 Nach herkömmlicher Methode wurde die Sitzbank mit ovalen Drahtnägeln oder Stauchkopfnägeln zusammengenagelt. Arbeiten Sie dabei sehr vorsichtig, insbesondere beim Befestigen der Seitenteile, damit das Holz nicht splittert (weitere Hinweise siehe S. 141). Zum Schluß treiben Sie die Nagelköpfe unter die Oberfläche und füllen die Nagellöcher auf.

8 Alternativ können Sie die Bank auch mit Senkkopfschrauben zusammenbauen. Dazu bohren Sie mit dem Stufenbohrer vor und setzen dann die Schrauben, die durch darüber verleimte Holzstöpsel verdeckt werden (nähere

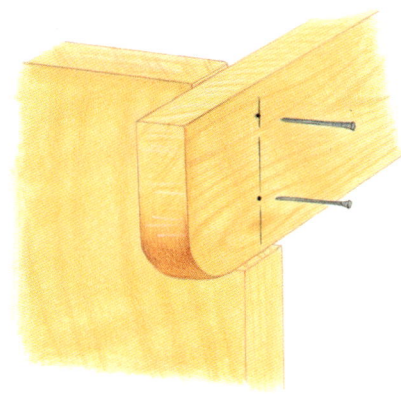

Erläuterungen siehe S. 141). Verwenden Sie Hartholz für Ihre Bank, muß auf jeden Fall geschraubt werden.

9 Zuerst werden die Seiten- mit den Fußteilen verleimt und anschließend festgenagelt oder – geschraubt.

10 Achten Sie darauf, daß der Rahmen dabei im Winkel bleibt, entfernen Sie überschüssigen Leim und lassen Sie die Verbindung trocknen.

11 Dann überprüfen Sie, ob die Sitzfläche genau paßt. Wenn Sie sie mit Hilfe der Bleistiftlinien richtig aufsetzen, müßte sie an den

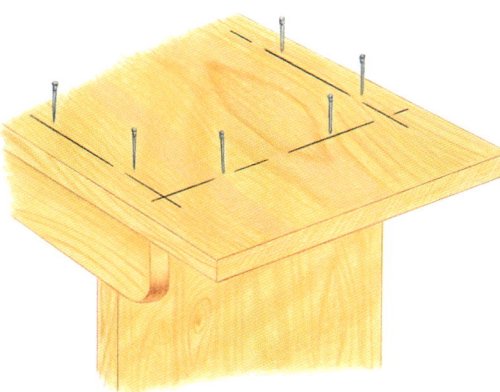

Schmalseiten jeweils etwa 102 mm über die Beine hinausragen, an den Seitenteilen steht sie jeweils etwa 25 mm über.

12 Auf den markierten Bleistiftlinien nageln oder schrauben Sie dann die Sitzfläche an Fuß- und Seitenteilen fest, wobei Sie mit den Hirnholzenden der Fußteile größere Schwierigkeiten haben werden.

13 Jetzt werden sämtliche Nagelköpfe unter die Oberfläche getrieben und die Löcher aufgefüllt bzw. die Senklöcher für die Schrauben verstöpselt.

14 Abschließend die Bleistiftlinien wegradieren, alle Oberflächen schleifen und sämtliche Kanten, insbesondere die Oberkanten der Sitzfläche, abrunden.

15 Lackieren, beizen oder streichen Sie die fertige Bank – ganz wie es Ihren Vorstellungen entspricht (Hinweise siehe auch S. 146/147). Wird die Bank vorwiegend im Garten verwendet, empfiehlt sich ein entsprechendes Holz-schutzmittel, insbesondere, wenn sie aus Fichtenholz gebaut wurde.

Unten: Auf einer schattigen Bank der Hitze des Tages entfliehen und sich von der Gartenarbeit erholen: Dieses Modell paßt in seiner schlichten Ausführung in jeden Garten.

Die Bezeichnung »Windrädchen« für diesen traditionellen Bereich innerhalb der Holzarbeiten erscheint ziemlich unzureichend, denn eigentlich geht es um viel mehr: Die Windräder sind halb Spielzeug, halb Maschine und reichen von einfachsten Ausführungen mit einem einzigen sich bewegenden Objekt bis hin zu komplexen Konstruktionen, in denen zahlreiche Aktionen koordiniert werden. In Verbindung mit bestimmten Mechanismen – z. B. einer Folge von Nocken- und Kurbelwellen, aber auch mit direkter Übersetzung – können verschiedenste Typen von Windrädern als Antrieb dienen: mit doppelten, vier oder mehreren Flügeln. Die meist farbenfroh bemalten Objekte haben keinerlei praktische Funktion; ihr einziger Sinn liegt darin, Freude zu bereiten und zu unterhalten – ob es nun ein ausgefallenes Wetterfähnchen oder ein windkraftgetriebenes Wunderwerk ist. Besonders verbreitet und beliebt waren derartige Spielereien im 19. Jahrhundert in den Vereinigten Staaten, und heute erleben sie eine gewisse Renaissance. Woher sie kommen und woraus sie sich entwickelt haben, ist jedoch nicht geklärt. Der englische Begriff »whirligig« hat seinen Ursprung in der Kinder- und Ammensprache: Whirl bedeutet drehen, kreiseln, und gig heißt schaukeln. Im 15. Jahrhundert setzte sich »whirligig« dann als Bezeichnung für den Kreisel und für die ersten Karusselle auf Jahrmärkten durch. Auch gefaltete und aufgesteckte Papierrädchen, die als neuartiges Spielzeug auf den Jahrmärkten verkauft wurden und den Spielzeug-Windmühlen Pate standen, waren zu bestimmter Zeit als »whirligig« bekannt. Sogar in der Literatur gibt es Bezüge: William Shakespeare spricht in Twelfth Night von »the whirligig of time« (der Strudel der Zeit), und der amerikanische Kurzgeschichtenschreiber O. Henry (William Sydney Porter) nennt eines seiner Bücher Whirligigs – ein passender Titel für einen Sammelband mit Erzählungen, in denen alles in Bewegung ist und in der Regel ein überraschendes Ende bevorsteht.

Unsere whirligigs heute, diese bunten, windgetriebenen Phantasieprodukte, haben möglicherweise asiatische Vorfahren, die über den Nahen Osten – vielleicht durch Chinesen, denen wir ja auch die Erfindung der Windmühle und des Papierdrachens verdanken – zu uns gelangt sein könnten. Aber nichts von alledem ist zu belegen. Zweifelsfrei fest steht allerdings, daß die neuen Siedler in diesem Bereich eine Fülle an Ideen mit nach Nordamerika brachten und daß sich dann im Laufe der Zeit – wie es häufig auch mit anderen Kulturgütern der Fall ist – ein völlig eigenständiger, einzigartiger Stil entwickelt hat. Die Figuren, die dort vom Wind in Bewegung gesetzt werden, deren Aktionen und die Themen im allgemeinen unterscheiden sich erheblich von anderen Beispielen. Im Leben der hart arbeitenden Landbevölkerung spielten diese Windrädchen und Spiele eine wichtige Rolle – waren sie doch kreativer Ausgleich und Ventil für einen erkennbar stark ausgeprägten Sinn für Humor. – Für Holzarbeiten in diesem Bereich können Sie Ihrer Phantasie freien Lauf lassen.

Oben: Wetterfahnen sind eng mit den Windrädchen verwandt, und ein besonders beliebtes Motiv ist der Hahn. Die Figuren sind aus Holz oder Metall angefertigt und in leuchtenden Farben bemalt; wegen ihres dekorativen Aussehens werden sie gerne auch in Innenräumen aufgestellt.

Rechts: »Jack beim Holzhacken« – in unmittelbarer Umgebung eines Maisfeldes und angetrieben von einem Windrädchen. Viele dieser phantasievollen Konstruktionen hatten Namen – was nicht unwesentlich dazu beiträgt, daß sie von Sammlern so geschätzt werden.

Stufe 1/2:
Anfänger/Geübte

Fertigmaße:
508 x 457 x 38 mm

Material:
Holz, wasserfestes Sperrholz, Metallteile

Holzliste:
Holz
1 Plattform
406 x 25 x 22 mm

1 Klötzchen zur Befestigung
76 x 25 x 22 mm

1 Klötzchen für die Kurbelwelle
76 x 38 x 22 mm

1 Nabe
76 x 76 x 25 mm

4 Rundstäbe
127 x 12 mm (∅)

1 kleine Holzperle

Wasserfestes Sperrholz (oder Holz)
*Figurenteile, Axt, Windflügel, Baumkrone,
Hackstock mit Holz*
610 x 305 x 6 mm)

Metallteile
1 Gewindestange
140 x 6 mm (∅)

6 Muttern mit Beilagscheiben
Y 6 mm (passend zum Gewinde)

1 große Flanschscheibe
6 x 38 mm (Außendurchmesser)

1 Messingröhrchen
127 x 8 mm (Außendurchmesser)

1 Metallschraube
51 x 4 mm (∅)

*1 Mutter und 4 Beilagscheiben passend zur
Metallschraube*

*1 kleine Metallöse, verschiedene Nägel und
Schrauben für den Zusammenbau*

1 Stück steifen Drahts als Kurbelstange

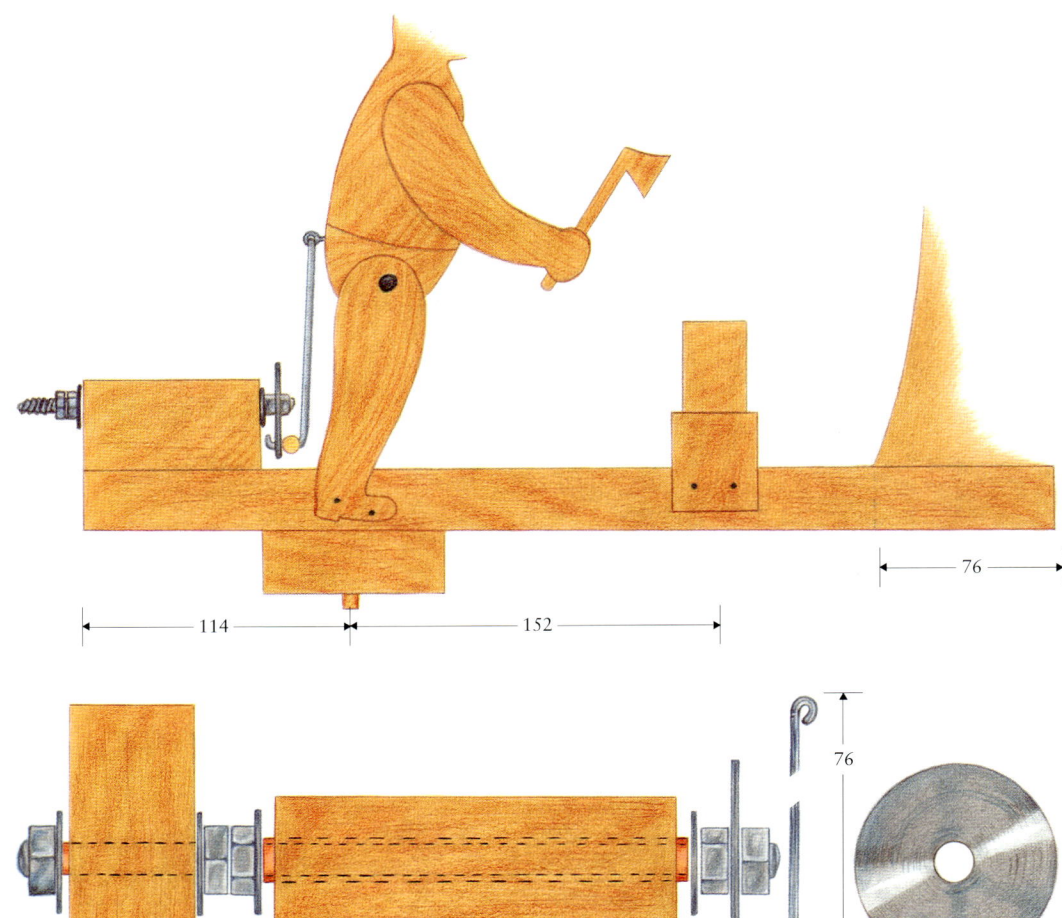

Hinweise: Verwenden Sie wasserfesten
Leim zum Zusammenbau. Die Kurbel im
Antriebsblock sollte sich frei in dem Messingröhrchen drehen können. Der ganze
Mechanismus braucht ab und zu einen Trop-
fen Öl; Langzeitwirkung hat etwas Petroljelly (Rohvaseline) auf den Einzelteilen des
Getriebes, bevor Sie den Antriebsblock
zusammenbauen.

Die Vorlagen finden Sie auf S. 154.

Alle Maße sind in Millimetern angegeben.

Arbeitsanleitung:

1 Übertragen Sie die Vorlagen auf S. 154
(in Originalgröße) und sägen Sie alle Teile der
Figur – Körper, zwei Hüftgelenke, zwei Beine,
zwei Arme – aus. Die Sägekanten abschleifen.

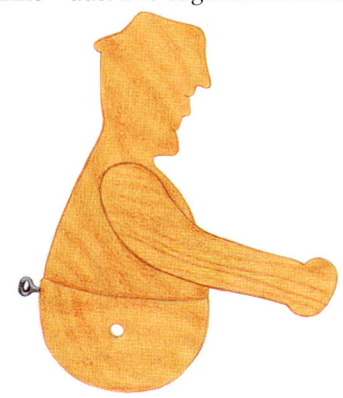

2 Dann werden Arme und Hüften an beiden
Seiten des Körpers aufgeleimt. Zum Trocknen
spannen Sie die Teile mit Zwingen zusammen.

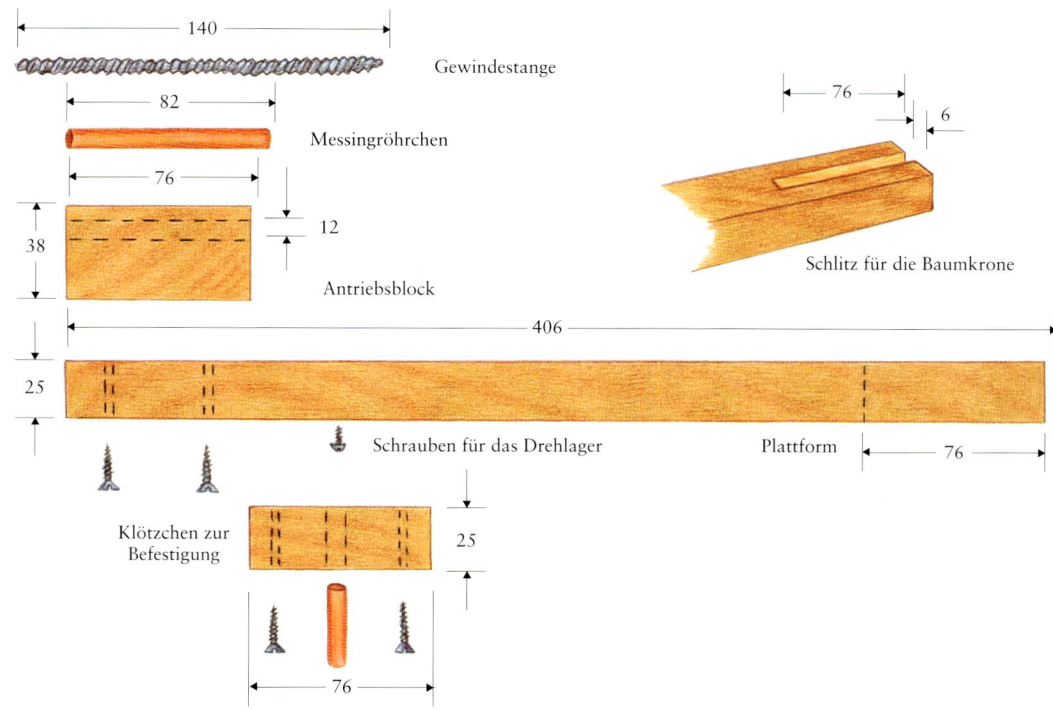

140 — Gewindestange

82 — Messingröhrchen

76

38 — Antriebsblock — 12

76 — Schlitz für die Baumkrone — 6

406

25 — Schrauben für das Drehlager — Plattform — 76

Klötzchen zur Befestigung — 25

76

3 Nun wird das Loch für das Gelenk durch den Körper gebohrt – als Führung für die Metallschraube (4 mm). Gleichzeitig bohren Sie die entsprechenden Löcher durch die Beine.

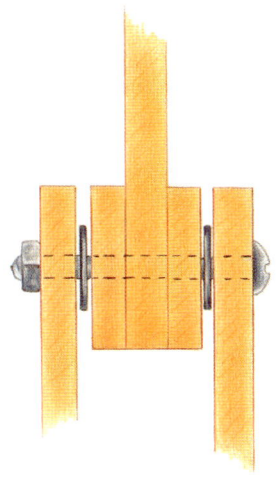

4 Befestigen Sie nun die Beine mit der Metallschraube und setzen Sie – wie oben gezeigt – zwei Beilagscheiben dazwischen, damit sich die Reibung reduziert. Prüfen Sie, ob der Körper frei beweglich ist und legen Sie die Figur bis auf weiteres beiseite.

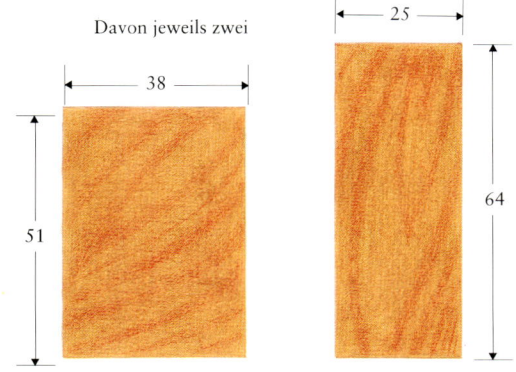

Davon jeweils zwei

38 — 25

51 — 64

5 Sägen Sie nun die übrigen Sperrholz-/Holzteile mit Hilfe der Vorlagen auf S. 154 aus und glätten Sie die Sägekanten.

6 Dann schneiden Sie die Teile für den Hackstock mit Holz aus demselben Material zu und verleimen diese, wie in der Zeichnung rechts zu sehen.

7 Schneiden Sie nun die Plattform, den Antriebsblock und das Klötzchen zur Befestigung zu. An einem Ende der Plattform stemmen Sie einen Schlitz aus, in dem später die Baumkrone befestigt wird. Dann bohren Sie längs durch den Antriebsblock ein 8 mm starkes Loch.

8 Von dem Messingröhrchen schneiden Sie ein 82 mm langes Stück ab und stecken es so durch das Bohrloch, daß auf beiden Seiten gleich lange Enden überstehen. Die Kanten werden mit der Feile geglättet.

9 Bohren Sie nun ein kleines Loch (Durchmesser 3 mm) an der Außenkante der Flanschscheibe, mit der die Drehbewegung der Kurbelwelle auf die Figur übertragen wird. Stecken Sie nun die Gewindestange durch das Messingröhrchen und bauen Sie den Antriebsblock mit Beilagscheiben und Muttern, der Flanschscheibe und einer abschließenden Mutter wie links gezeigt zusammen. Ziehen Sie das Ganze nicht zu fest an und prüfen Sie, ob sich die Gewindestange frei drehen kann.

10 Im nächsten Schritt bohren Sie ein 8 mm starkes Loch in der Mitte durch das Klötzchen, mit dem die gesamte Konstruktion befestigt wird. In das Bohrloch wird der Rest des Messingröhrchens gesteckt. Achten Sie darauf, daß es genau sitzt.

11 Jetzt werden die beiden Klötzchen an angegebener Stelle (siehe S. 60) mit der Plattform verleimt und festgeschraubt. Damit auch hier die Reibung verringert wird, drehen Sie eine Rundkopfschraube unten an die Plattform, bevor Sie das untere Klötzchen befestigen.

12 Dann verleimen Sie die Figur in der angegebenen Position mit der Plattform und nageln sie zusätzlich fest. Schrauben Sie die kleine Metallöse in den Rücken der Figur und biegen Sie anschließend den Draht als Verbindung zwischen Getriebe und Figur zurecht. Als Anhaltspunkt kann das angegebene Maß dienen. Ziehen Sie die kleine Holzperle über; sie verhin-

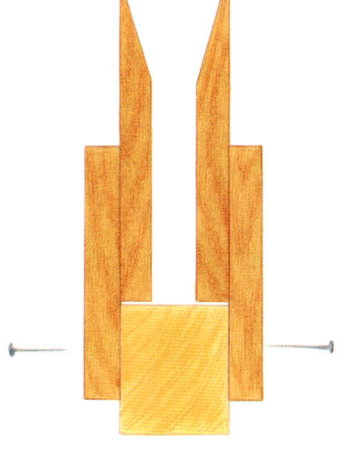

dert, daß der Draht mit dem Ende der Kurbelwelle in Berührung kommt. Dann befestigen Sie den Draht an Flanschscheibe und Metallöse der Figur.

61

13 Um die Bewegungen der Figur zu überprüfen, machen Sie einen Probelauf und korrigieren, falls notwendig, die Länge des Drahtes.

14 Die Innenseiten des Holzklotzes werden v-förmig abgeschrägt. Dann setzen Sie den Hackstock probeweise auf die Plattform, d. h. noch ohne ihn zu verleimen.

Nun stecken Sie dem fleißigen Arbeiter die Axt zwischen die Hände, drehen an der Kurbelwelle und testen, ob und wie sie auf den Hackstock trifft. Sie sollte zum Teil in die v-förmige Kerbe des Klotzes schlagen, diesen aber nicht

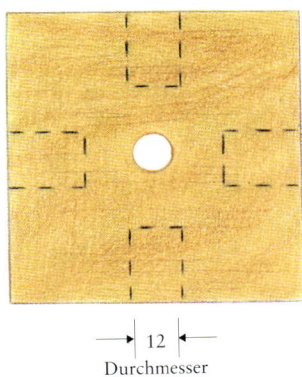

12
Durchmesser

berühren. Wenn notwendig korrigieren Sie die Position von Axt und Hackstock entsprechend und leimen und nageln dann die beiden Teile fest.

15 Zuletzt wird das vierflügelige Windrad gebaut. Die Größe von Nabe und Flügeln sowie anderer Details entnehmen Sie den Vorlagen auf S. 154.

16 Am einfachsten bohrt man die Löcher, so-

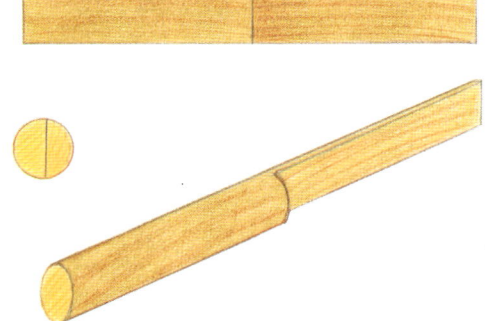

127

lange das Brettchen für die Nabe noch quadratisch ist. Zuerst markieren Sie die Mitte und bohren dort senkrecht ein Loch von 8 mm Durchmesser. Anschließend zeichnen Sie die Bohrlöcher für die Arme an, die mit 12 mm im Durchmesser und 19 mm tief angelegt werden. Dann sägen Sie die Nabe rund aus oder belassen sie einfach in ihrer quadratischen Form.

17 Überprüfen Sie, ob die Rundstäbe in die Bohrlöcher der Nabe passen; dann schneiden Sie sie, wie abgebildet, bis zur Hälfte ein. Auf die geraden Flächen werden später die Flügel aufgeleimt. Deren Unterkante sollte minde-

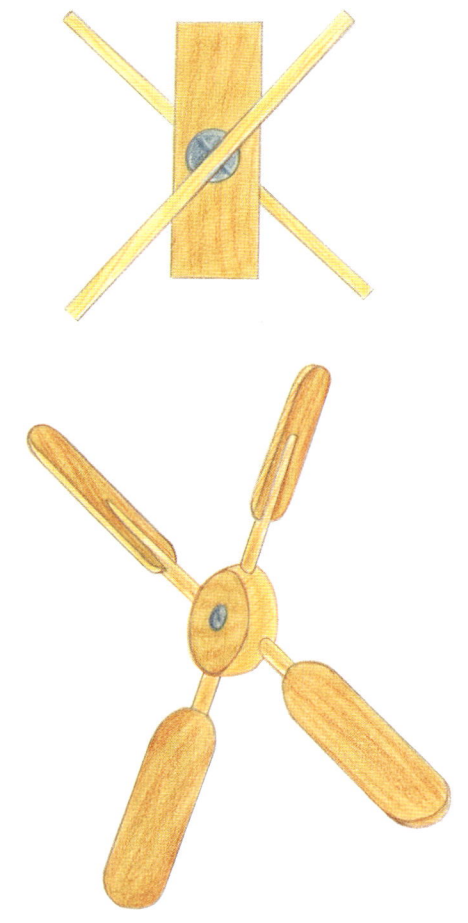

stens einen Abstand von 76 mm zum Mittelpunkt der Nabe haben.

18 Leimen Sie die Flügel einzeln auf und fixieren Sie sie zusätzlich mit kleinen Drahtstiften. Arbeiten Sie vorsichtig, damit die Stäbe nicht splittern (Hinweise dazu siehe S. 141). Dann lassen Sie die Teile trocknen.

19 Stecken Sie die Arme in die Bohrlöcher der Nabe. Drehen Sie sie so, daß gegenüberliegende Flügel jeweils etwa im 45°-Winkel zueinander stehen. Dann leimen Sie die Arme nacheinander ein. Überprüfen Sie, ob das Windrad sich im Gleichgewicht befindet. Dazu stecken Sie die Nabe auf ein übriges Stäbchen oder einen Nagel geeigneter Größe. Ist einer der Flügel schwerer, wird immer er unten stehenbleiben. Entsprechend nehmen Sie solange etwas Holz von den Flügeln weg, bis sie sich gleichmäßig drehen. Jetzt können Sie das Rad auf die Kurbelwelle setzen und mit zwei Muttern plus Beilagscheiben befestigen.

20 Abschließend verleimen und vernageln Sie die Baumkrone als Spitze in dem dafür vorgesehenen Schlitz. Sie dient dazu, den Schwenkarm immer in Windrichtung zu drehen. Wenn auch dieses Element getrocknet ist, testen Sie Ihr Windrad draußen im Wind. Möglicherweise müssen Sie noch kleinere Korrekturen vornehmen, damit alles rund läuft.

21 Wird das Windrad im Freien installiert, sollten Sie es mit guten Ölfarben bemalen und mit einem witterungsbeständigen Schutzlack vorlackieren. Wählen Sie realistische, warme Farben (siehe auch S. 59), die zum Stil der Arbeit passen. Achten Sie beim Streichen darauf, daß Sie die mechanischen Teile nicht mit Farbe verkleben.

22 Dann stecken Sie das Windrad auf ein geeignetes Drehlager, z. B. einen Eisenstab oder einen langen Nagel, die in einen Sockel oder Pfosten geschlagen werden.

23 Von Zeit zu Zeit sollten Sie das Getriebe ölen, damit es immer gut läuft. Langzeitwirkung hat ein leichtes Schmiermittel, z. B. Petroljelly (Rohvaseline), das Sie vor dem Zusammenbau auf die Kurbelwelle geben.

Rechts: Eine besonders schöne Sammlung origineller Windrädchen, die die Terrasse eines Landhauses im Staat New York einfassen – jedes auf einem eigenen Pfosten befestigt, damit auch der leichteste Windhauch eingefangen werden kann. So aufgestellt kommen alle, die sich nach draußen wagen, in den Genuß ihres farbenfrohen Bewegungsspiels. Bemerkenswert sind gerade die leuchtenden Farben: Es gibt keinen Grund, die eher gedämpften Erdtöne zu verwenden, wenn Ihnen helle und fröhliche Farben mehr zusagen. Das Resultat wirkt immer authentisch.

SCHAUKEL- STUHL

Mehr als irgendein anderes Möbelstück erinnert der Schaukelstuhl an vergangene Zeiten und die genußvollen Seiten des Landlebens. Seine Entstehungsgeschichte ist nicht ganz geklärt, aber gegen Ende des 18. Jahrhunderts scheint er erstmals in Europa und Nordamerika aufgetaucht zu sein. In Amerika wurden Schaukelstühle außerordentlich beliebt und waren auch als »Verdauungsstuhl« bekannt, weil sie besonders nach dem Essen gern benützt wurden. Das viktorianische England hingegen stempelte sie als »sozial inakzeptabel« ab; Schaukelstühle durften nur im medizinischen Bereich, in Sanatorien, Krankenhäusern etc., verwendet werden – wahrscheinlich auch hier zur Förderung der Verdauung!

Die allgemeine Wertschätzung in Amerika war Voraussetzung dafür, daß spezielle Typen, wie beispielsweise der Boston-Schaukelstuhl, entwickelt wurden, und auch bei den Shakern wurden viele Stühle als Schaukelstuhl gearbeitet. Auch bei den in alle Welt exportierten österreichischen Thonet-Möbeln aus gebogenem Vollholz waren einige kunstvolle Schaukelstühle im Programm, bei denen die Kufen integrierter Bestandteil der Konstruktion waren. In England dagegen scheint es, wenn überhaupt, nur wenige speziell angefertigte Schaukelstühle gegeben zu haben. Nur wenn man berücksichtigt, in welchem Ausmaß sich häusliches Leben und Wohnen über die Jahrhunderte verändert haben, wird verständlich, warum der links abgebildete Schaukelstuhl so klein ist. Lange Zeit spielte sich das Familienleben vorwiegend an der Feuer- und Kochstelle ab; dort befand sich die wichtigste Wärme- und Lichtquelle, dort wurde gekocht und gegessen, unterhielt man sich und machte Musik. Um dem Feuer möglichst nahe zu sein, war die Sitzhöhe entsprechend niedrig, und weil häufig zahlreiche Personen um den Kamin herum Platz finden mußten, waren die Sitzgelegenheiten auch möglichst platzsparend dimensioniert. Später trat der Tisch an die Stelle des Kaminfeuers als Versammlungsort der Familie. In Folge dieser Entwicklung waren auch die Sitzhöhen anzugleichen, um am Tisch bequem Platz nehmen zu können – und mit der Zeit wurden die Stühle dann insgesamt größer und ausladender. Aber noch immer entdeckt man in Europa und Nordamerika alte Stühle, die aus der Zeit der »Herdkultur« stammen. Auf den folgenden Seiten wird die Anfertigung eines kleinen Schaukelstuhls beschrieben.

Links: Unter den Möbeln auf dieser Veranda finden Sie auch den im folgenden beschriebenen kleinen Schaukelstuhl. Die Stühle und das kleine Sofa sind aus grünem, nicht abgelagertem Holz angefertigt, das sich leicht biegen läßt – wie beispielsweise Weidenholz oder das der amerikanischen Pappel. Solche Möbel aus gebogenem Vollholz sind typisch für den Süden der Vereinigten Staaten.

Stufe 2:
Geübte

Fertigmaße:
863 x 406 x 406 mm

Material:
Esche, Buche, Ahorn

Holzliste:
2 hintere Stuhlbeine
787 x 51 x 32 mm

2 Vorderbeine
355 x 51 x 32 mm

(Die beiden hinteren und vorderen
Stuhlbeine schneiden Sie aus zwei Holzteilen
der Maße 787 x 127 x 32 mm zu.)

2 Querzargen für die Sitzfläche
380 x 50 x 25 mm

7 Quersprossen
381 x 28 x 28 mm

1 Sprosse für die Rückenlehne
381 x 38 x 25 mm

1 Rückenlehne (aus 1 Stück zugeschnitten)
406 x 101 x 76 mm

1 Sitzfläche (aus 3 Teilen)
431 x 101 x 25 mm

2 Kufen (aus 1 Stück zugeschnitten)
762 x 152 x 38 mm

Die Vorlagen für Rückenlehne, Beine,
Sitzfläche und Kufen finden Sie auf S. 155.

Alle Maße sind in Millimetern angegeben.

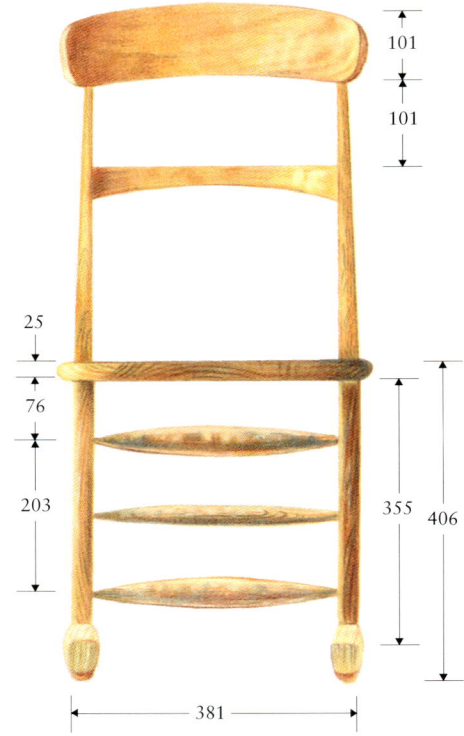

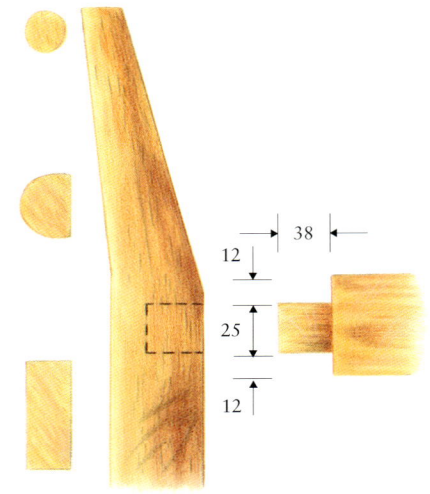

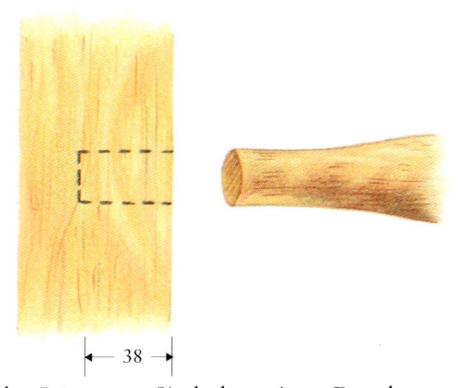

Arbeitsanleitung:

Eine Vereinfachung stellt es dar, wenn Sie zunächst
zwei separate Seitenelemente anfertigen, die dann
mit den Quersprossen verbunden werden.
1 Nach der Vorlage auf S. 155 sägen Sie zunächst die hinteren Stuhlbeine zu. Diese Grobform bearbeiten Sie dann folgendermaßen: Unterhalb der Sitzfläche sollte die rechteckige
Grundform beibehalten werden, oberhalb die
Vorderkanten abbinden; die Enden oben werden rund (Durchmesser 25 mm) ausgebildet.

2 Mit Hilfe der Vorlage (siehe S. 155) schneiden Sie nun auch die beiden vorderen Beine zu
und bearbeiten die Oberflächen entsprechend.
3 Stemmen Sie dann die Schlitze für die Querzargen der Sitzfläche in den vier Beinen aus
(nähere Erläuterungen zur Schlitz- und Zapfenverbindung siehe S. 144).
4 Überprüfen Sie, ob die Zargen die richtige
und gleiche Länge haben; dann sägen Sie die
Zapfen zu und testen, ob sie gut passen.
5 Schneiden Sie die vier Sprossen für die Seiten
in der Länge zu. Sie haben einen Durchmesser
von 25 mm und können gedrechselt oder an-
ders angefertigt werden. An den Enden bilden
Sie runde Zapfen im Durchmesser von 19 mm.

6 Markieren Sie die Lage der Quersprossen an der Innenseite der vorderen und im unteren Abschnitt der hinteren Stuhlbeine. Dann bohren Sie dort die Zapfenlöcher 32 mm tief und mit 19 mm Durchmesser.

7 Überprüfen Sie die Sprossen einzeln auf ihre Paßgenauigkeit hin.

8 Nun setzen Sie die Elemente – hintere und vordere Stuhlbeine, Zargen für den Sitz und Quersprossen – zu zwei separaten Seitenteilen zusammen. Noch nicht verleimen.

9 Nach der Vorlage auf S. 155 sägen Sie jetzt die beiden Kufen zu und schleifen jeweils die Schnittflächen.

10 Dann legen Sie die Seitenelemente flach auf und plazieren die Kufen. Zeichnen Sie an den

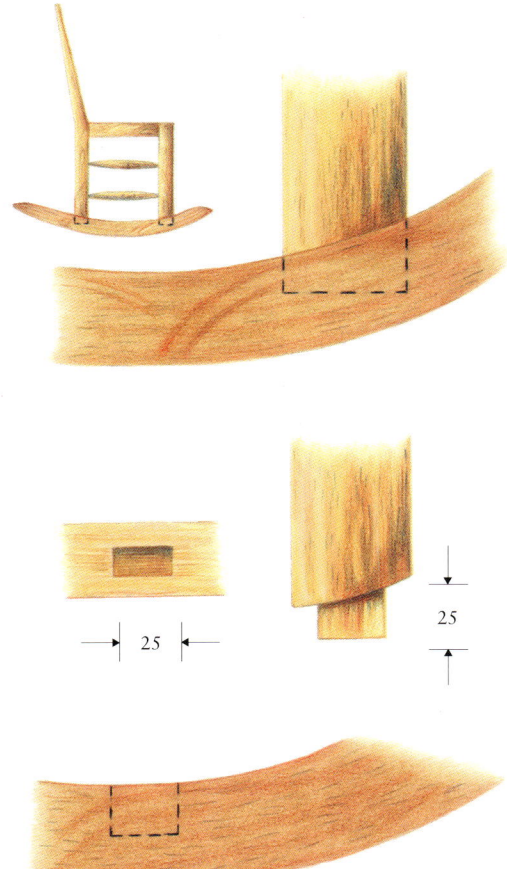

Stuhlbeinen jeweils die geschwungene Oberkante der Kufen an und markieren Sie die Lage der Schlitze an den Kufen.

11 Stemmen Sie die vier Schlitze für die Stuhlbeine aus, und zwar so, daß sie im rechten Winkel zur Ebene stehen, nicht in bezug auf die Oberkante der Kufen.

12 Jetzt werden die Zapfen für die Stuhlbeine angerissen und zugeschnitten, wobei Sie die Brüstungslinie der in Schritt 10 vorgezeichneten Krümmung angleichen. So passen die Beine genau auf die Kufen.

13 Überprüfen Sie die Paßgenauigkeit der Stuhlzapfen und nehmen Sie dann die Kufen wieder herunter.

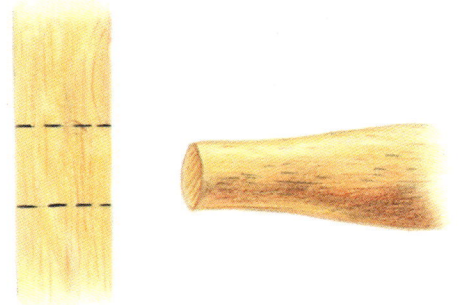

14 Schneiden Sie drei Quersprossen als Verstrebung zwischen den Vorderbeinen (2) und Hinterbeinen (1) in der Länge zu. Sie werden mit einem Durchmesser von 25 mm rund ausgeformt (nähere Erläuterungen zum Formen siehe S. 138). An den Enden bilden Sie runde Zapfen im Durchmesser von 19 mm.

15 Die Quersprossen werden durchgestemmt. Markieren Sie daher ihre Lage an den Außenflächen der Beine und bohren Sie die Zapfenlöcher mit 19 mm Durchmesser durch. Überprüfen Sie, ob die Verbindung gut sitzt.

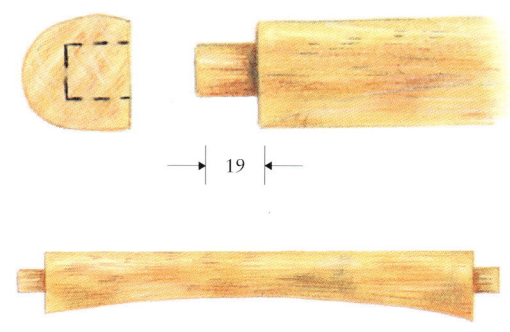

16 An den hinteren Stuhlbeinen wird nun die Lage der Sprosse für die Rückenlehne angezeichnet. Dementsprechend die Zapfenlöcher für die eingestemmten Zapfen ausheben.

17 Dann werden die Zapfen an den Enden der Sprosse angerissen und geformt. Höhlen Sie die nach vorn zeigende Oberfläche der Sprosse wie gezeigt aus; das erhöht den Komfort beim Sitzen erheblich.

18 Nun schneiden Sie mit Hilfe der Vorlage auf S. 155 die geschwungene Rückenlehne zu. Die Sägeflächen werden geglättet, die Schmalseiten und Oberkanten aber erst abgerundet, nachdem die Zapfenlöcher gebohrt sind (siehe Schritt 19).

19 Um den Abstand zwischen den beiden Zapfen, auf die die Rückenlehne aufgesteckt wird, richtig bestimmen zu können, setzen Sie vorübergehend die hinteren Stuhlbeine mit den Quersprossen zusammen. Markieren Sie dann deren Lage an der Unterseite der Lehne und bohren Sie dementsprechend die Zapfenlöcher 25 mm tief und mit 19 mm Durchmesser ein.

20 Bilden Sie an den oberen Enden der hinteren Stuhlbeine einen runden Zapfen (Brüstungshöhe 19 mm).

21 Dann sägen Sie nach der Vorlage die dreiteilige Sitzfläche zu. Die Bretter können stumpf in der Breite verleimt oder separat verwendet werden. An der Vorderseite runden Sie die Kanten ab.

22 Der Zusammenbau beginnt mit dem kompletten Zusammensetzen und Verleimen der Seitenteile, einschließlich der Kufen. Die Verbindungen zusätzlich noch mit Dübeln sichern (Hinweise hierzu siehe Seite 145).

23 Anschließend werden die beiden Seitenelemente durch die Quersprossen miteinander verbunden, die Verbindungen gleichfalls noch gedübelt. Falls die hier durchgestemmten Zapfen vorstehen, schneiden Sie sie bündig mit der Oberfläche zu.

24 Die Rückenlehne auf den Zapfen der hinteren Stuhlbeine befestigen.

25 Zuletzt wird die Sitzfläche auf den Querzargen festgenagelt oder verschraubt. Nägel unter die Oberfläche treiben, Schrauben versenken, und die Löcher auffüllen.

26 Die Oberfläche des fertigen Schaukelstuhls kann nach Ihren Vorstellungen behandelt werden (Hinweise dazu siehe S. 146/147).

-RUSTIKALER-
STUHL

In jedem gesunden Waldstück gibt es junge Bäume, die in Folge eines natürlichen Regenerationsprozesses, z. B. nach einem Waldbrand, oder in einem kontrolliert ausgelichteten Bereich zyklisch mit den Jahreszeiten wieder zu treiben beginnen. In der Vergangenheit wurden die meist gerade gewachsenen Stämme junger Bäume vielseitig genutzt.

Damals – und auch heute noch in geringerem Umfang – baute man daraus Zäune, Trennwände in Scheunen und Ställen, Schafgatter und Futtergestelle – und von dort war es nur noch ein kleiner Schritt bis hin zu einfachen rustikalen Möbeln. Im wesentlichen arbeitete man dabei mit denselben Konstruktionsmethoden: geschnitzte runde Zapfen am Ende von runden Hölzern, die mit gebohrten Zapfenlöchern verbunden wurden, und Verbindungen mit Stricken oder Rindenstreifen an Stellen, wo sich zwei Stangen überkreuzen. Manchmal wurden Teile auch zusammengenagelt, aber Nägel waren, wenn überhaupt erhältlich, sehr teuer. Sehr häufig waren wichtige Möbelstücke wie Betten, Tische, Hocker und Stühle aus diesem Material und in den genannten Techniken angefertigt, und bis heute finden sich ähnliche Konstruktionsmethoden bei einigen volkstümlichen Möbelgattungen in Osteuropa, Skandinavien und Nordamerika.

Zu ausgesprochener Blüte und Verbreitung aber gelangten derartige Möbel in den neu gegründeten Kolonien Nordamerikas im 19. Jahrhundert. Die unberührten Wälder lieferten dazu Material in Hülle und Fülle, und die frühen Siedler waren schnell dazu in der Lage, den scheinbar endlosen Holzvorrat zu ihrem Vorteil zu nutzen. Aus jungem Holz waren wohl die ersten Möbelstücke gemacht, die bestens ihren Zweck erfüllten, bis sie dem sich verändernden Geschmack und sozialem Wandel zum Opfer fielen und entweder ersetzt wurden oder von nun an eine untergeordnete Rolle – meist als Gartenmöbel – zu spielen hatten.

Interessanterweise haben gerade dieser soziale Wandel und die wachsenden Zwänge in unserer städtischen Gesellschaft zu einer Gegenbewegung geführt, so daß heute rustikale Möbel wieder neu entdeckt werden. Die organischen Formen, die fühlbaren Qualitäten der natürlichen Holzoberfläche und ihre dekorative Wirkung üben einen unmittelbaren Reiz aus. Nimmt man die schlichte Ausführung dazu, sind solche Möbel unbestreitbar eine ideale Ergänzung für Gestaltungen, in denen das »Zurück zur Natur« einen wichtigen Aspekt darstellt.

Rechts: Eine Parade rustikaler Stühle, die vorzugsweise als Gartenmöbel und auf der Terrasse verwendet werden. Bei allen handelt es sich um nordamerikanische Beispiele – mit Ausnahme desjenigen oben in der Mitte. Dieser Stuhl wurde vom Autor angefertigt; die Anleitung dazu finden Sie auf den nächsten Seiten.

Stufe 2:
Geübte

Fertigmaße:
1092 x 508 x 457 mm

Material:
junge Stämme von Haselnuß, Birke oder Esche

Holzliste:
2 hintere Stuhlbeine
1092 x 51 mm (Y)

2 Vorderbeine
711 x 51 mm (Y)

2 Quersprossen für das Rückenteil
483 x 38 mm (Y)

2 Quersprossen für das Vorderteil
483 x 38 mm (Y)

4 seitliche Querstreben
457 x 38 mm (Y)

2 Armlehnen
559 x 44 mm (Y)

1 Rückenlehne (oberer Abschluß)
584 x 44 mm (Y)

6 Stäbe für die Rückenlehne
610 x 25 mm (Y)

3 Teile für das »H«
254 x 25 mm (Y)

10 Stäbe für die Sitzfläche
546 x 38 mm (Y)

Alle Maße sind in Millimetern angegeben.

Hinweise: Die Durchmesserangaben sind Annäherungswerte und sollen Ihnen lediglich als Richtmarke dienen, wenn Sie das Material zusammenstellen. Schneiden Sie die frischen Stämme zunächst großzügig zu und lagern Sie das Holz vor Gebrauch, damit es trocknen kann. Wahrscheinlich werden während des Trocknens die Enden einreißen. Soll der Stuhl im Freien aufgestellt werden, empfiehlt es sich, zum Zusammenbau wasserfesten Leim zu verwenden.

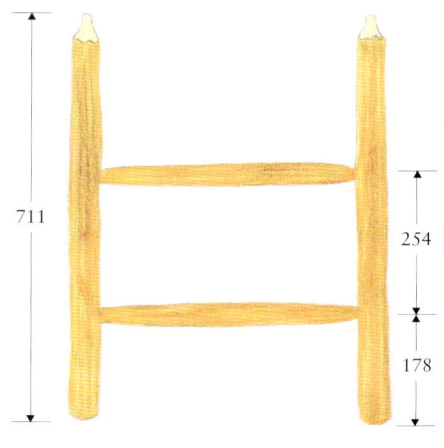

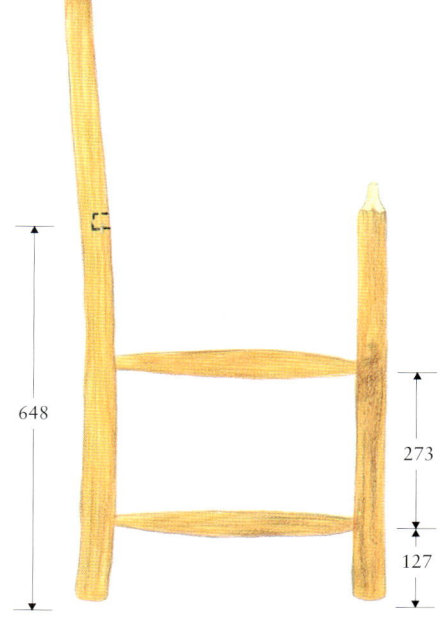

Arbeitsanleitung:

1 Stellen Sie das passende Material zusammen. Die hinteren Stuhlbeine sollten einen leichten Knick nach rückwärts aufweisen, alle anderen Teile möglichst gerade sein. Wenn das Holz gut abgelagert ist, schneiden Sie es auf die entsprechenden Längen zu. Schälen Sie nach Wunsch mit einem Ziehmesser die Rinde ab.

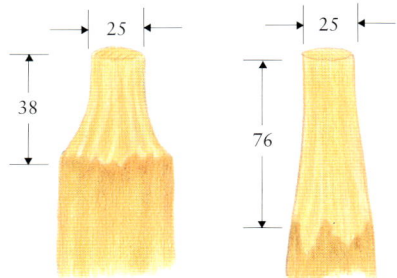

2 Konstruktionsprinzip des Stuhls sind zwei verschieden lange »Leitern« – vorn und hinten –, die durch die seitlichen Querstreben miteinander verbunden werden. Dadurch wird der Bau wesentlich erleichtert. Zunächst spitzen Sie die Stuhlbeine oben jeweils auf einen Durchmesser von 25 mm zu. Diese werden später in den Abschluß der Rückenlehne bzw. die Armlehnen eingezapft. Zum Formen der Zapfen verwenden Sie Stemmeisen, Raspel und Feile, Ziehmesser oder Schabhobel.

3 Dann zeichnen Sie an den hinteren und vorderen Stuhlbeinen die Zapfenlöcher an, die jeweils die Quersprossen aufnehmen sollen. Die Bohrlöcher haben 25 mm in Durchmesser und Tiefe. An den Enden der Quersprossen werden jetzt die runden Zapfen mit 25 mm Durchmesser gebildet.

4 Bauen Sie nun die beiden »Leitern« – ohne sie noch zu verleimen – zusammen. Überprüfen Sie, ob die Zapfen in ihrer vollen Länge in die Löcher passen. Dann markieren Sie zusammengehörige Teile entsprechend und bauen alles wieder auseinander.

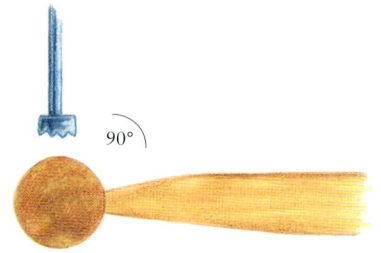

5 Markieren Sie an den Innenseiten der vorderen und hinteren Stuhlbeine die Position der verbindenden seitlichen Querstreben.

Die Zapfenlöcher bohren Sie mit 25 mm Durchmesser so ein, daß sie im rechten Winkel zu den vorher angelegten stehen.

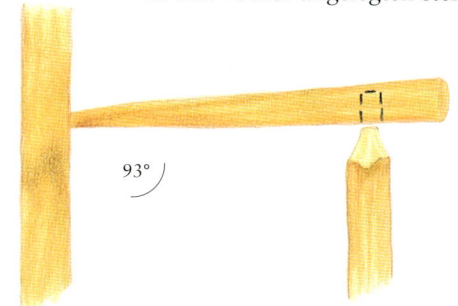

6 Markieren und bohren Sie nun die Zapfenlöcher für die Armlehnen. Sie stehen nicht genau rechtwinklig, sondern sind leicht nach oben geneigt (siehe Zeichnung), was der Schräge der Arme entspricht. Dann formen Sie an den Enden der seitlichen Streben runde Zapfen im Durchmesser von 25 mm (siehe auch Schritt 3). Überprüfen Sie, ob sie mit ganzer Länge in die entsprechenden Zapfenlöcher passen.

7 Jetzt setzen Sie das Grundgestell des Stuhles aus den beiden »Leitern« und seitlichen Querstreben zusammen. Überprüfen Sie, ob der Stuhl gerade steht und nicht wackelt und treiben Sie, falls notwendig, mit einem Holzhammer die Zapfen ganz in die Löcher.

8 Nun tragen Sie in der angegebenen Reihenfolge die Lage der restlichen Komponenten an. Die Maße sind nur grobe Orientierungshilfe; sie variieren von Stuhl zu Stuhl.

9 Zuerst formen Sie die runden Zapfen für die

Armlehnen (Durchmesser 25 mm); dann werden die Lehnen in den vorgebohrten Zapfenlöchern der hinteren Stuhlbeine befestigt. Die Zapfen müssen in voller Länge hineinpassen und markieren Sie nun die Stelle für die Bohrlöcher, mit denen Sie auf die vorderen Beine gesteckt werden. Nachdem diese mit 25 mm Durchmesser und Tiefe und leicht schräg (siehe Zeichnung) ausgebohrt sind, testen Sie, ob alles zusammenpaßt. Runden oder schrägen Sie die vorderen Enden der Armlehnen ab.

10 Nun kommen die Zapfenlöcher im oberen Querabschluß der Rückenlehne an die Reihe.

Auch sie werden mit 25 mm Durchmesser und Tiefe angelegt und anschließend probeweise auf die Zapfen der hinteren Stuhlbeine gesteckt. Zum Schluß die seitlichen Kanten abrunden oder abschrägen.

11 Dann bestimmen Sie die Position der sechs Stäbe für die Rückenlehne. Zeichnen Sie dazu die Lage der Zapfenlöcher an der Oberseite der Quersprosse und an der Unterkante des oberen Abschlusses an. Die Abstände sollten gleich sein – jeweils etwa 64 mm –; aber auch dieses Maß müssen Sie an Ihrem Stuhl überprüfen.

12 Es folgt die Lage der vertikalen »H«-Streben, die Sie an den Quersprossen des Vorderteils anzeichnen. Dann bauen Sie den gesamten Rahmen nochmals auseinander und bohren sämtliche neu markierten Löcher 19 mm tief und mit 16 mm Durchmesser aus.

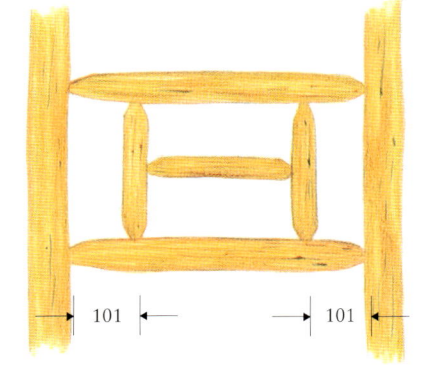

13 Zum Schluß bohren Sie noch die Zapfenlöcher für die Querstrebe des »H«.

14 Dann werden die Stabenden für die Rückenlehne als runde Zapfen (Durchmesser 16 mm) ausgebildet. Überprüfen Sie, ob sie in die vorgebohrten Zapfenlöcher passen, und bauen Sie das gesamte Rückenelement, die »Leiter«, ohne es zu verleimen, zusammen. Kontrollieren Sie, ob alles gerade ist.

15 Nun formen Sie die Zapfen des »H« an der Frontseite, überprüfen, ob alles genau sitzt, und korrigieren eventuell noch in der Länge. Anschließend bauen Sie das gesamte Vorderteil, auch hier ohne Leim, zusammen.

16 Vorder- und Rückenteil des Stuhls werden nun noch durch die Seitenelemente – Querstreben und Armlehnen – verbunden. Kontrollieren Sie den Stuhl ein letztesmal insgesamt und bauen Sie ihn dann zum Verleimen wieder auseinander. Zuerst leimen Sie die beiden »Leitern« – jede separat – zusammen. Auch hier überprüfen Sie, ob die Zapfen jeweils ganz eingesteckt sind, und sorgen dafür, daß alles gerade ist. Im nächsten Schritt werden die Querstreben verleimt, dann die Armlehnen. Der fertige Stuhlrahmen muß auf einer ebenen Fläche gerade stehen. Wollen Sie zusätzliche Stabilität erzielen, verdübeln Sie die Armlehnen und oben liegenden Sprossen bzw. Streben vorn und an den Seiten (nähere Hinweise siehe S. 145).

17 Die Sitzfläche besteht aus mehreren Stäben,

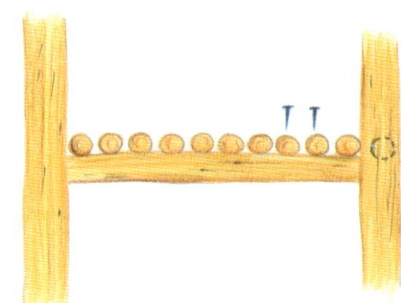

die quer über den seitlichen Querstreben befestigt werden. Ihre Oberfläche liegt auf gleicher Höhe mit der Oberkante der vorderen Quersprosse. Nageln Sie die Rundhölzer mit ovalen Drahtnägeln oder Stauchkopfnägeln fest. Damit das Holz nicht splittert, bohren Sie zuerst kleine Löcher vor. Die Nagelköpfe werden unter die Oberfläche getrieben.

18 Den fertigen Stuhl lassen Sie mit einer Ölpolitur ein oder tragen zwei oder drei Schichten verdünnten Polyurethanlacks (für Außenlackierung) auf. Auch ein geeignetes Holzschutzmittel ist zu empfehlen (nähere Hinweise zur Oberflächenbehandlung siehe S. 146/147)

Küchen & Eßzimmer

Der Reiz einer Küche im Landhausstil besteht in ihrer schlichten Funktionalität und der zentralen Rolle, die sie innerhalb des Hauses spielt. Meist herrschen kräftige, warme und mit der Zeit nachgedunkelte Farbtöne vor, und alle Einrichtungsgegenstände sind solide gebaut und ständig in Gebrauch. Daneben gibt es aber keinerlei Anzeichen für Konformität, insbesondere lassen sich auch hinsichtlich eines »Küchenstils« kaum Regeln feststellen.

Bei alten Einrichtungen dominierte meist das Material Holz, denn schon bald hatte man entdeckt, daß es die verschiedensten Zwecke in der Küche ideal erfüllte: Möbel, Küchengeräte und -utensilien, sogar Wände und Decke waren häufig komplett aus Holz. Wenn Sie also Wände und möglicherweise auch die Decke mit Nut- und Federbrettern verschalen, haben Sie einen ziemlich authentischen Rahmen für Ihre Landhausküche geschaffen. Streichen Sie die Flächen in passenden »erdigen« Tönen und wählen Sie eine stilgerechte Möblierung – z. B. einen blankgescheuerten Tisch aus Fichtenholz, einfach gebaute Stühle, verschiedene Schränkchen und ein Büfett für das Geschirr. Hängen Sie gestreifte oder karierte Baumwollvorhänge auf, die eine frische Note in den Raum bringen, und statten

Sie die Wände und Ihr Büfett mit einer bunten Mischung aus alten und neuen Haushaltsgerätschaften aus, mit ländlichen Erzeugnissen des Kunstgewerbes und allem, was in dieser Umgebung attraktiv wirkt.

DIE LÄNDLICHE KÜCHE

Betrachtet man die überfüllten, mit Geräten vollgepackten Küchen, die für moderne Haushalte typisch sind, ist nur schwer vorstellbar, wie spärlich möbliert und ausgestattet die Küchen unserer Vorfahren waren. Die Küche eines Landarbeiters z. B. hatte an Einrichtungsgegenständen nicht mehr vorzuweisen als einen stabilen Arbeitstisch, einen geräumigen Schrank und vielleicht ein Wandregal für Geschirr. Da bis zur allmählichen Abtrennung des Eßbereichs irgendwann im 18. Jahrhundert am Küchentisch auch gegessen wurde, gab es zusätzlich ein paar Stühle oder eine Bank. Bei der meist großen Anzahl der Familienmitglieder war es auch unwahrscheinlich, daß ausreichend Sitzgelegenheiten zur Verfügung standen, so daß in der Regel die Jüngsten stehend oder auf dem Boden hockend ihre Mahlzeit zu sich nehmen mußten. – Mittelpunkt der Küche war der Kamin oder offene Herd; das Feuer dort stellte nach

Rechts und links unten: Schlichte Holzbänke in Küche oder Eßzimmer stellen praktische Sitzgelegenheiten dar und sparen auch Platz. Die beiden hier gezeigten Beispiele im Landhausstil sind aus Gründen der Stabilität verstrebt, wobei die unterschiedlichen Lösungen funktional gesehen als durchaus gleichwertig zu betrachten sind.

Rechts: Gartenerzeugnisse, an einem Stab zum Trocknen aufgehängt, und ein Reisigbesen, der dekorativ in einer Ecke lehnt: Beides bringt Elemente der umgebenden Natur in diese moderne Landhausküche, die mit schlichten, naturbelassenen Möbeln ausgestattet ist.

Sonnenuntergang oftmals die einzige Wärme- und hauptsächliche Lichtquelle dar. Feuer zu machen war jeden Morgen die erste Aufgabe, um Wohlergehen und Wohlbefinden aller zu gewährleisten.

Die Blockhäuser der frühen amerikanischen Siedler wurden stets um die großen, aus Naturstein gemauerten Feuerstellen herum gebaut; daß diese die Grundlage der gesamten Konstruktion bildeten, wirft zusätzliches Licht auf die enorme Bedeutung der Feuerstelle.

Gekocht wurde ausschließlich über dem offenen Feuer, und solange Holz als Brennmaterial dafür diente, blieben auch die Kochpraktiken über Jahrhunderte hinweg dieselben. Erst als im 19. Jahrhundert Kohle allgemein verfügbar war, veränderte sich auch die Herdstelle beträchtlich. Damit Kohle gut brennt, ist konstante Luftzufuhr notwendig, d. h. sie mußte in einer Art eisernem Korb oder auf einem Rost gelagert werden, um besseren Durchzug zu ermöglichen. Dies wiederum bedingte die Entwicklung verschiedenartiger gußeiserner Küchenherde oder -öfen, auf denen nun nicht nur direkt, d. h. unmittelbar über dem Feuer, sondern auch mittels einer Kochplatte oder eines Einsatzes aus Metall gekocht werden konnte. Außerdem war der Ofen mit seitlichen oder rückwärtigen Boilern erhältlich, so daß für heißes Wasser gesorgt war. In der Größe waren die neuen Küchenherde so angelegt, daß sie in die ursprünglichen offenen Feuerstellen paßten, wo sie buchstäblich eingemauert wurden. Nach und nach überholte sich das offene Kaminfeuer als Kochstelle – abgesehen von den ärmsten oder in völliger Isolation lebenden ländlichen Haushalten.

Kleinere freistehende Küchenherde mit vier Beinen und einem eisernen Ofenrohr als Abzug waren eine amerikanische Erfindung; erst durch die Londoner Weltausstellung von 1851 wurden sie in England bekannt und eingeführt. Diese Öfen können als Vorläufer der heute allgegenwärtigen Gasherde betrachtet werden – eine Erfindung des Nobelpreisträgers Dr. Gustav Dalen in den 20er Jahren dieses Jahrhunderts. Heute bilden diese Gaskocher das Herzstück einer modernen Landhausküche.

TISCHE

In den größeren Häusern der wohlhabenderen Landbevölkerung – beispielsweise von Händlern, Ladenbesitzern, Großbauern – war meist eine großzügig dimensionierte Wohn- und Eßküche mit einigen zusätzlichen Möbelstücken zu finden. Dort gab es Platz für einen großen Tisch und mit Sicherheit auch genügend Sitzgelegenheiten für alle Familienmitglieder. Viele dieser frühen Eß- und Küchentische waren äußerst massiv und in Hinblick auf Gebrauch und Mißbrauch mehrerer Generationen gebaut. Tatsächlich haben sich bis heute solche Tische erhalten – auch zahlreiche Reproduktionen unterschiedlicher Qualität –, was für ihre Zweckmäßigkeit und hervorragende Konstruktion spricht.

Häufig besaßen diese Tische eine Platte aus Fichtenholz, während Beine und Rahmen aus Harthölzern wie Eiche oder Ulme angefertigt waren. Da die Siedler anfänglich noch Holz aus unberührten Wäldern schlagen

Oben: Sinnvolle und leicht zugängliche Unterbringung von Haushaltsgegenständen ist Voraussetzung für eine gut organisierte Küche. Ein derartiges Küchenbüffet bietet hierfür ein breites Spektrum an Möglichkeiten: tiefe Schubladen, geschlossene Unterschränkchen und ein verglaster Oberschrank, dazu ein praktisches Gestell für Teller in drei Ebenen.

Links: In dieser amerikanischen Küche bilden die breiten, naturbelassenen Bodendielen, die einfache Holzbank, der simple aufgebockte Tisch und ein praktischer Schrank in ihrer Schlichtheit einen starken Kontrast zu den eleganten Schiebefenstern aus dem 18. Jahrhundert.

konnten, war es auch keine Seltenheit, daß die Fichtenholzplatten – insbesondere bei frühen amerikanischen Tischen – aus einem Stück bestanden.

Bei dem beträchtlichen Umfang mancher Stämme konnten Bretter von teilweise über 1 Meter Breite geschnitten werden.

Alle Bretter wurden damals in harter Arbeit mit einer mehr als 2 Meter langen Zweimannblattsäge von Hand gesägt. Der Baumstamm wurde längs über einen Sägegraben im Boden gelegt – manchmal auch auf ein sehr massives Gerüst –, und zwei Männer – einer auf, einer unter dem Baumstamm – zogen und stießen die Säge langsam durch das Holz. Bis der gesamte Stamm in gebrauchsfertige Bretter zerlegt war, war der Arbeitsplatz mit Schweiß getränkt und mit Bergen von Sägemehl bedeckt. Daß man um die mit dieser Methode verbundene Schwerstarbeit weiß und sie zu schätzen weiß, ist mit ein Grund, warum alte Möbel für uns heute so kostbar sind.

Holz strahlt Wärme aus und lädt damit auch zu geselligem Beisammensein ein. Deshalb ist ein Holztisch, auch ohne Tischtuch oder Sets, die ideale Voraussetzung für ein gelungenes Essen. In Form und Gestalt, insbesondere auch der Art des Unterbaus, variieren sie jedoch enorm; hinzu kommen regionale Besonderheiten. Mit zu den frühesten Typen gehören aufgebockte Tische, die aus zwei unterschiedlich ausgeformten Böcken mit einer durchgezapften und verkeilten Querstrebe und einer Platte bestanden. Auch Bänke sind häufig so konstruiert. Ähnliche, aber leichter ausgeführte Tischgestelle, die sogenannten »I«-Böcke, finden sich häufig bei Shaker-Möbeln. Die »verbundene« Tischversion mit Rahmenkonstruktion ist die uns vertraute mit einem Bein an jeder Ecke. Auch von diesem Typus gibt es zahlreiche Varianten mit vierkantigen oder rund gedrechselten Beinen.

Eine weitere Tischform, die die frühen amerikanischen Siedler etablierten, ist der »Sägebock«-Tisch mit »X«-förmigen Böcken, der in manchen Gegenden der Vereinigten Staaten auch als »10-Dollar-Tisch« bekannt ist, weil das X die römische Ziffer 10 darstellt. Wenn Sie einen solchen Tisch mit kreuzförmig überblattetem Unterbau erstehen, können Sie sicher sein, ein sehr langlebiges und robustes Exemplar zu besitzen.

Ausziehbare Tische waren zugleich häufig Klapptische – ein Typus, der sich beidseits des Atlantiks großer Beliebtheit erfreute. Auch die Pembroke-Variante mit langen Seitenteilen, die durch scharnierartig ausge-

Oben links: Geschickt sind in dieser Küche eines alten amerikanischen Landhauses neue Möbel integriert. Die selbst geschreinerte Küchenzeile aus Kiefernholz mit einem modernen Herd und andere Vorrichtungen passen gut zum originalen Holzboden. Auch der hohe Hocker ist neu.

Unten links: Der anschließende Eßbereich ist von der Küche durch eine niedrige Holztheke getrennt. So entsteht ein separater Raum, wobei gleichzeitig alles so offen wie möglich bleibt.

Rechts: Der einfache Charme dieses Raums liegt in der unbekümmerten Farbzusammenstellung, in der Mischung von naturbelassener und bunt gestrichener Holzeinrichtung.

bildete Konsolen befestigt waren, gehörte zu den gebräuchlichen und gern benutzten Modellen.

Auch kleine Tischchen verschiedenster Form fanden in der Wohn- und Eßküche, aber auch in anderen Räumen des Hauses sinnvolle Verwendung. Dazu gehörten z. B. Beistelltischchen in unterschiedlichen Ausführungen, die sich mit der Zeit entwickelten, genauso wie Modelle mit runden, quadratischen und manchmal auch ovalen Tischplatten.

SITZGELEGENHEITEN

An einem Tisch können unterschiedliche Stühle, aber auch Bänke, stehen. Die gerne verwendeten Windsor-Stühle in verschiedenen Formen waren häufig aus Esche oder Eibe angefertigt. Und manchmal lassen sich bei älteren Exemplaren mit Sitzflächen aus Ulmenholz auch die Jahresringe von Jahrhunderten auszählen, zusammen mit der Patina der Politur, die auf weitere Jahrhunderte des Gebrauchs schließen läßt. Im Flackern eines Holzfeuers oder beim Kerzenlicht eines Abendessens in intimer Atmosphäre verbreiten solche alten Stühle einen sanften, sehr heimeligen Glanz. Auch die höheren Stühle mit leiterartig ausgebildeter Rückenlehne, wie English Gimson oder amerikanische Shaker-Stühle aus dunkel gebeizter oder natürlich honigfarbener Esche, Buche oder aus Hickory, passen stilistisch gut in ein »ländliches« Interieur und vermitteln das Gefühl von Authentizität. Mit ihren Sitzflächen aus handgeflochtenem

Schilf- oder Peddigrohr und den schlichten Formen sind diese Modelle als die ersten echten ländlichen Stühle zu bezeichnen.

Für Stühle wurde früher das Holz mit besonderer Sorgfalt ausgewählt; man achtete darauf, es ausschließlich in Faserrichtung zuzuschneiden und zu spalten, bevor es von Hand oder auf einer einfachen, mit den

Füßen angetriebenen Drehbank geformt wurde. Um geschwungene Elemente anzufertigen, erhitzte man das Holz über Wasserdampf und formte die Teile, solange sie noch biegsam waren. Zusammengehalten wurde der fertige Stuhl dadurch, daß die Einzelelemente straff miteinander verbunden waren und zudem konträre Komponenten – also z. B. gerade und geschwungene – zusammengefügt wurden; das verlieh dem Stuhl in sich eine dauerhaft bestehende Spannung. Viele der nach diesem Prinzip im 19. Jahrhundert gebauten Stühle sind bis heute in Gebrauch, aber Exemplare von guter Qualität sind nicht so einfach zu entdecken; dadurch erzielen sie in Antiquitätengeschäften und auf Auktionen oftmals hohe Preise. In großer Zahl auf dem Markt vertreten sind hingegen maschinell angefertigte Reproduktionen unterschiedlicher Qualität. Die solidesten und optisch ansprechendsten Stühle sind allerdings immer noch die von Handwerkern nach traditionellen Fertigungsprinzipien gebauten Exemplare. Mittlerweile gibt es auch wieder einige Werkstätten – häufig sind es allein arbeitende Stuhlbauer –, in denen nach alten Techniken und Vorlagen Stühle im ländlichen Stil produziert werden. Diese erhalten dann entweder einen modernen, üblicherweise farblosen Anstrich, mit dem die natürliche Tönung des Holzes beibehalten bzw. intensiviert wird, oder sie werden »antik« gebeizt und künstlich mit Altersspuren versehen.

BÜFETTS

In den großen Wohnküchen ländlicher Haushalte, in denen auch gegessen wurde, hatte das Büfett einen Ehrenplatz. Dieses Möbelstück entwickelte sich aus den reich verzierten, höfischen Schränken des Mittelalters, mit denen der Glanz der »Tafel« im Hause des Besitzers zur Schau gestellt werden sollte. Eng verwandt ist das Büfett auch mit den Anrichten, die zur selben Zeit und auch später noch in Gebrauch waren.

Oben: Stühle mit leiterartig gestalteter Rückenlehne repräsentieren einen traditionell ländlichen Typus. Dieses Beispiel ist ein Kinderstuhl. Zusammen mit dem leuchtend gelben Kürbis und im Glanz der späten Nachmittagssonne wird aus diesem Arrangement ein eindrucksvolles Stilleben.

Rechts: Büfetts dienen oft vorwiegend zu Ausstellungszwecken, und wenn Sie eine hübsche Sammlung bunt glasierter Töpferware besitzen, bietet sich ein derartiges Arrangement dafür an. Achten Sie auch auf das attraktive runde Tischchen und den farbig gestrichenen Besteckkasten auf dem Tisch links.

Im frühen 17. Jahrhundert tauchte das Büfett erneut wieder auf, diesmal aber eher im ländlichen Kontext – in der Küche oder im Eßbereich –, und nicht als Repräsentationsstück eines höfischen Zimmers oder Saales.

Damals war das Büfett im Prinzip nicht von einer Anrichte zu unterscheiden – also einem Tisch oder Kasten, auf dem Essen zum Kochen vorbereitet oder zum Servieren »angerichtet« wurde. Manche Exemplare waren mit Schubladen unterhalb der Arbeitsplatte ausgestattet, und die meisten hatten rund gedrechselte Beine. Ein Schritt in die Richtung der heute bekannten Büfettform erfolgte um 1690, als man auf dem Unterbau ein niedriges Brett und an der Rückwand ein Regal befestigte, in dem Geschirr verstaut werden konnte. Die hier gezeigte »Tafel« bestand nicht aus Gold und Silber wie im Mittelalter, sondern aus Zinn- und Tongefäßen, später auch blau-weiß glasierter und gemusterter Töpferware.

Aus diesen vielfältigen Anfängen entwickelten sich mit der Zeit regional unterschiedliche Büffetformen. Eine davon mit einem einfachen Regalaufsatz, geformten seitlichen Stützen und einem geschnitzten Gesims, steht der Urform des 18. Jahrhunderts noch am nächsten. Das untere Kastenelement ist mit zwei oder mehr Schubladen ausgestattet und wird von runden Füßen getragen. Diese sind auf Bodenniveau durch ein breites, durchgehendes Regalbrett verbunden, auf dem man die Töpfe unterbrachte. Bei einer anderen Büfettform befinden sich unterhalb der Schubladen noch weitere Regalfächer hinter Türen, so daß zwei oder drei geschlossene Schränkchen entstehen. Ein dritter Typus wiederum besteht aus zwei Schränken und einer Öffnung in der Mitte, dem sogenannten »Knieloch«, während bei einer irischen Sonderform

eigens Platz vorgesehen war für legende Hühner. In diesem mit Holzlamellen verschlossenen Gehege hielt man die Hühner während der Wintermonate.

Unabhängig von Form oder Stil ist das Büfett ein praktisches und beliebtes Möbelstück. Es verfügt über ästhetische Qualitäten, die es in einem Raum meist zum dekorativen Mittelpunkt machen; gleichzeitig erfüllt es in Küche oder Eßzimmer eine wichtige Funktion als Stauraum und Gelegenheit zum Ausstellen attraktiven Geschirrs. Der Schotte John Claudius Loudon, Autor der Encyclopaedia of Cottage, Farm and Villa Architecture and Furniture, veröffentlicht 1833, meint dazu: »... Das Büfett ist ein wichtiges Möbelstück in jeder Küche, mehr aber noch in den ländlichen, wo es sowohl als Geschirrschrank als auch als Anrichte dient. In der Regel werden die Büfetts vom Schreiner am Ort sehr solide angefertigt. Sie sind selten gestrichen, und fast überall in England sind schneeweiße Fachbretter, die häufig mit feinem Sand gescheuert werden, der Stolz jeder guten Hausfrau.«

ZUBEHÖR, GERÄTE UND BEHÄLTNISSE

In Küche und Eßbereich war das Material Holz früher nicht nur auf die Möbel beschränkt – auch die Mehrzahl der zum Kochen benötigten Utensilien und Gerätschaften war aus Holz angefertigt. Mit Ausnahme des eisernen Kochtopfs und zwei oder mehreren Messern wurde fast alles, was täglich in der Küche gebraucht wurde – Löffel, Schöpfkellen, Platten und Teller, Schüsseln, Wargelhölzer und Brettchen –, entweder selbst gemacht oder von Handwerkern am Ort gekauft. Dabei war allgemein bekannt, welches Holz für den jeweiligen Gegenstand am geeignetsten war und wie man ihn anzufertigen hatte.

Links: Behältnisse aller Art, zum Aufbewahren, Kochen und Servieren gehören zur Grundausstattung in jeder Küche. Früher wurden sie häufig aus Holz gemacht und entweder naturbelassen oder farbig gestrichen. Die Beispiele links stammen aus einer Sammlung, die über Jahre hinweg mit viel Freude und einem Auge für die Schönheit, aber auch den praktischen Nutzen dieser Behältnisse, von einem amerikanischen Koch zusammengetragen wurde.

Oben: Ein dicht gefülltes Regal mit alten Holzbehältnissen – darunter eine große hellrote Schüssel, ein von einem Schäffler angefertigter Eimer, ein Satz runder Spanschachteln und eine aufgestellte, viereckige Teigschüssel in Blau. Etwas aus der Reihe fällt unter all diesen Küchenutensilien der bunte Nistkasten, der bis zur nächsten Brutzeit hier untergebracht ist.

Außerdem wurde eine Vielzahl an anderem Zubehör, insbesondere Behältnisse aller Art – wie beispielsweise Kästchen, Löffelbords, Teigschüsseln, Zuber oder Eimer –, aus Holz gearbeitet – bevor Designer dazu übergingen, hierfür auf breiter Basis Kunststoff, Aluminium und Edelstahl zu verwenden. Manche dieser Gegenstände waren sehr einfach, oft grob, ausgearbeitet; andere dagegen zeugen von einem gehörigen Maß an angeborenen Fertigkeiten und geben damit auch Aufschluß über diejenigen, die sie herstellten. Löffel und Schöpfkellen beispielsweise sind häufig trotz ihrer strengen Zweckgebundenheit so fein und elegant geschwungen, daß es eine Freude ist, sie zu betrachten, zu berühren und zu benützen.

Das Fertigungsprinzip von Behältnissen und Gefäßen, die vielseitig im Haushalt verwendbar sind, ist oftmals sehr raffiniert. Zur Herstellung von runden und ovalen Spanschachteln aus dünnem Ahorn-, Birken- oder Kirschbaumholz waren z. B. spezielle Kenntnisse erforderlich. Zuerst mußte das Holz durch Wasserdampf die notwendige Elastizität erreichen, dann wurde es über Formen modelliert und zum Schluß an den Stoßkanten sorgfältig vernietet. Die schönsten Schachteln besaßen feine, schön geformte Streifen, die die Nahtstelle überlappten und dort mit Kupfernieten fixiert waren (siehe Abbildung S. 75). Einen dekorativen, vor allem aber auch praktischen Zweck erfüllte es, wenn zwischen den Streifen etwas Platz gelassen wurde: So war der nötige Spielraum gegeben, falls das Holz durch Veränderung der Luftfeuchtigkeit schrumpfte oder sich ausdehnte, und damit auch das Risiko minimiert, daß die Schachtel riß oder sich wellte – was bei den gerade verbundenen Ausführungen häufig zutraf. Häufig wurden die Schachteln in Naturtönen, wie Buttermilchgelb, warmes Ziegelrot oder Heidelbeerblau, bemalt, und sie sind – vielleicht mehr als irgendein anderes Erzeugnis der Shaker – zum Symbol ihres exquisiten handwerklichen Schaffens geworden.

Behältnisse für Flüssigkeiten – Zuber, Eimer, Milchkannen u. a. – fertigten die Schäffler an. Dazu wurden mit großem handwerklichen Geschick Faßdauben geformt, zusammengesetzt und mit Holz- oder Metallringen zusammengespannt. Die Dauben waren so exakt angepaßt, daß das fertige Behältnis absolut wasserdicht und extrem langlebig war. In der modernen Landhausküche haben solche Gefäße zumeist nur eine rein dekorative Funktion. Eine Möglichkeit, den alten Zubern und Eimern wieder einen praktischen Sinn zu geben, besteht darin, sie als Blumenübertöpfe zu verwenden. Setzen Sie in diesem Fall aber immer einen Untersatz als Tropfenfänger mit ein.

Rechts: Die Bandbreite der Küchenutensilien ist enorm. Ursprünglich wurden die notwendigen Gerätschaften und Werkzeuge aus Holz angefertigt, und selbst als Metall für Bestecke und andere Küchenware gebräuchlich wurde, behielt man häufig noch die herkömmlichen Holzgriffe bei. Kochlöffel und Schaber aus Holz sind bis heute alltägliche Gebrauchsgegenstände (oben links). Hölzerne Wäscheklammern waren billig und einfach herzustellen: Dafür wurden Zweigstücke gespalten und mit einem Blechstreifen umwickelt (unten Mitte). Das sichelförmige Wiegemesser (unten rechts) ist zum Hacken von Gemüse und Kräutern ideal.

LÖFFELBORD & LÖFFEL

Einfache Kochlöffel aus Holz gehören zu den frühesten Küchengeräten und haben auch in modernen Küchen ihren Platz behauptet. Zum Mischen von Zutaten in eigens dafür bestimmten glatten Schüsseln, deren Oberfläche nicht durch die Metallbesen von elektrischen Quirlen beschädigt werden darf, sind sie bis heute unübertroffen. Die im Handel angebotenen Kochlöffel können jedoch nur noch als bloßer Schatten dessen, was sie einst einmal waren, bezeichnet werden. Es handelt sich um standardisierte Massenware, und mit ihrer flachen und uninteressanten Form sind sie im Grunde nur noch für den Zweck zu gebrauchen, für den sie empfohlen werden.

In ländlichen wie städtischen Haushalten waren Holzlöffel früher nicht wegzudenken; man verwendete sie nicht nur zum Kochen, sondern zusammen mit einem spitzen Messer (Gabeln kamen erst viel später in Gebrauch) auch als Eßbesteck. Alte Löffel haben unterschiedlichste Formen und Größen – mit langen und kurzen Stielen, manche gerade, manche gebogen, mit kleinen oder großen, fast immer aber sehr tiefen Löffeln. Sie waren für großzügig bemessene Portionen dicken Eintopfs, Suppe oder Fleischbrühe gedacht und nicht für die ängstlich bemessenen Anstandshappen, die von einer Gesellschaft favorisiert werden, in der ein hoher Prozentsatz von Essern bei jeder Gelegenheit Diät lebt.

Alle Löffel wurden in Handarbeit angefertigt – entweder von spezialisierten Löffelschnitzern oder man widmete sich selbst dieser Aufgabe als Zeitvertreib an langen Winterabenden. Meist hatten sie einen ausschließlich prakti-

schen Zweck zu erfüllen, aber es gab auch andere, reich ornamentierte und verspielte Exemplare, die zum Zeichen der Zuneigung und als Liebesbeweis häufig einer Angebeteten geschenkt wurden. Diese »Liebeslöffel«, wie sie später genannt wurden, reichen mehr als 300 Jahre zurück; auch sie scheinen ursprünglich zum Gebrauch bestimmt gewesen zu sein, aber mit Zunahme der kunstvollen Schnitzereien wurde ihnen mehr und mehr eine rein symbolische Funktion zuteil. Ein Löffel mit einem einzelnen geschnitzten Herz bedeutete »Ich liebe dich«, ein Auge war als »Mir gefällt, was ich sehe« zu interpretieren. Um gegenseitige Liebe zum Ausdruck zu bringen, wurde ein Doppellöffel geschnitzt, oder man verband zwei Holzlöffel mit einer Gliederkette.

Alte Liebeslöffel sind begehrte Sammelobjekte. Als wertvoller persönlicher Besitz – genau wie auch Messer – wurde im allgemeinen ganz besonders auf sie geachtet. Während man Messer normalerweise in speziell angefertigten Messerkästen aufbewahrte, wurden Löffel gerne in an der Wand hängenden Holzgestellen untergebracht. Dort waren sie beim Kochen schnell zur Hand und dienten zudem als dekorativer Küchenschmuck. Manchmal waren diese Löffelbords mit Messerfächern kombiniert, bei anderen wiederum war Platz vorgesehen für Scheuer- und Reinigungsmaterial. In der Gestaltung zeigten die Borde unterschiedlichste Form – von schlichten bis hin zu aufwendig geschnitzten und bemalten Exemplaren, wobei die kunstvolleren Ausführungen vielleicht ähnlich wie die Löffel als Liebesgaben verschenkt wurden.

Links: An der Wand dieser typischen Landhausküche stecken verschiedene Holzlöffel in einem schlichten, neu angefertigten Löffelbrett. Damit es sich besser einfügt, wurde es an der Oberfläche mit künstlichen Gebrauchs- und Altersspuren versehen.

Oben: Holzlöffel erfreuten sich früher größerer Wertschätzung als heute, und auf ihre Herstellung verwendete man viel Mühe und Aufmerksamkeit. Reich verzierte und ornamentierte Exemplare wurden als »Liebesgaben« verschenkt und häufig stolz in einem speziell angefertigten Löffelbrett zur Schau gestellt.

LÖFFELBORD

Stufe 1/2:
Anfänger/Geübte

Fertigmaße:
330 x 229 x 143 mm

Material:
Fichte, Kirschbaum

Holzliste:
1 Front
203 x 152 x 10 mm

1 Rückseite
203 x 152 x 10 mm

2 Seitenteile
229 x 143 x 10 mm

2 Vorderblenden
222 x 38 x 10 mm

3 Löffeleinsätze
229 x 47 x 10 mm

Die Vorlagen für Rückseite und Front finden Sie auf S. 151.

LÖFFEL

Stufe 1/2:
Anfänger/Geübte

Fertigmaße:
254 x 64 x 38 mm

Material:
Bergahorn, Linde, Buche

Holzliste:
254 x 64 x 38 mm

Alle Maße sind in Millimetern angegeben.

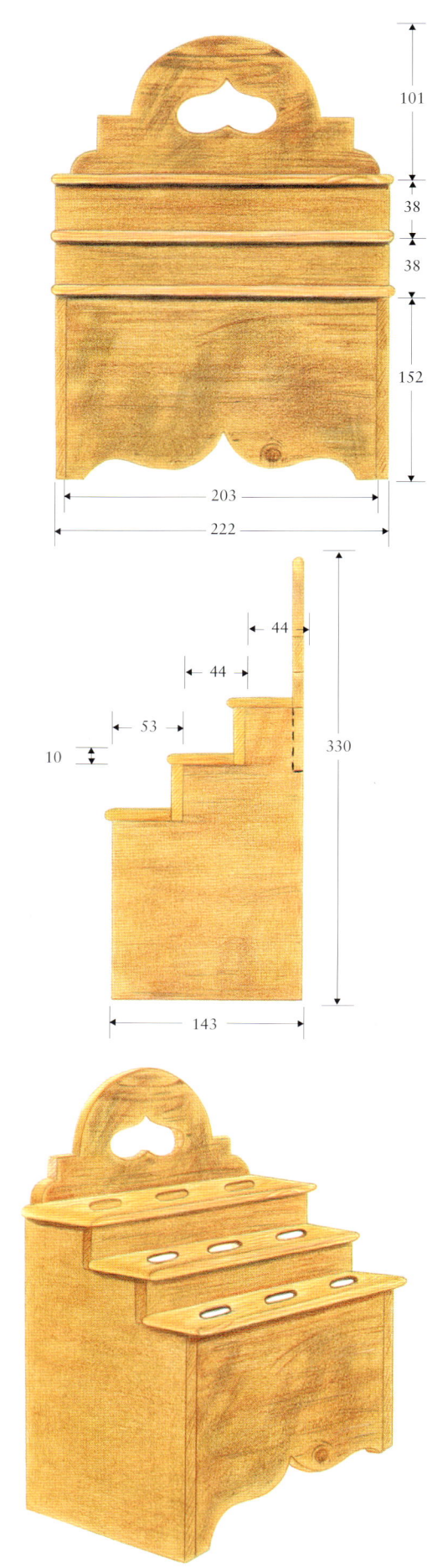

Arbeitsanleitung LÖFFELBORD

1 Zeichnen Sie die erforderlichen Teile an und schneiden Sie sie in den angegebenen Maßen zu.
2 An beiden Seitenteilen zeichnen Sie die »Stufenform« an. Vergewissern Sie sich beim Ausmessen und Anreißen der Teile, daß alle Elemente auch wirklich zusammenpassen.
3 Jetzt werden die Seitenelemente nach der aufgezeichneten Form zugeschnitten. Die Sägekanten sind später verdeckt; trotzdem ist es sinnvoll, sie zu schleifen, damit die Blenden und Löffeleinsätze später bestmöglich verleimt werden können.
4 Pausen Sie die Vorlagen auf S. 151 (in Originalgröße) durch und übertragen Sie die Form auf die entsprechenden Holzelemente für Front und Rückseite.
5 Die Teile aussägen (nähere Erläuterungen zum Sägen siehe S. 137); dabei wird die in der Holzfläche liegende Herzform mit einer kleinen Bügelsäge ausgesägt. Vorher bohren Sie dazu mehrere Löcher durch das Holz.
6 Alle Sägespuren entfernen und fein schleifen.
7 Zeichnen Sie nun die Maße für die drei Löffelbrettchen an. Markieren Sie die Löcher und Schlitze hierfür entweder nach oben stehenden

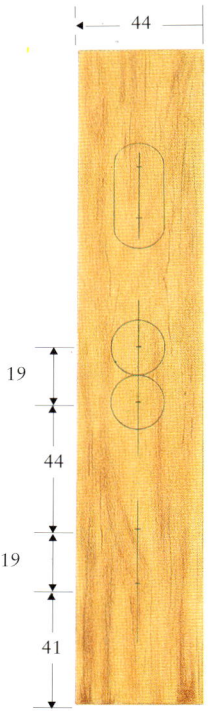

Angaben oder entsprechend Ihren eigenen Vorstellungen.
8 Dann bohren oder sägen Sie die Schlitze aus. Beim Bohren legen Sie ein übriges Stück Holz

unter, damit die Unterseite nicht splittert. Rauhe Kanten werden abgeschliffen.

9 Dann runden oder schrägen Sie die Vorder- und Seitenkanten der Löffeleinsätze ab.

10 Überprüfen Sie, ob alle Teile genau zusammenpassen und achten Sie insbesondere darauf, daß die beiden Vorderblenden exakt unter den überstehenden Löffelbrettchen befestigt werden können.

11 Entfernen Sie die Bleistiftlinien und andere Arbeitsspuren an der Oberfläche.

12 Dann wird das Löffelbord zusammengeleimt und vernagelt (nähere Erläuterungen dazu siehe S. 140 und 141). Zunächst setzen Sie dabei die Front mit den beiden Seitenteilen

zusammen und fügen dann die Rückseite hinzu.

13 Anschließend werden – jeweils von unten nach oben – die beiden Vorderblenden aufge-

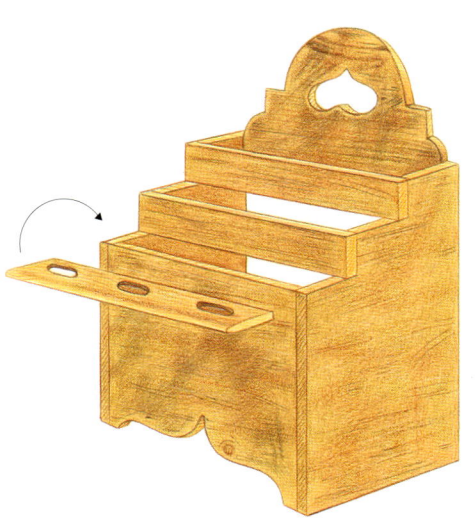

setzt und zuletzt die drei Löffeleinsätze befestigt.

14 Wischen Sie überschüssigen Leim feucht ab, treiben Sie die Nagelköpfe unter die Ober-

fläche und füllen Sie die Löcher auf. Trocknen lassen.

15 Die Oberflächen des fertigen Löffelbords noch einmal schleifen und nach Wunsch behandeln (zur Oberflächenbehandlung siehe S. 146/147).

Arbeitsanleitung LÖFFEL

1 Traditionell fertigte man Holzlöffel aus einem in zwei Hälften gespaltenen Bergahornstück von etwa 10 cm Durchmesser an. Die Grobform wurde dann mit einem kurzstieligen scharfen Beil gehackt.

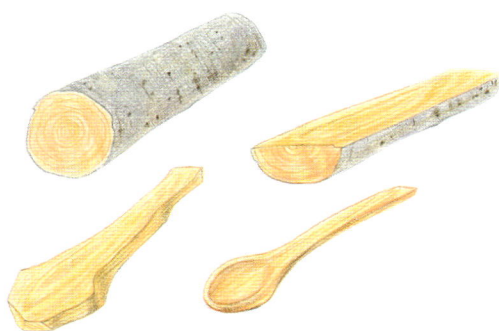

2 Anschließend wurde der Löffel mit einem speziellen Krumm- oder Bogenmesser ausgehöhlt. Das traditionelle walisische Schnitzmesser (twca cam) hat hierfür eine kurze, hakenförmige Klinge und einen geraden Griff von etwa 45 cm Länge. Statt dessen können heute fertige Hakenmesser – häufig aus Schweden – verwendet werden.

3 Seine abschließende Form bekam der Löffel durch Feinarbeit mit einem anderen kleinen Messer und einem Schabhobel.

4 Die Form der Löffel kann aber auch zugesägt und mit einem Schnitzmesser ausgehöhlt werden. Am besten eignet sich ein Schnitzmesser zum Ausstemmen von Hohlformen mit mittlerer Krümmungsgröße, also etwa 19 mm (18 mm?). Achten Sie darauf, daß das Eisen immer scharf ist (nähere Hinweise siehe S. 138).

5 Bei dieser Methode wird zuerst der Löffel ausgehöhlt, da man in diesem Stadium das Werkstück noch gut befestigen kann.

6 Wählen Sie das gewünschte Holz aus und zeichnen Sie die Form des Löffels auf. Dann spannen Sie das Werkstück mit einer Zwinge so auf die Werkbank, daß Sie bequem arbeiten können.

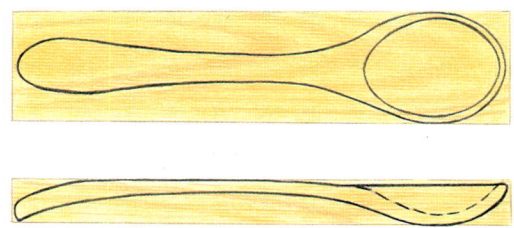

7 Von der Mitte ausgehend höhlen Sie die Form in immer größer werdenden, mehr oder weniger konzentrischen Erweiterungen aus.

Führen Sie das Messer ähnlich wie eine Schaufel, d. h. stechen Sie es ein und entfernen Sie beim Herausholen jedesmal ein Stückchen Holz. Achten Sie vor allem darauf, das Eisen nicht zu tief ins Holz zu graben. Wenn irgend möglich sollte schon dabei eine saubere Oberfläche entstehen.

8 Dann wird die Zwinge entfernt und die Gesamtform des Löffels zugesägt (nähere Hinweise siehe S. 137).

9 Die endgültige Form wird mit einem Messer zugeschnitzt oder mit Raspel und Feile hergestellt. Sollen die Oberflächen ganz glatt werden, ziehen Sie sie abschließend noch mit Schleifpapier ab. Falls Sie jedoch mit einem scharfen Schnitzmesser gearbeitet haben, kann es sehr reizvoll wirken, wenn Sie die leicht kantigen Spuren stehenlassen.

10 Die Holzlöffel werden nicht eingelassen. Nach Gebrauch wäscht man sie ab, und gelegentlich empfiehlt es sich, sie zu scheuern. Lassen Sie einen Holzlöffel nie längere Zeit im Wasser stehen, damit er sich nicht vollsaugt.

11 Versuchen Sie sich auch mit anderen Löffelformen; Anregungen hierfür bietet das Foto auf S. 86. Auch eine einfache geschnitzte Verzierung könnte eine Bereicherung sein.

SCHÖPFKELLE &
SCHAUFEL

Obwohl beide Begriffe häufig synonym gebraucht werden, gibt es einen Unterschied zwischen »Schöpfkellen« und »Schaufeln«. Schaufeln haben im allgemeinen kurze Griffe und werden für trockene Lebensmittel wie Mehl, Hülsenfrüchte und Kräuter verwendet; demgegenüber sind Schöpfkellen in der Regel mit langen Stielen ausgestattet und vorwiegend zum Ausgießen, Verteilen etc. von Flüssigkeiten gedacht. Meist sind Schaufeln auch breiter und flacher als die Kellen.

Beide Formen waren über zahllose Generationen hinweg fester Bestandteil des Kücheninventars aus Holz, bis Kunststoff und Edelstahl an ihre Stelle traten. Vorwiegend bei der Zubereitung des Essens und zum Servieren eingesetzt, wurden sie aber auch zum Mischen, Verrühren und Maßnehmen gebraucht oder um Zutaten von einem Behältnis in ein anderes, von einem Kochtopf in einen anderen zu füllen. Auch in der Milchwirtschaft, Käserei und beim Buttern hatten sie ihren Platz – wobei zum Abschöpfen des Rahms von der Molke eine spezielle, perforierte Kelle verwendet wurde.

Häufig besitzen Schöpfkellen – wie Kannen – auch eine Tülle, damit die Flüssigkeit sauber ausgegossen werden kann; und gleichfalls keine Seltenheit ist ein hakenförmig gebogenes Ende, so daß die Kelle an einen bestimmten Platz oder an den Rand des Behälters gehängt werden konnte, für den sie benutzt wurde. Die in der folgenden Anleitung beschriebene »Milchkelle« hat einen massiven,

hakenförmig gebogenen Griff. Damit konnte sie nicht nur aufgehängt, sondern, beispielsweise mit Milch gefüllt, auf einer ebenen Fläche auch stabil aufgesetzt werden. Derartige Kellen waren, genau wie andere Geräte und Utensilien aus Holz, bis ins 20. Jahrhundert hinein in Gebrauch.

Geformt und geschnitzt wurden die Schöpflöffel und Schaufeln von Handwerkern am Ort oder von Familienmitgliedern an langen Winterabenden. Wenn möglich verwendete man Bergahorn als Material, da dieses Holz völlig geruchs- und geschmacksneutral ist; aus dekorativen Gründen wurden manchmal aber auch exotische, importierte Hölzer verarbeitet. Vor allem an den Griffen tauchten geschnitzte Verzierungen auf, und insbesondere kleinere Formen, beispielsweise zum Servieren von Punsch oder Likör, waren oftmals sehr aufwendig gestaltet. Sie waren formelleren Anlässen vorbehalten.

Hölzerne Kellen und Schaufeln gehören zu den am häufigsten gesammelten Erinnerungsstücken aus der »Küche von damals«. Ihre Beliebtheit ist mit ziemlicher Sicherheit dem Umstand zuzuschreiben, daß der Großteil heutiger Küchenausstattung aus Metall oder Kunststoff besteht. Im Vergleich zu vielen ihrer modernen Gegenstücke sind Geräte aus Holz um ein Vielfaches einfacher und nützlicher, und durch die Spuren von Alter und Gebrauch gewinnen sie ihnen gegenüber beträchtlich an Charme und Charakter.

Oben: Dieses Büfett aus dem 18. Jahrhundert ist der ideale Ausstellungsort für eine Sammlung von Küchenutensilien und Geschirr. Unter den gleichfalls aus dem 18. und 19. Jahrhundert stammenden Gerätschaften befinden sich zwei offensichtlich häufig benutzte Holzschaufeln, eine Schöpfkelle mit langem Stiel und zwei äußerst dekorative Holzmodel für Butter.

Rechts: Ob alt oder neu – Löffel und Schöpflöffel, aber auch alle anderen Haushaltsgeräte aus Holz, genügen in einer modernen Küche sowohl praktischen als auch dekorativen Ansprüchen. Es macht großen Spaß, sie zu benutzen, und insbesondere die Schöpfkellen eignen sich vorzüglich zum Servieren.

Stufe 1/2:
Anfänger/Geübte

Fertigmaße:
305 x 152 x 76 mm

Material:
Bergahorn, Buche, Linde

Holzliste:
Mehlschaufel
254 x 127 x 64 mm

»Milchkelle«
254 x 152 x 101 mm

Kelle mit Ausgußtülle
330 x 127 x 76 mm

Alle Maße sind in Millimetern angegeben.

Arbeitsanleitung:

Mehlschaufel (1 Rasterquadrat = 25 mm)

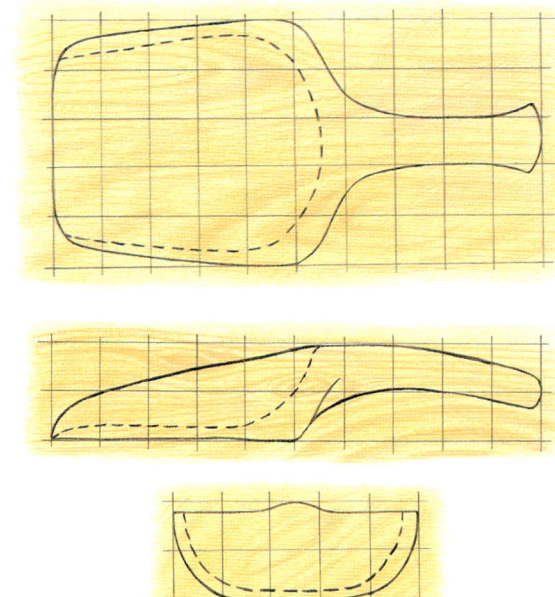

1 Traditionell wurden Schöpfkellen und Schaufeln aus einem kurzen, häufig auch frisch geschlagenen Holzstück angefertigt. Dieses wurde in zwei Hälften gespalten, aus denen man mit einem kurzen, sehr scharfen Beil jeweils eine Grobform bilden konnte.

2 Die Innenform wurde dann mit verschiedenen Werkzeugen ausgehöhlt – mit gebogenen Hohlbeiteln, Hakenmessern und bei größeren Stücken auch einem kleinen Handbeil. Abschließend bearbeitete man die Hohlform mit einem Krummbeitel oder in manchen Gegenden – insbesondere Wales – auch mit einem speziellen Schnitzmesser mit hakenförmiger Klinge. Geeignet ist auch ein Schnitzmesser. Die Feinarbeiten außen wurden dann noch mit einem Messer mit kurzer Klinge, einem Ziehmesser oder dem Schabhobel erledigt.

3 Im Umgang mit diesen Werkzeugen waren die damaligen Handwerker sehr geübt, so daß keine Gefahr bestand. Anfängern wird allerdings dringend empfohlen, eine sicherere Arbeitsmethode zu wählen, zumindest zum Beginn.

4 Verwenden Sie also ein Holzstück, das im Umriß aufgezeichnet und entweder von Hand oder mit einer Bandsäge entsprechend zugesägt wird. Zum Aushöhlen der Kelle oder Schaufel befestigt man das Werkstück mit einer Zwinge sicher auf der Werkbank.

5 Zeichnen Sie die Form der Mehlschaufel auf Ihrem Werkstück an; dazu vergrößern Sie die oben gezeigte Vorlage in Originalgröße. Dann sägen Sie zunächst nur die Außenform zu. Wird von Hand gesägt, spannen Sie das Holz in einen Schraubstock.

6 Nun stemmen Sie die Schaufel mit einem Schnitzmesser aus; befestigen Sie dazu den Griff des Werkstücks mit einer Zwinge an der Werkbank. Beginnen Sie am vorderen Ende der Schaufel und arbeiten Sie dann mit immer tieferen Einschnitten ins Holz nach hinten weiter. Zum Schluß versuchen Sie, nur noch flache und lange Schnitte anzulegen, damit die Innenfläche möglichst glatt wird.

7 Wenn die Innenschaufel fertiggestellt ist, zeichnen Sie die Außenform in der Seiten- und

Frontalansicht auf. Dann entfernen Sie das übrige Holz – am besten wird von Hand gesägt –, vor allem unter dem Griff. Zur Feinarbeit an der Außenform verwenden Sie einen Schabhobel oder Raspel und Feile. Abschließend wird der Griff noch schön geformt und an der Vorderseite eine scharfe Kante gebildet.

8 Zum Schluß fein schleifen, bis die Oberfläche der Schaufel ganz glatt ist.

«Milchkelle» (1 Rasterquadrat = 25 mm)

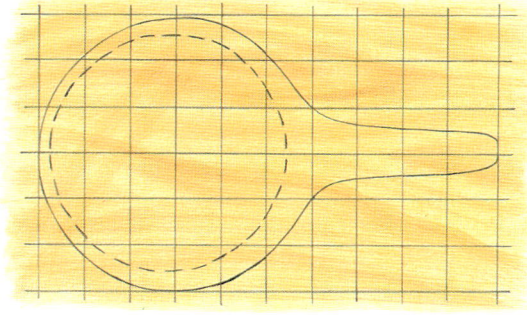

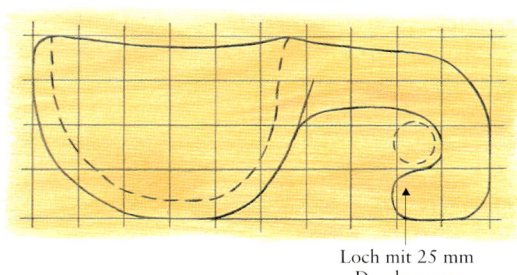

Loch mit 25 mm
Durchmesser

9 Für die tiefe Form der Kelle brauchen Sie einen dicken Holzklotz. Wie bei der Schaufel zeichnen Sie mit Hilfe der vergrößerten Vorlagen die Drauf- und Seitenansicht auf. Ausgesägt wird aber erst, nachdem die Kelle ausgehöhlt ist.

Spannen Sie dazu den Klotz mit einer Zwinge auf die Werkbank und beginnen Sie von der Mitte aus mit einem Schnitzmesser mehr oder weniger konzentrisch nach außen zu arbeiten. Führen Sie das Werkzeug mit Schöpfbewegun-

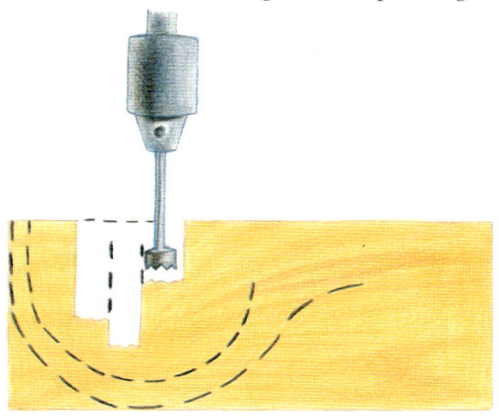

gen und nehmen Sie dabei evtl. einen Holzhammer zu Hilfe. Die Klinge darf sich nicht ins Holz graben und verklemmen.

10 Sie können auch einen Großteil des Holzes mit dem Bohrer wegnehmen und nur zum Schluß mit einem Schnitz- oder Hakenmesser arbeiten.

11 Ist die Schaufel ausgehöhlt, zeichnen Sie die Außenform auf. Zuerst bohren Sie – wie in der Zeichnung links – ein Loch für die Innenrundung des Griffs. Dann sägen Sie die Form zu.

12 Jetzt wird die Kelle außen fertiggestellt. Der hakenförmige Griff muß massiv bleiben, damit im Hirnholz keine Risse auftreten, seine Unterseite ist flach, damit die Kelle stabil aufgesetzt werden kann. Zum Schluß die Oberflächen abschleifen.

Kelle mit Ausgußtülle
(1 Rasterquadrat = 25 mm)

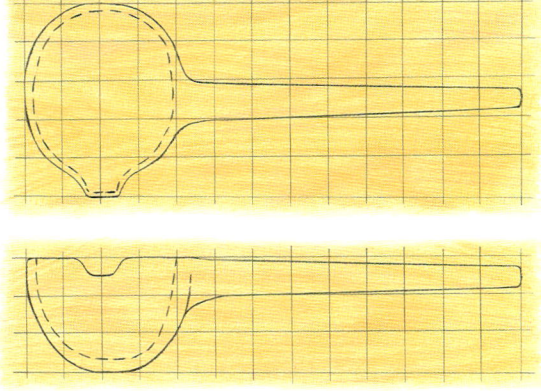

13 Diese Kelle mit Tülle ist flacher angelegt und hat einen langen, runden Stiel. Am besten wird das Holz in einen Schraubstock gespannt

und zuerst wieder die Kellenform ausgehöhlt. Handwerklich Geübtere können vielleicht auch nach der traditionellen Methode arbeiten, d. h. das Werkstück in der Hand halten und mit einem Messer oder Beitel schnitzen.

14 Ansonsten übertragen Sie wieder die Drauf- und Seitenansicht und beginnen, die Kelle wie in Schritt 9 beschrieben, auf der Werkbank auszuhöhlen. Arbeiten Sie besonders vorsichtig beim Anlegen der Tülle und lassen Sie diese noch etwas kräftiger als eigentlich geplant stehen.

15 Wenn die Kelle innen fertiggestellt ist, sägen Sie die Außenform rundum zu. Den Griff legen Sie hierbei erst einmal nur gerade, d. h. vierkantig, an. Arbeiten Sie besonders exakt bei der Tülle, damit das Ausgießen auch richtig funktioniert.

16 Abschließend erhält der Stiel mit Schabhobel oder Raspel und Feile seine Rundform. Im Übergang zur Kelle wird er leicht erweitert, um an dieser Stelle größere Stabilität zu erzielen. Die fertige Kelle abschleifen.

17 Wie bei Löffeln und Brettchen (siehe S. 88 und 96) kann auch bei Schöpfkellen und Schaufeln auf eine Behandlung der Oberfläche verzichtet werden. Abwaschen und gelegentliches Scheuern genügen zur Reinigung. Lassen Sie Ihre Küchengeräte aus Holz aber niemals stundenlang im Wasser stehen.

18 Ein gutes Arbeitsstück zeichnet sich durch seine gelungenen Proportionen aus, wobei die Ränder kräftig, aber nicht zu dick sein dürfen. Eine optisch interessantere Oberfläche ergibt sich, wenn sie zum Abschluß mit scharfem Werkzeug bearbeitet und nicht mit Schleifpapier zu sehr geglättet wird.

SCHNEIDE-
BRETTCHEN

Mit zu den nützlichsten und zweifellos auch am häufigsten gebrauchten Küchenutensilien gehören die traditionellen Holzbrettchen. Ob sie am Frühstückstisch einen »Ehrenplatz« zum Aufschneiden von Brot und Käse erhalten oder in der Küche bei der Zubereitung von Gemüse, Fleisch oder Fisch verwendet werden – immer sind sie enorm praktisch. Nicht nur in einer Landhausküche gehören sie zur charakteristischen Grundausstattung, sondern auch in hochmodernen und sogar professionellen Küchen sind sie nicht wegzudenken. Trotz Fertiggerichten und vorgeschnittenem Brot blieb ihr Gebrauchswert bestehen – und sie sehen auch gut aus.

In Verbindung mit dem wichtigsten Werkzeug jedes guten Kochs – einem scharfen, gut ausgewogenen Messer – bieten Holzbrettchen die ideale Oberfläche zum Schneiden, Schnitzeln und Hacken – Tätigkeiten, die bis zum Ende des 19. Jahrhunderts sämtlich von Hand erledigt werden mußten. Der Vorteil einer Holzunterlage zum Schneiden liegt darin, daß die Messer nicht so schnell stumpf werden, und entgegen der häufig verbreiteten Meinung ist ein Holzbrettchen nicht unhygienisch, wenn es nach Gebrauch richtig gereinigt wird.

Küchenbrettchen gibt es in allen Formen und Größen. Viele sind einfach rechteckig – aus einem Stück zugeschnitten oder aus mehreren Teilen zusammengesetzt. Andere wiederum haben Griffe und eine wie auch immer gestaltete Aufhängevorrichtung. Zum Teigkneten oder -ausrollen mit einem Nudelholz wurden besonders große Bretter verwendet, die häufig so bemessen waren, daß sie als Deckel auf den hölzernen Backtrog oder einen entsprechenden Behälter paßten. So konnte man den

Teig vor dem Backen in der Nähe des Feuers zum Aufgehen warmhalten. Um Brot oder Kuchen am Tisch aufzuschneiden und zu servieren, waren runde und manchmal mit dekorativen Schnitzereien verzierte Brettchen sehr beliebt.

Für Schneidebrettchen, aber auch andere Gegenstände aus Holz, die mit Nahrungsmitteln in Berührung kommen, ist es wichtig, das geeignete Holz auszuwählen. Es sollte dichte Fasern aufweisen und recht stabil sein; daneben muß es selbst geruchsneutral sein und darf auch keinen Fremdgeruch annehmen. Das Holz sollte hygienisch aussehen und einfach zu reinigen sein. Bergahorn erfüllt diese Kriterien am besten, auch Buchen- und Ahornholz eignen sich hervorragend. Eindeutig zu weich ist allerdings das häufig verwendete, weil billige Fichtenholz, das sich sehr schnell abnützt und deshalb bald nur noch bedingt gebrauchsfähig ist. Die Oberfläche von Küchenbrettchen wird nicht behandelt; sie sollte daher immer nach Gebrauch mit einem feuchten Tuch oder einer Bürste gesäubert werden. Wurde das Brett zur Vorbereitung von Fleisch oder Fisch verwendet, schrubben Sie es gründlich mit Seife und heißem Wasser; dann spülen Sie nach und lassen es trocknen. Früher wurden die Brettchen regelmäßig mit nassem, feinem Sand gescheuert.

Links: Holzbrettchen sind neben ihrer praktischen Funktion bei vielen Küchenarbeiten eindeutig auch dekorativ. In ihrer Schlichtheit und mit den Spuren regen Gebrauchs verleihen Sie einer Landhausküche Charakter – ob in der Stadt oder im ländlichen Haushalt.

Oben: Den Gestaltungsmöglichkeiten sind bei Schneidebrettchen keine Grenzen gesetzt – von der einfachen und absolut zweckgebundenen Ausführung bis hin zur gleichermaßen nützlichen wie originellen Variante. Auch Tierpaare sind selbstverständlich eine Möglichkeit: Auf diesem ländlichen Büfett sorgen Schwein und Eber für rustikalen Charakter.

Stufe 1/2: Anfänger/Geübte

Fertigmaße: 305 x 254 x 25 mm

Material: Bergahorn, Buche, Ahorn, Fichte

Holzliste:

A 305 x 254 x 25 mm

B 355 x 203 x 25 mm

C 254 x 254 x 25 mm

Die Vorlagen für den Griff des Brettchens B und die Schnitzerei von Brett C finden Sie auf den Seiten 150/151.

Alle Maße sind in Millimetern angegeben.

Arbeitsanleitung:

1 Verwenden Sie gut abgelagertes Holz, das breit genug ist, daß es quer zum Faserverlauf in den angegebenen Maßen – oder zumindest annähernd so groß – zugeschnitten werden kann.

2 Ist das nicht möglich, fertigen Sie die Brettchen aus schmaleren Stücken an; diese werden dann in der Breite miteinander verbunden (nähere Hinweise hierzu siehe S. 141). Wichtig in diesem Fall ist ein wasserfester Leim.

3 Hobeln oder schleifen Sie beide Seiten, so daß sie absolut gerade und glatt werden.

4 Falls notwendig zeichnen Sie die Umrißlinie des Brettchens auf dem Holz an und sägen dann die entsprechende Form aus; dabei soll das Brett rutschsicher befestigt sein (nähere Hinweise zum Sägen siehe S. 137). Sägen Sie immer am Außenrand der Linie entlang.

5 Zum Anzeichnen des rechteckigen Brettchens benötigen Sie lediglich einen Winkel und ein Lineal. Der Griff des Brettchens B wird mit Hilfe der Vorlage auf S. 150 angetragen und entsprechend in der Form zugeschnitten. Für die Umrißlinie des runden Brettchens (C) verwenden Sie einen Zirkel.

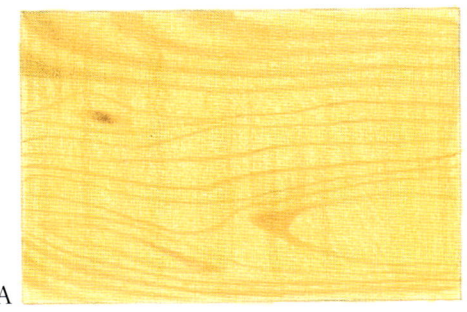

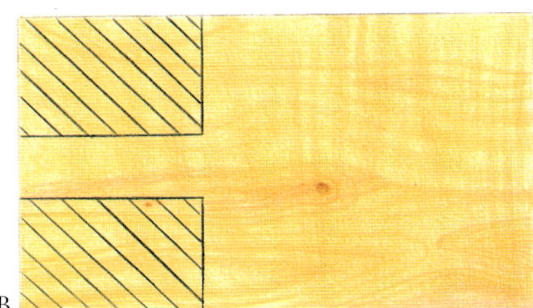

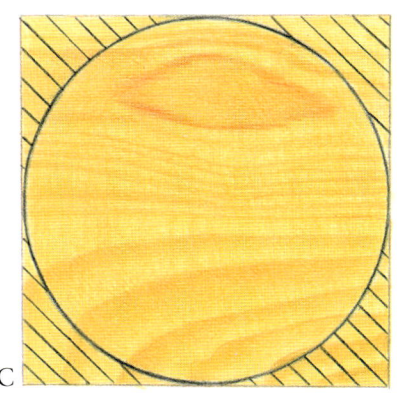

6 Die langen, geraden Sägeschnitte hobeln sie danach ab; arbeiten Sie aber vorsichtig an den Hirnholzseiten. Mit einer passenden Feile oder einem anderem Schabwerkzeug glätten Sie die geschwungenen Schnittflächen; damit kommen Sie auch in enge Ecken und Zwischenräume. Sie können aber auch einen Schabhobel verwenden. Die scharfen Kanten werden entweder abgerundet oder abgeschrägt, und zum Schluß wird mit feinem Schleifpapier nachgeschliffen.

7 Das rechteckige Brettchen (A) ist jetzt fertig (weitere Hinweise unter Nr. 10 rechts).

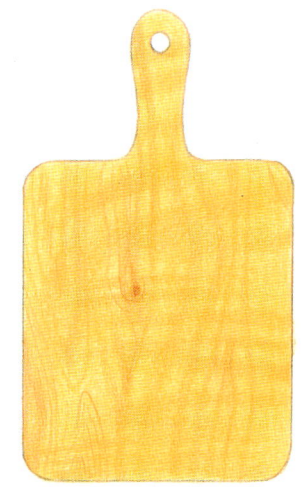

8 Bei Brettchen B wird nun ein 6 mm starkes Loch durch den Griff gebohrt, in dem die Aufhängeschnur befestigt werden kann.

127 mm Radius

9 Das runde Brettchen (C) wird mit einem geschnitzten Motiv verziert, für das Sie die Vorlage auf S. 151 finden. Pausen Sie Blüte und Blätter durch und übertragen Sie sie auf das Brett – oder entwerfen Sie ein Muster nach ihren eigenen Vorstellungen. Natürlich können Sie das Brett aber auch einfach glatt lassen und lediglich die Kanten abrunden.

10 Ist das Brettchen zum regelmäßigen Gebrauch gedacht, sollten Sie es überhaupt nicht behandeln. Gereinigt wird es mit einem feuchten Tuch, und gelegentlich sollten Sie es auch im Wasser abschrubben. Möchten Sie die Brettchen einlassen, ist mehrmalige Behandlung mit Pflanzenöl zu empfehlen.

Rechts: Ein stark abgenutzter Metzgerblock als Thekenplatte in einer englischen Küche: Mit seiner zerklüfteten Oberfläche steht er in deutlichem Kontrast zu den darunter aufgehängten, blankgescheuerten Brettchen – mehr aber noch zur glatten und polierten Erscheinung des Windsor-Stuhls mit doppelbogiger Rückenlehne.

WAND-
SCHRÄNKCHEN

Um allerlei häuslichen Krimskrams zu verstauen, waren einst an der Wand befestigte Kästchen sehr beliebt. Daneben trugen einfache, offene Regale dazu bei, die Arbeitsflächen und -tische freizuhalten; in ihnen konnten aber auch edlere Schaustücke, das kostbarste Geschirr oder andere Wertgegenstände der Familie ausgestellt werden. Ergänzt wurde dieses Möbelrepertoire in vielen Haushalten durch Wandschränkchen in der Art des unten abgebildeten. Sie konnten in jedem Raum sinnvoll genutzt werden. In der Küche beispielsweise verstaute man darin Küchenutensilien oder verpackte Lebensmittel, Konserven und Gewürze; im Bad ist ein ähnliches Schränkchen ideal zur Aufbewahrung von Medikamenten, und im Wohnzimmer waren darin häufig Bücher, wichtige Papiere und Dokumente oder auch Likörflaschen untergebracht. Falls notwendig, konnte man sehr einfach auch ein Schloß anbringen, insbesondere wenn Medikamente oder Alkohol sicher verwahrt werden sollten. Waren die Schränke für Lebensmittel gedacht, hatten die Türchen häufig Löcher oder einen Einsatz aus gelochtem Blech, damit die Frischluftzufuhr gewährleistet war.

Die Bezeichnung »Wandschränkchen« meint offensichtlich einen an die Wand gehängten Kasten, weswegen häufig auch der Begriff »Hängeschränkchen« verwendet wird. Ist von einer geschlossenen Ausführung die Rede, wird auf das Vorhandensein einer Tür hingewiesen – ein heute ziemlich überholter Zusatz, denn im modernen Sprachgebrauch um-

faßt die allgemeine Bezeichnung »Schrank« Möbelstücke unterschiedlicher Art, die mit Türen ausgestattet sind. Das war aber nicht immer so. In seinen Anfängen, die im Mittelalter liegen, bestand der Schrank aus einem konsolengestützten Brett oder Bord, auf dem während des Essens die Trinkgefäße standen. Ausgehend von dieser Gepflogenheit entwickelten sich dann zeitgleich Anrichte und Büfett als neue Möbeltypen.

Enger verwandt mit dem modernen »Schrank« war hingegen der »aumbry« oder »armoire«. Damit war ein kastenartiges Gehäuse mit Fachböden und, wichtiger noch, einer Tür gemeint. Ursprünglich wurden diese Möbel in einer Wandnische eingebaut, im späten Mittelalter entwickelten sich dann bereits freistehende Versionen. Diese erfüllten im säkularen, aber auch sakralen Bereich unterschiedliche Aufgaben. Ein Modell beispielsweise hatte eine Tür mit Lüftungslöchern; in den Schrank wurden die täglichen Essensrationen der Bediensteten und des Haushaltspersonals gestellt.

Für die frühen Siedler des kolonialen Amerika war ein verschließbarer Schrank zur Aufbewahrung von Lebensmitteln sehr wichtig. Der Entwurf für das beschriebene Wandschränkchen – das für ein ländliches Möbelstück vergleichsweise detailliert und aufwendig gearbeitet ist – basiert auf einem Modell, das angeblich um 1750 in Pennsylvania entstanden sein soll.

Links: »Platz für alles, und alles an seinem Platz« – so lautet das Credo eines guten Kochs, der auch davon überzeugt ist, daß es niemals zu viele Schränke und Schubladen in einer fleißig genutzten Küche geben kann. Die schlichte Ausführung dieses Wandschranks verweist deutlich auf seine ländliche Herkunft.

Oben: Farbig gestrichen und mit Gebrauchsspuren, wird dieses fein gearbeitete Wandschränkchen seinen Platz in jedem Bauernhaus, in jeder Landhausküche, finden – obwohl so elegante Details wie das Gesims und die Füllungstür für die meisten wirklich ländlichen Schränkchen nicht gerade typisch sind.

Stufe 3:
Fortgeschrittene

Fertigmaße:
686 x 508 x 229 mm

Material:
Fichte

Holzliste:
Kasten
2 Seiten
660 x 178 x 19 mm

1 Oberteil
457 x 178 x 19 mm

1 Boden
457 x 178 x 19 mm

1 Fachbrett
457 x 171 x 19 mm

1 Rückseite
660 x 483 x 10 mm

Frontrahmen
2 Längsfriese
660 x 76 x 19 mm

2 Querfriese
406 x 76 x 19 mm

1 Mittelfries
406 x 76 x 19 mm

Tür
2 Längsfriese
381 x 76 x 19 mm

2 Querfriese
254 x 76 x 19 mm

1 Füllung
254 x 203 x 12 mm

Schublade
1 Vorderstück
330 x 76 x 12 mm

2 Seiten
178 x 76 x 12 mm

1 Hinterstück
330 x 64 x 12 mm

1 Schubladenblende
343 x 89 x 12 mm

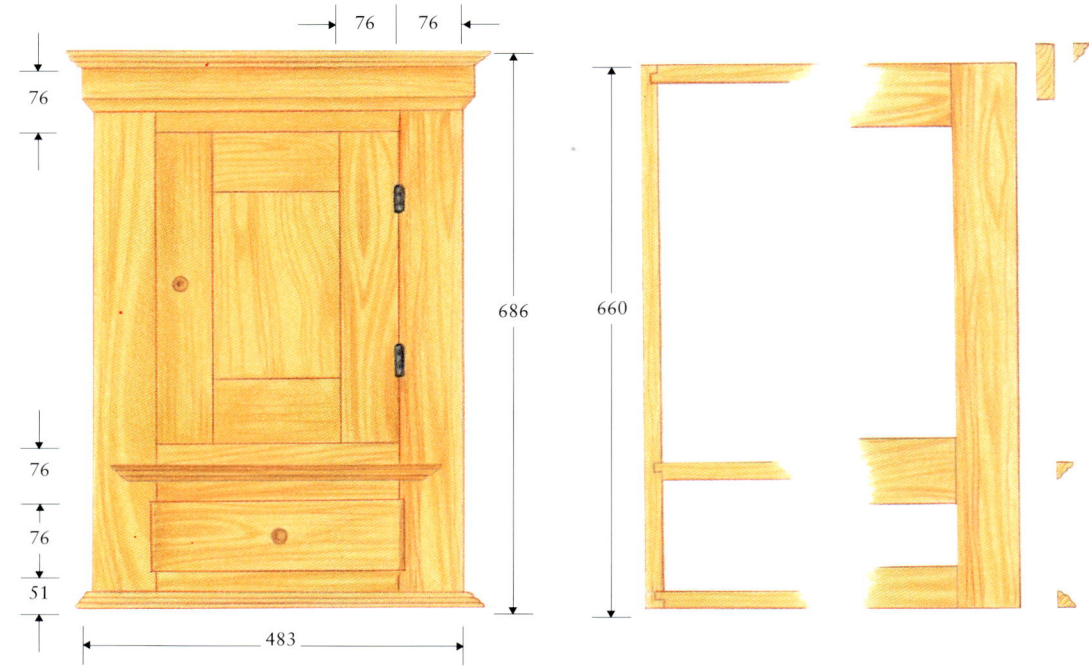

1 Boden
305 x 178 x 6 mm

4 Führungsleisten
178 x 12 x 12 mm

2 senkrechte Zwischenstücke
178 x 140 x 12 mm

Gesims
1 Frontleiste
533 x 76 x 19 mm

2 Seitenleisten
229 x 76 x 19 mm

1 profilierte Leiste
etwa 2743 x 19 x 19 mm

Alle Maße sind in Millimetern angegeben.

Arbeitsanleitung:

1 Stellen Sie das benötigte Material zusammen und schneiden Sie die Bauelemente nach den angegebenen Maßen zu. Achten Sie darauf, daß alle Schnittflächen gerade sind und sauber aussehen (nähere Hinweise siehe S. 137). Zusammengehörige Teile – z. B. Schubladenelemente, Kastenelemente etc. – zusammenlassen.

2 Gegebenenfalls beginnen Sie damit, schma-

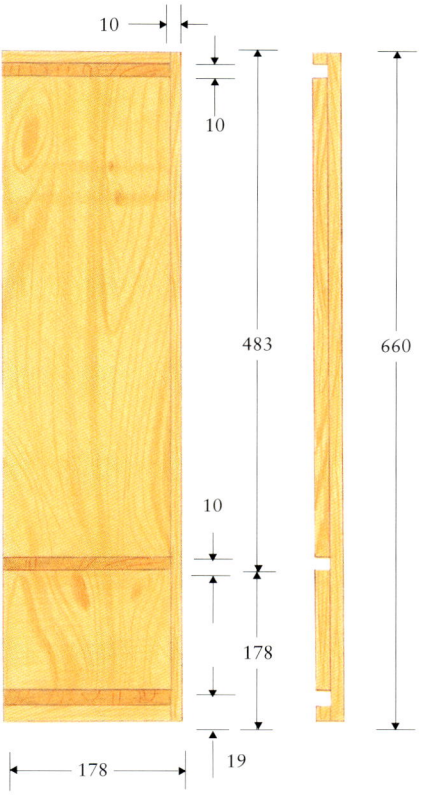

lere Bretter in der Breite zu verleimen. Dazu die Einzelteile vorher entsprechend zuhobeln.

3 Dann wird der Kasten gebaut. Reißen Sie an den Seiten jeweils drei 6 mm tiefe Nuten an, in denen das obere Brett, der Fachboden und der Boden befestigt werden. Schneiden Sie diese zu und bilden Sie an den Längsseiten jeweils einen 10 mm breiten Falz für die Rückseite des Kastens (nähere Erläuterungen siehe S. 142).

4 Setzen Sie den Kasten probeweise zusammen und überprüfen Sie, ob alles gerade und rechtwinklig ist. Wieder auseinanderbauen und alle Arbeitsspuren beseitigen.

5 Jetzt wird der Kasten verleimt. Überprüfen Sie nochmals, ob er gerade ist und spannen Sie ihn zum Trocknen mit Spannknechten zusammen.

6 Für den Frontrahmen werden Schlitz- und Zapfenverbindungen ausgearbeitet (nähere Hinweise dazu siehe S. 144). Zunächst überprüfen Sie die Länge der Einzelteile. Der Rahmen darf etwas größer sein als der Kasten, damit er später paßgenau zugehobelt werden kann.

7 Stemmen Sie dann die Schlitze in den Längsfriesen aus und sägen Sie dann die entsprechenden Zapfen an den Enden der Querfriese zu. Da alle Elemente 19 mm dick sind, haben Schlitze und Zapfen eine Stärke von 6 mm.

8 Kontrollieren Sie jeweils einzeln, ob die Verbindungen gut passen. Dann bauen Sie den gesamten Rahmen, noch ohne ihn zu verleimen, zusammen und überprüfen, ob er gerade ist. Auseinanderbauen und die Flächen nachschleifen.

9 Jetzt wird der Frontrahmen verleimt. Zum

Trocknen spannen Sie ihn mit Spannknechten zusammen. Arbeiten Sie vorsichtig, damit er sich nicht verzieht.

10 Die Tür besteht aus einem genuteten Rahmen, in dem die Füllung sitzt. Für die Rahmenecken werden an den Querfriesen abgesetzte Nutzapfen gebildet. Auch der Türrahmen sollte etwas größer sein als eigentlich geplant, damit die Möglichkeit besteht, ihn exakt in die Öffnung einzupassen.

11 Stemmen oder fräsen Sie an der Innenseite aller vier Rahmenelemente eine 6 mm breite und 6 mm tiefe Nut für die Füllung (nähere Erläuterungen siehe S. 142).

12 Dann markieren Sie die Schlitze an den Längsfriesen und stemmen sie aus.

13 An den Enden der Querfriese werden nun die abgesetzten Nutzapfen zugesägt. Der Grat des Zapfens muß genau in das Endstück der Nut an den Längsfriesen passen (Erläuterungen zu Nuten und Verbindungen siehe S. 142).

14 Testen Sie jeweils einzeln, ob die Verbindungen passen, und bauen Sie den Türrahmen probehalber zusammen.

15 Jetzt können Sie die Öffnung für die Türfüllung ausmessen. Geben Sie in Breite und Höhe

10 mm zu, damit die Füllung ringsum in die Rahmennut paßt. Dann bauen Sie den Türrahmen wieder auseinander.

16 Schneiden Sie die Füllung mit den in Schritt 15 gefundenen Maßen zu. Hobeln Sie wie gezeigt eine breite Fase rings um die Füllung an und kontrollieren Sie, ob diese überall in die Rahmennut paßt.

17 Setzen Sie Rahmen und Füllung – mit der gefasten Seite nach außen – zusammen. Über-

prüfen Sie, ob alles gerade ist, bauen Sie die Tür wieder auseinander und beseitigen Sie alle Arbeitsspuren.

18 Nun bauen Sie die Tür endgültig zusammen. Der Türrahmen wird verleimt, die Füllung nur eingesetzt. Den Rahmen mit Spannknechten zusammenspannen und alles nochmals kontrollieren.

19 Dann wird der Frontrahmen auf den Kasten geleimt und festgenagelt. Die Nagelköpfe unter die Oberfläche treiben und die Löcher auffüllen. Den überstehenden Rand des Rahmens hobeln Sie ab.

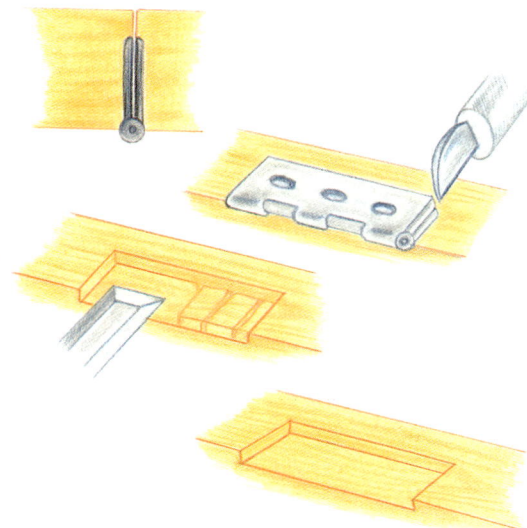

20 Setzen Sie die fertige Tür in den Frontrahmen ein und passen Sie sie so an, daß sie straff in der Öffnung sitzt. Dann wird die Position der Scharniere angezeichnet. Stemmen Sie entsprechend die Vertiefungen dafür aus. Noch einmal überprüfen und dann die Tür einhängen.

21 Der Bau der Schublade wird vereinfacht, weil alle vier Ecken mit offener Zinkung gearbeitet sind. Die vorgesetzte Schubladenblende

verdeckt die Verbindung an der Frontseite und erübrigt die Stoppklötze.

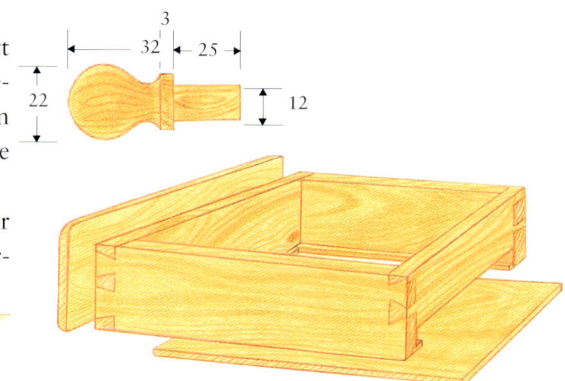

22 Schneiden Sie das Vorderstück passend für die Öffnung zu. In der Länge übernehmen Sie das Maß auch für das Hinterstück, die Seiten gleichen Sie in der Höhe dem Maß des Vorderstücks an. Achten Sie darauf, daß die Hirnholzflächen gerade sind und markieren Sie, welche Teile zusammengehören.

23 Dann reißen Sie die Schwalbenschwänze an den Seitenenden an und sägen Sie aus (nähere Hinweise siehe S. 143).

24 Mit den Schwalbenschwänzen als Schablone reißen Sie nun die Zinken an Vorder- und Hinterstück an.

25 Auch die Zinken sägen Sie aus (nähere Hinweise siehe S. 143) und prüfen einzeln, ob die Verbindungen zusammenpassen. Vermeiden Sie aber zu häufiges Einfügen und wieder Herausnehmen.

26 Bauen Sie die Schublade zusammen und überprüfen Sie, ob sie rechtwinklig ist. Wieder auseinandernehmen, gegebenenfalls noch korrigieren und vor dem nächsten Arbeitsschritt die Oberflächen schleifen.

27 Die Schublade verleimen, nochmals überprüfen und zum Trocknen mit Spannknechten zusammenspannen. Nach dem Trocknen überschüssigen Leim an den Verbindungsstellen entfernen.

28 Passen Sie den Schubladenboden so ein, daß die Holzfasern quer, von Seite zu Seite, verlaufen. Er liegt auf schmalen Leisten an der Unterkante von Vorderstück und Seiten und wird nicht verleimt. An den Stellen, wo er über das Hinterstück hinausragt, nageln Sie ihn mit Drahtstiften fest.

29 Verleimen Sie dann die Schubladenblende, so daß sie an allen vier Seiten gleichmäßig übersteht, und nageln Sie sie fest. Die Nagelköpfe werden unter die Oberfläche getrieben, die

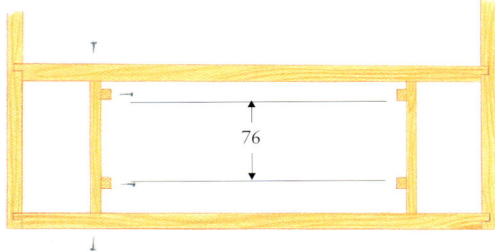

Löcher mit Holzkitt oder einer Leim-Sägemehl-Mischung aufgefüllt. Wenn der Leim ganz getrocknet ist, runden Sie die Vorderkanten ab.

30 Die Schublade läuft zwischen senkrechten Zwischenstücken und Führungsleisten, die wie oben gezeigt befestigt werden.

31 Nun werden die Gesimsteile in der entsprechenden Länge und an den Enden auf Gehrung zugeschnitten. An der Unterkante jedes Elements hobeln Sie über 12 mm eine Schräge an.

32 Überprüfen Sie, ob die drei Teile passen und leimen Sie das Gesims oben auf. Festnageln.

33 Jetzt schneiden Sie die Profilleiste als oberen und unteren Abschluß des Schränkchens auf Gehrung zu. Paßgenauigkeit überprüfen, verleimen und mit kleinen Drahtstiften festnageln. Genauso verfahren Sie mit dem Zierprofil in der Mitte der Schrankfront.

34 Schneiden Sie die Rückseite des Schränkchens in der Größe zu und nageln Sie sie mit Drahtstiften ringsum in dem dafür vorgesehenen Falz fest.

35 Für Schubladen- und Türgriffe – gekauft oder selbst gefertigt – passende Löcher bohren und einleimen.

36 Das originale Wandschränkchen ist matt blau gestrichen – über zahlreiche frühere Farbschichten. Hinweise zur »antiken« Oberflächenbehandlung finden Sie auf S. 146/147.

Rechts: Wandschränkchen gibt es in allen Formen und Größen – von raffiniert ausgearbeiteten bis hin zu ganz schlichten Konstruktionen. Dieses lange, schmale Schränkchen aus Fichtenholz hat eine einfache Brettertür und einen ungewöhnlichen Giebelaufsatz.

Schlafzimmer & Bad

Schlafzimmer

Um die behagliche Intimität eines Schlafzimmers im Landhausstil zu gestalten, gibt es grundsätzlich nicht allzu viele Möglichkeiten. Alte Fichtenholzmöbel – im Originalzustand, abgelaugt und frisch gewachst oder in den für ländliche Gegenden typischen »erdigen« Tönen gestrichen –, aber auch die glänzende Patina polierten Eichen-, Kirschbaum- oder Buchenholzes passen hervorragend zu farbigen Textilien und Tapeten, Bettzeug und Vorhängen mit naturalistischen Motiven.

Bis zum Beginn des 18. Jahrhunderts gab es das Schlafzimmer in der Form, wie wir es heute kennen, noch nicht. Die Schlafgelegenheiten in den ärmeren Cottages – unter den Dachschrägen eingerichtet – waren klein, dunkel und in der Regel nur mit Bett und Stuhl möbliert. In wohlhabenderen Häusern standen den Familienmitgliedern relativ großzügige Räume zur Verfügung. Dies bot Gelegenheit, ein paar zusätzliche, meist in anderen Räumen nicht mehr benötigte Möbel aufzustellen, so daß sich hier etwas mehr Kreativität entfalten konnte. Unsere Vorstellung von einem Schlafzimmer in ländlichem Stil bezieht sich also nicht auf die bescheidenen Cottages, sondern hat sich aus den Einrichtungen in wohlhabenderen Haushalten entwickelt, von denen sich auch mehr Beispiele erhalten haben.

BETTEN

Wichtigstes Möbelstück des Schlafzimmers ist zweifellos das Bett. Es kann eine einfache Bettstatt aus Holz sein, ein Kastenbett oder vielleicht auch ein altes Unterschieb- bzw. Rollenbett. Solche Modelle wurden ursprünglich unter die Betten der bessergestellten Schläfer geschoben und bei Bedarf – z. B. für Bedienstete oder ein Kind – herausgerollt. Das »Schlittenbett«, eine skandinavische Weiterentwicklung des Kastenbetts, bringt einen Hauch von Exotik in ländlich gestaltete Schlafräume, während die absolut streng und funktional ausgerichteten Adirondack-Betten aus gebogenem Astholz rustikale Landhausatmosphäre vermitteln. An Kopfteilen waren zurückhaltende Dekorationen, wie Schnitzereien, ausgesägte Motive oder Schablonenmalerei, nicht unüblich. Aber auch etwas verspieltere Formen, beispielweise mit gedrechselten Pfosten, wie sie die für Pennsylvania typischen Betten aufweisen, fügen sich gut in das Landhaus-Schlafzimmer ein. Dasselbe gilt für ein schlichtes Bett mit vier Eckpfosten.

Oben links: Ein schönes Beispiel für den Typus mit vier zu Pfosten verlängerten Beinen ist dieses um 1820 in Massachusetts entstandene Bett.

Unten links: In diesem ländlichen Schlafraum bilden das Bett mit gedrechselten Beinen und Quersprosse, die Kommode und das Hängeregal die einzigen Ausstattungselemente.

Rechts: Das rustikale Bett aus Astholz, typisch für die Gegend von Adirondack, verleiht dem Raum, zusammen mit dem farbenprächtigen Quilt, seine ländliche und behagliche Atmosphäre.

REGALE, TRUHEN, KOMMODEN

Weitere Überlegungen sollte man in Hinblick auf Unterbringungsmöglichkeiten für Kleidung und andere Gebrauchsgegenstände im Schlafzimmer anstellen. Regale erfüllen diesbezüglich einen praktischen Zweck und wirken darüber hinaus auch sehr dekorativ; insbesondere die typischen Hängeregale der Shaker sind sehr vielseitig zu verwenden. Zum Verstauen des Bettzeugs erweist sich auch der traditionelle Bettkasten bzw. die Truhe, in der man von Kleidungsstücken bis hin zu sauberer Bettwäsche einfach alles unterbringen konnte, als ungemein praktisch. Wird die Truhe wie früher üblich am Fußende des Bettes aufgestellt, steigert sich ihr Beitrag zur Gestaltung des ländlichen Schlafraums erheblich. Für den Bettkasten ist Fichtenholz sehr beliebt, aber auch andere Holzarten sind durchaus geeignet, insbesondere wenn die natürliche Oberflächenstruktur beispielsweise durch einen Klarlacküberzug sichtbar bleiben soll. Weniger schön gezeichnetes Holz kann einfarbig gestrichen, bemalt oder etwa nach Art der pennsylvanischen Mitgifttruhen verziert werden.

Selten sind Möbel, die in irgendeiner Form Staumöglichkeiten bieten, in einem Landhaus auf einen bestimmten Raum fixiert, und so können auch einfache Kommoden bzw. deren aufwendigere Versionen mit Regal- oder Schrankaufsatz genauso gut im Schlafzimmer wie anderswo auftauchen. Als Weiterentwicklung der Truhen entstand die Kommode – durch Einführung einer Rahmenkonstruktion, mit der die Öffnung für eine Schublade am Truhenboden möglich wurde. Der offensichtliche Vorteil, die Schublade über dem Kasten anzubringen, führte dann schnell zu einem neuen Möbeltypus, der Kommode, bei der der gesamte Rahmen mit Schubladen ausgestattet ist. In der Folge erlebte die Kommode noch eine Aufstockung in Höhe und Anzahl der Schubladen. Auf der Basis dieser Grundmodelle kam es zu einer Vielzahl an Stilvarianten. Ländliche Exemplare sind im allgemeinen sehr solide aus Fichte, Eiche oder Kirschbaum gebaut. Meist haben die Kommoden drei, vier oder fünf Schubladen.

Spezielle Frisierkommoden mit schwenkbarem Spiegel gehören in die Sparte relativ neuzeitlicher Schlafzimmermöblierung und sind im Rahmen einer Ausstattung im Landhausstil zumeist fehl am Platz.

Links: Auch Möbel aus unterschiedlichen Kulturen und Regionen können in ländlich gestalteten Räumen sehr attraktiv wirken. Der blau gestrichene Schrank aus Mexiko und der rote Schemel aus Jamaika verleihen diesem Schlafzimmer in Neu-England mit ihren leuchtenden Farben eine frische Note.

Oben rechts: Eine alte Kommode, auf der besonders schöne Stücke ausgestellt werden: In solchen ungezwungenen Stilleben konzentriert sich das Lebensgefühl im Landhausstil ausgestatteter Räume.

Unten rechts: Ganz wie es früher gehandhabt wurde, dient hier ein kleines Tischchen anstelle eines speziell dafür gedachten Möbelstücks als Frisierkommode.

Ziehen Sie statt dessen vielleicht ein Tischchen in Betracht, auf dem ein separater Spiegel steht oder über dem der Spiegel an der Wand befestigt wird. Auch ein Waschtisch aus Holz, üblicherweise mit einer Marmorplatte und ausgestattet mit einer passenden Waschgarnitur – Krug und Schüssel –, ist eine stilgerechte Alternativlösung.

KLEIDERSCHRÄNKE

Kleiderschränke waren wohl zuerst in Kirchen bzw. Sakristeien zum Aufhängen der wertvollen liturgischen Gewänder in Gebrauch; erst seit dem 19. Jahrhundert sind sie allgemein auch in privaten Haushalten anzutreffen. Zuvor war es eher üblich, die Kleidungsstücke zusammengefaltet in Kommoden aufzubewahren. Wurden sie doch einmal aufgehängt, geschah dies normalerweise in einer mit einem Vorhang geschlossenen Nische oder vielleicht in einem eingebauten Wandschrank. Im Mittelalter hingen Kleidungsstücke manchmal an einem Kleiderbrett, das an der Wand befestigt wurde und in der Art den später von den Shaker verwendeten Hakenleisten nicht unähnlich war. Aber auch zu dieser Zeit bediente man sich im allgemeinen großer Truhen.

Freistehende Kleiderschränke sind häufig sehr ausladende Möbelstücke, und selbst wenn es Ihnen gelingt, einen derartigen Riesen in ein Landhaus-Schlafzimmerchen zu quetschen, wirkt er mit größter Wahrscheinlichkeit überdimensioniert und erdrückend. Besser lassen Sie einen großen Schrank daher auf dem Vorplatz oder in der Diele – so wie es auch früher gern gehandhabt wurde. Wenn Sie Wert darauf legen, finden

Oben und rechts: Der mit prächtigen Schnitzereien verzierte Kleiderschrank oben stammt aus Frankreich; heute ist er in einem Haus in Connecticut aufgestellt. Rechts ein süddeutscher Bauernschrank aus dem späten 18. Jahrhundert, dessen Bemalungen stark an pennsylvanische Arbeiten derselben Zeit erinnern.

Sie mit etwas Ausdauer aber bestimmt einen passenden Schlafzimmerschrank, denn grundsätzlich gibt es sie in allen Größen.

In Nordeuropa und Skandinavien waren ländliche Schränke sehr häufig in kräftigen Naturfarben von Hand oder mit Schablonen bemalt, wobei Blüten und Blätter zu den beliebtesten Motiven gehörten. Andere zeichneten sich durch reiche Profilierungen und Gesimse oder aufwendige Schnitzereien aus. Solche bäuerliche Kunst, die mit den neuen Siedlern nach Amerika importiert wurde, bildete dort die Grundlage für die Entwicklung der regionalen Stile.

KINDERZIMMER

In frühen Inventaren werden gelegentlich Kindermöbel wie Wiegen, Stühlchen oder auch Laufställe erwähnt, und bis heute haben sich zahlreiche Beispiele, einschließlich kleiner Bettchen, aus dem 17. Jahrhundert erhalten. Meist jedoch waren Kindermöbel in Gemeinschaftsräumen integriert, denn bis ins späte 18. Jahrhundert waren eigene Schlafzimmer für die jüngeren Familienmitglieder eine Seltenheit.

Der früheste eigene Raum war das Kinderzimmer, in dem Kinder, d. h. diejenigen der begüterten Familien, Tag und Nacht in die Obhut von Ammen oder Kindermädchen gegeben waren. Kinder wurden wie Erwachsene gekleidet und sogar beim Spielen auf das Erwachsensein vorbereitet: Denn in einer Zeit, in der man sich hauptsächlich zu Pferd fortbewegte, war das Holzschaukelpferd nicht nur ein Spielzeug. (Die meisten frühen Spielzeuge waren aus Holz; ganz alte Beispiele sind Raritäten und damit auch begehrte und gesuchte Sammelobjekte.) Ähnlich wurden – mit wenigen Ausnahmen wie der Wiege – auch Kindermöbel einfach als verkleinerte Erwachsenenversion gebaut. Sogar die Betten mit vier Pfosten gab es in Kindergröße.

Den Höhepunkt ihrer Beliebtheit scheint die speziell angefertigte und über einen längeren Zeitraum bewahrte Kinderzimmermöblierung im englischen Bürgertum Ende des 19. bis ins 20. Jahrhundert erlebt zu

haben; damals war eine große Kinderschar die Norm. Zu jener Zeit ist aber ein Wandel in der Kindererziehung und damit verbunden auch in der Organsisation des Kinderzimmers, d. h. bei Ausstattung und Möblierung von Jungendzimmern überhaupt, festzustellen.

Heute stellt die Kinderzimmermöblierung keine dauerhafte Einrichtung mehr dar. Während der ersten Kinderjahre wird der Raum hauptsächlich als Schlafzimmer genutzt, später wird dieses Schlafzimmer den Bedürfnissen des Kindes angepaßt.

Allen Moden und Zeitläuften erfolgreich getrotzt hat die Wiege für die Kleinsten. Jahrhundertelang war sie in den Hütten der ärmsten Arbeiter, aber auch in den wohlhabendsten Familien in Gebrauch, und genauso vielseitig entwickelte sich auch das Formenrepertoire: von den ersten geflochtenen Körbchen bis hin zum gotischen Schaukelbett. Verbreiteter ist der Typus wie er auf S. 121 bis 123 beschrieben ist – und zwar etwa seit Beginn des 17. Jahrhunderts.

Die frühesten Wiegen waren so bemessen, daß Kinder bis ins Alter von zwei oder drei Jahren darin schlafen konnten. Danach zogen sie in ein kleines Bett mit seitlichen Rahmen um, dessen Form seit der Chippendale-Zeit bekannt ist. Damals, das heißt also Mitte des 18. Jahrhunderts, hatte dieses Bett hochklappbare Seitenteile, heute werden Schiebeelemente bevorzugt.

Für schon ältere Kinder waren die bereits beschriebenen Unterschiebbetten auf Rollen (siehe S. 106) sehr beliebt und häufig in Kinderzimmern anzutreffen – insbesondere in ländlichen Gegenden. Eine weitere praktische Lösung stellten in Nischen eingebaute Betten dar, die im Unterbereich für wertvollen Stauraum genutzt werden können. Ähnlich wie Schiffskojen gebaut, haben sich daraus die modernen, bei Kindern äußerst beliebten doppelstöckigen Betten entwickelt – eine platzsparende Möblierungsvariante für kleine Schlafzimmer.

Spielzeugkisten werden von Kindern über Jahre hinweg gerne genutzt. Sie sorgen für Ordnung und viel Platz am Boden zum Spielen. Für

Unten links: Gemütlich wie eine Schiffskoje: Dieses Kinderbett unter der Dachschräge eines Bauernhauses in Suffolk, England, ist passend zur Wand- und Deckenverschalung aus Fichtenholz angefertigt. Schubladen unter dem Bett und die Hakenleiste darüber sorgen für Ordnung.

Oben links und oben: Einfache Holzspielzeuge erinnern charmant an Kindertage auf dem Land (links oben). Deutlich ablesbar sind jahrelanger Gebrauch und die Freude an ihnen. Als Kiste für ein paar selbst gemachte Stoffspielzeuge und -puppen wurde dieser ungenutzte Messerkasten (oben) zu neuem Leben erweckt.

bestimmte Aktivitäten und Spiele können Kinderstühlchen und Tische eine Bereicherung sein.

Vielleicht möchten Sie statt neuer oder speziell angefertigter Möbel lieber gebrauchte Möbel verwenden. Mit einem sauberen Anstrich in ländlichen Farben oder mit einem Schutzüberzug, z. B. Klarlack, werden die Kinder auch daran ihre Freude haben. Achten Sie bei stark gebrauchten Möbeln aber auf eventuell abgesplitterte Stellen, insbesondere wenn sie aus Sperrholz angefertigt sind.

Badezimmer

Falls Sie allein schon bei Erwähnung eines ländlich gestalteten Bads kleine Nebengelasse, kalte Böden, bestoßenes Email und rauschende, launisch reagierende Rohre vor sich sehen: Verzweifeln Sie nicht! Es gibt Möglichkeiten, Komfort und Errungenschaften des 20. Jahrhunderts mit dem Charme des 19. zu verbinden. Das Badezimmer gehört zwar häufig zu den Räumen eines Hauses, denen weniger Aufmerksamkeit geschenkt wird, aber gerade hier können Sie kreativen Ideen freien Lauf lassen.

MÖGLICHKEITEN MIT HOLZ

Wahrscheinlich wird Ihr Badezimmer – außer es ist sehr großzügig bemessen – im eigentlichen Sinn des Wortes nur wenige Möbelstücke enthalten. Üblicherweise besteht die Ausstattung aus einem Wandschränkchen, einigen Regalfächern, einem Hocker oder vielleicht auch einem kleinen Stuhl. Um ländliche Atmosphäre zu schaffen, ist Holz das geeignete Material, und Sie könnten damit beginnen, Wände und Decken mit Holz zu verkleiden und Badezimmeraccessoires daraus anzufertigen.

Eine komplette Holzverschalung einschließlich Holzboden – oder an den Wänden nur bis zur Hälfte – erzielt sofort die gewünschte Wirkung. Ursprünglich verkleidete man damit grobe Naturstein- und Ziegelwände und nebenbei wirkt Holz bis zu einem gewissen Grad auch isolierend, weil es die Kondensationstemperatur wesentlich reduziert.

Heute bezieht man in die Holzverschalung häufig auch den Unterbau der Badewanne mit ein, wodurch außerdem die Rohrleitungen verkleidet sind – die ja gewöhnlich nicht zu den Attraktionen eines Badezimmers zählen. Für die Verschalungen sind Nut- und Federbretter aus Fichte sehr gut geeignet; versiegelt man zudem ihre Oberfläche vorzugsweise durch einen Anstrich mit Ölfarben oder Lack, erhöht sich die Lebensdauer der Holzflächen nicht unwesentlich und sie sind leichter zu reinigen.

Eine besondere Attraktion für Ihr ländliches Badezimmer könnte ein naturbelassener Holzboden sein – belegt z. B. mit einem bunten Fleckenteppich, der für Auflockerung und größeren Komfort sorgt. Wenn Sie darunter eine rutschfeste Matte legen oder befestigen, wird er auch auf hochglanzpolierten Oberflächen nicht verrutschen. Sind Kinder im Haus, besteht natürlich die Gefahr, daß beim Baden mehr Wasser auf dem Boden landet als in der Badewanne. In diesem Fall ist beispielsweise eine Korkmatte aus Eichenrinde die bessere und dauerhaftere Lösung.

MÖBEL UND ACCESSOIRES

Ein Handtuchhalter aus Holz sieht in einem Landhaus-Badezimmer immer gut aus – insbesondere wenn es ein freistehender ist. Zur Grundausstattung gehört nach allgemeiner Ansicht ein Wandspiegel, wobei ein breiter Holzrahmen ausgesprochen attraktiv wirkt. Durch große oder besser noch mehrere geschickt installierte Wandspiegel kann der Raum optisch vergrößert werden.

Wenn Sie sich den Luxus eines großen Badezimmers leisten können, besteht auch die Möglichkeit, ein paar Möbelstücke aus Holz zu integrieren. Solche Möbel müssen nicht neu bzw. in bestem Zustand sein. Mit einem neuen Anstrich, vielleicht in Farben, die sonst nirgendwo im Haus auftauchen, verschwinden die Spuren der Vergangenheit.

Links: Eine halbhohe Wandverschalung verdeckt das Natursteinmauerwerk in diesem Bad, das zu einer umgebauten Scheune in Kent (England) gehört. Die originale Badewanne aus dem 19. Jahrhundert hatte ursprünglich einen massiven Holzdeckel.

Oben: Die Brettertür mit vernagelten Querleisten und Streben ist aus Pitchpine, dem Holz der amerikanischen Sumpfkiefer, gemacht und stammt vom Abriß eines Industriegebäudes. Zur Zeit der industriellen Revolution im 19. Jahrhundert kam das Holz als Rückfracht mit Schiffen nach England, die Industrieerzeugnisse in die Vereinigten Staaten geliefert hatten.

SHAKER-REGAL &
HAKENLEISTE

Kein Buch über ländliche Holzarbeiten und -techniken wäre vollständig, ohne näher auf die Erzeugnisse der amerikanischen Shaker-Gemeinschaften einzugehen. Diese utopisch orientierte Glaubensbewegung mit der korrekten, aber ziemlich langatmigen Bezeichnung »The United Society of Believers in Christ's Second Appearence« entstand in Frankreich. Ende des 18. Jahrhunderts wurde sie von der Analphabetin Ann Lee, der Frau eines Schmieds aus Manchester, England, geleitet; beide waren 1774 in die Vereinigten Staaten emigriert. Bereits zwei Jahre später, also 1776, gründete Ann Lee die Muttergemeinde der Shaker in Niskayuna, etwa sieben Meilen von Albany, New York, entfernt.

Die Shaker, deren Name sich von ihrem bewegten rituellen Tanz ableitet, sind wegen ihrer schlichten und äußerst qualitätvollen Handwerkserzeugnisse weithin bekannt. Als Teil ihres Glaubens betrachteten sie Arbeit als eine Form religiöser Hingabe. Auf der Grundlage ihres strengen Glaubensbekenntnisses – »die Hände bei der Arbeit, die Herzen bei Gott« – schufen sie eine schlichte Schönheit in allem, was sie taten. Ihre Arbeiten sind geprägt von reinem Funktionalismus; Ornament und Zierat sah man als unnötiges »weltliches Gepränge« an. Auch die Möbel waren einfach, aber immer hervorragend proportioniert, und obwohl sie teilweise durch Einflüsse der Umgebung inspiriert waren, wurden diese verarbeitet, reduziert und so verfeinert, daß es zu einem einzigartigen, unverwechselbaren Shaker-Stil kam.

Unter verschiedenen handwerklichen Produkten wurden vor allem die edlen Möbel und andere Holzerzeugnisse der Shaker berühmt. Viele der führenden modernen Möbeldesigner und Innenarchitekten haben im Grundsatz die Reinheit ihrer Formen und ihres Stils übernommen.

In seiner ganz auf praktischen Nutzen ausgerichteten Form ist das abgebildete Hängeregal ein typisches Beispiel für die Arbeiten der Shaker. Solche Regale wurden für sämtliche Wohn- und Arbeitsräume angefertigt, und man benützte sie für persönliche Gegenstände, Küchenutensilien oder das bei der Arbeit benötigte Werkzeug. Bei aller Funktionalität wird doch aus dem Foto auch die zeitlose Schönheit dieses Möbelstücks deutlich.

Auch die Art der Aufhängung war gängige Shaker-Praxis. Standardmäßig wurden die Räume mit horizontal verlaufenden Hakenleisten ausgestattet. Diese liefen oft über die ganze Länge eines Raums oder ringsum durch und waren immer in gleicher Höhe angebracht; dadurch stellten sie in den Shaker-Räumen ein wichtiges soziales und gestalterisches Element dar. An den Holzhaken wurden Gegenstände aller Art aufgehängt und verräumt, und vielleicht kann man anhand dieser Leisten am deutlichsten erkennen, in welchem Maß sich die Shaker mit Ordnung und Sauberkeit auseinandersetzten. Die Hakenleisten wurden nicht nur permanent zum Aufhängen von Regalen, Kleidung, Körben u. v. m. genutzt, sondern dienten auch dazu, selbst größere Möbelstücke wie Stühle vorübergehend aufzuräumen – z. B. wenn der Boden geputzt wurde.

Oben: *Funktionalität in Verbindung mit schlichter Eleganz sind Gütezeichen der Shaker-Möbel. An den Hakenleisten kann praktisch alles aufgehängt und verräumt werden – vom Hängeregal bis hin zu einem Stuhl, der vorübergehend aus dem Weg geschafft werden muß.*

Rechts: *Nutzungsmöglichkeiten für die Haken nach typischer Shaker-Manier: Die ursprünglich von Hand gedrechselten Holzhaken hatten in den verschiedenen Shaker-Gemeinden oder -Dörfern jeweils andere Form.*

REGAL

Stufe 1:
Anfänger

Fertigmaße:
635 x 559 x 178 mm

Material:
Fichte, Kirschbaum, Buche

Holzliste:
2 Seitenteile
559 x 178 x 16 mm

3 Böden
635 x 178 x 16 mm

Die Vorlage für die Seitenteile finden Sie
auf S. 155.

HAKENLEISTE

Stufe 1:
Anfänger

Fertigmaße:
Haken
127 x 38 x 38 mm

Leiste
1219 x 89 x 19 mm

Material:
Haken
Kirschbaum, Eiche, Ahorn, Buche

Leiste
Fichte

Holzliste:
Haken
3 Teile der Maße 127 x 38 x 38 mm

Leiste
1219 x 89 x 19 mm

Alle Maße sind in Millimetern angegeben.

Arbeitsanleitung REGAL:

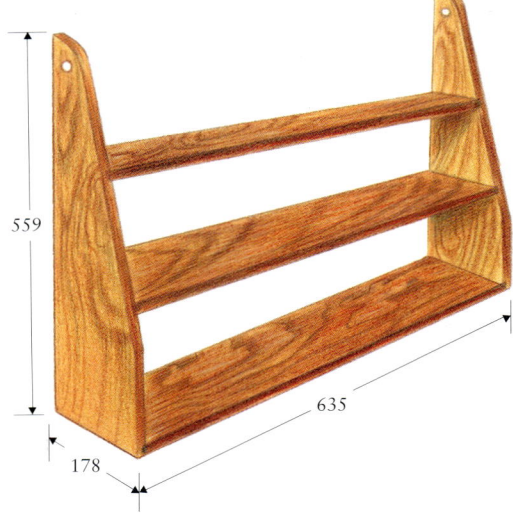

1 Hobeln Sie zunächst sämtliche Schnittflächen der Regalelemente glatt und verleimen Sie, falls Sie nur schmale Brettchen zur Verfügung haben, diese in der Breite (Hinweise dazu siehe S. 141). Achten Sie darauf, daß die Breite der Böden nach oben hin abnimmt: Der mittlere Fachboden ist etwa 152 mm, der obere etwa 127 mm breit.
2 Dann schneiden Sie alle Regalteile in der Länge genau zu. Wichtig ist, daß die Enden absolut gerade und rechtwinklig sind.
3 Je nach Zustand der Holzoberfläche hobeln oder schleifen Sie diese ab, so daß sie sich ganz glatt anfühlen.
4 Nun werden die beiden sich nach oben hin

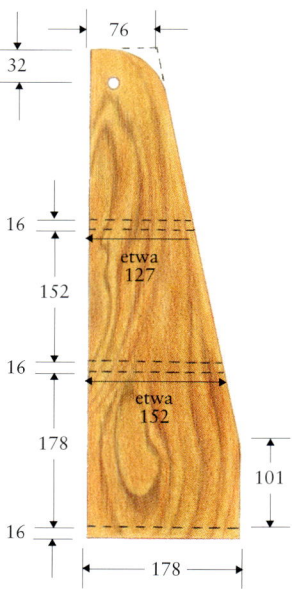

verjüngenden Seitenteile in ihrer Form zugeschnitten, die Sägekanten abgehobelt oder abgeschliffen.

5 Nach den Angaben in der Zeichnung markieren Sie dann die Lage der beiden Nuten für den mittleren und oberen Fachboden sowie den Falz für das untere Regalbrett. Messen Sie vorher sicherheitshalber noch einmal die Stärke der Fachböden nach, denn die beim Holzkauf angegebenen Maße müssen nicht unbedingt genau stimmen. Die Nuten werden etwas schmäler ausgestemmt oder -gefräst, damit die Fachböden später straff sitzen.

6 Jetzt stemmen Sie die Nuten und den Falz in der entsprechenden Breite und 6 mm tief aus (nähere Erläuterungen hierzu siehe S. 142).
7 Überprüfen Sie die Paßgenauigkeit. Falls notwendig, hobeln Sie die Böden an der Unterseite etwas ab.
8 Oben an den Seitenteilen bohren Sie an angegebener Stelle ein 6 mm starkes Loch für die Aufhängeschnur (Lederband). Legen Sie dabei ein übriges Holzstückchen unter, damit das Holz nicht splittert.
9 Setzen Sie dann das Regal, noch ohne es zu verleimen, zusammen und kontrollieren Sie, ob alles stimmt. Auseinanderbauen.
10 Dann wird es endgültig zusammengebaut und verleimt. Überprüfen Sie, ob alles rechtwinklig ist, und spannen Sie das Regal zum Trocknen gegebenenfalls mit Spannknechten zusammen. Überschüssigen Leim können Sie einfach wegwischen.
11 Der Boden des Regals, der durch einen Falz mit den Seitenteilen verbunden ist, sollte außerdem vorsichtig festgenagelt werden (Hinweise zum Nageln siehe S. 141). Wenn die anderen Verbindungen gut sitzen und zur Sicherheit gleichfalls vernagelt werden, ist es nicht unbedingt notwendig, die Regalteile mit Spannknechten zusammenzuspannen.

12 Das abgebildete Hängeregal aus Fichtenholz wurde zum Schluß noch eingelassen (Hinweise zu unterschiedlichen Methoden der Oberflächenbehandlung siehe S. 146/147).

Arbeitsanleitung HAKENLEISTE:

1 Normalerweise werden die Haken gedrechselt (die Maße sind angegeben). Einfache Formen können aber auch von Hand geschnitzt und abschließend mit Feile und Schleifpapier bearbeitet werden. Unter Umständen können Sie die Haken aber auch fertig kaufen.

2 Wenn Sie sie drechseln, spannen sie die Holz-

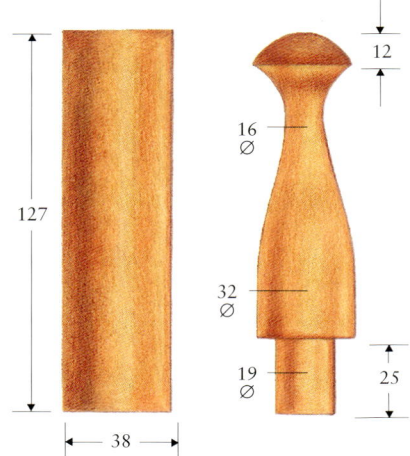

stücke zwischen den Drehbankspitzen ein oder befestigen sie in einem Spannfutter. Dann formen Sie sie wie gezeigt oder Ihren eigenen Vorstellungen entsprechend. Achten Sie darauf, daß der runde Zapfen die richtige Größe hat und nicht zu klein gerät.

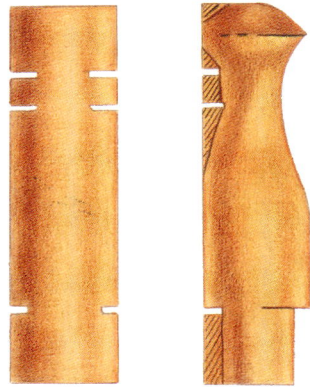

3 Formen Sie die Haken von Hand, wird zunächst wie gezeigt rundum eingesägt. Dann schneiden oder stemmen Sie erst einmal die grobe Form jedes Hakens zu, bearbeiten ihn dann weiter mit Raspel und Feile, bevor abschließend die Form durch Schleifen noch verfeinert wird.

4 Messen Sie den richtigen Durchmesser des runden Zapfens anhand eines Probelochs aus, das Sie mit entspechendem Durchmesser durch ein übriges Stück Holz bohren.

5 Bei fertig gekauften Haken messen Sie den Durchmesser der Zapfen und gehen dann zum nächsten Schritt über.

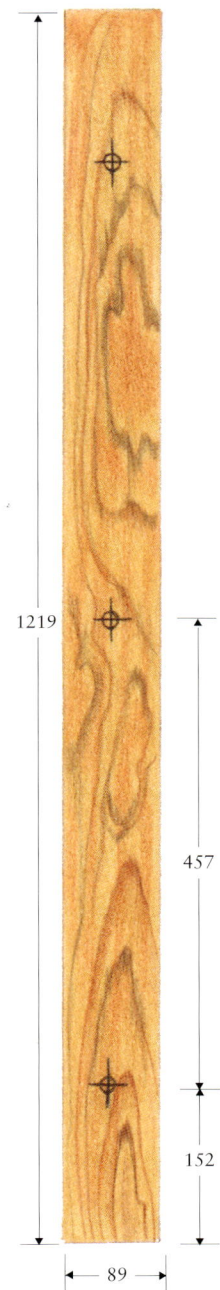

6 Nun wird die Position der Haken an der Leiste angezeichnet. An den markierten Stellen werden Löcher im Durchmesser von 25 mm (oder eben in entsprechender Größe) gebohrt. Bohren Sie in ein untergelegtes Stück Holz, damit die Leiste an der Unterseite nicht splittert.

7 Kontrollieren Sie, ob die Haken passen.

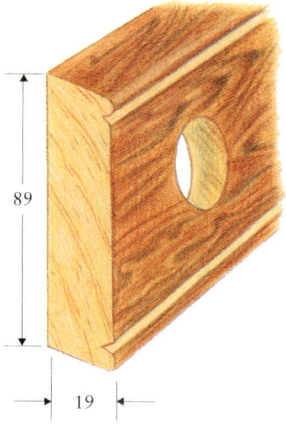

8 Dann hobeln oder schleifen Sie die Oberfläche der Leiste ab. Sie kann glatt bleiben oder mit einer einfachen Vorrichtung an der Kante entlang profiliert werden.

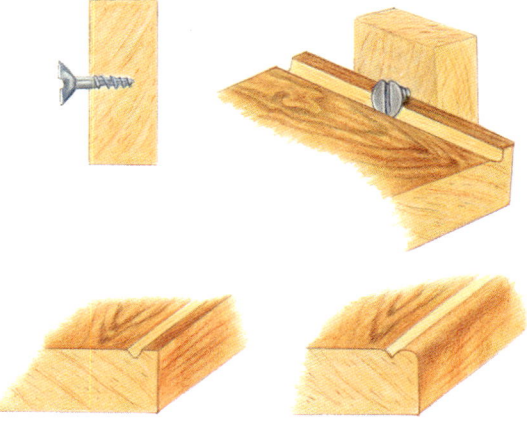

9 Wie in der Zeichnung oben gezeigt, können Sie ein geeignetes Werkzeug leicht aus einer Schraube und einem übrigen Holzklötzchen basteln. Zum Schluß runden Sie die Außenkanten mit einem kleinen Hobel ab.

10 Streichen Sie die Leiste in einer Farbe Ihrer Wahl. Achten Sie aber darauf, daß keine Farbe in die Löcher läuft, da sonst der Leim nicht mehr so gut haftet.

11 Die Haken werden mit Öl oder Klarlack eingelassen – mit Ausnahme des runden Verbindungszapfens.

12 Wenn Farbe und Lack getrocknet sind, verleimen Sie die Haken an der Leiste. Nachdem der Leim abgebunden hat, sägen Sie eventuell überstehende Zapfen an der Rückseite der Leiste bündig zu.

13 Die fertige Hakenleiste wird mit Schrauben an die Wand gebohrt. Versenken Sie die Schraubenköpfe, füllen Sie die Löcher auf und streichen Sie zum Schluß noch einmal darüber. Bei einer neuen Wand können die Leisten auch bündig in den Verputz eingelassen werden.

WIEGE MIT
DACH

Wiegen waren früher über alle sozialen Barrieren hinweg in sämtlichen Haushalten zu finden – von den ärmsten bis hin zu den wohlhabendsten Familien. Und weil sich mit ihnen Erinnerungen an die Kindheit verbinden und es Brauch war, sie von einer Generation an die nächste weiterzugeben, hatten sie häufig als Familienerbstück einen hohen Stellenwert – ungeachtet ihrer Herkunft und gleich welcher Qualität in Form und Ausführung. Leider haben sich die ältesten Wiegen, von denen wir wissen, nicht erhalten. Diese waren nicht aus Holz, sondern aus Stroh, Binsen, Weidenzweigen und anderem biegsamen Material in der Art eines Körbchens geflochten. So handelte es sich bei dem Weidenkörbchen, in dem nach biblischer Überlieferung Moses den Nil hinabtrieb, in Wirklichkeit wohl auch um eine Wiege.

Mit zu den frühesten europäischen Holzwiegen gehören einfache, offene Kastenformen. Diese wurden irgendwo im Haus zwischen zwei Pfosten gehängt und geschaukelt und kamen so mit dem oft feuchten und unhygienischen Boden nicht in Berührung. Im Laufe des 16. und 17. Jahrhunderts kam dieser Wiegentyp aus der Mode, scheint aber im frühen Georgian und später in England wieder zu neuer Blüte gelangt zu sein.

In der Zwischenzeit war das allgemein übliche Modell eine Wiege, die mit Schaukelkufen auf dem Boden stand, und dieser Typus hat bis heute nichts an Beliebtheit eingebüßt. Manche Beispiele waren aus einem Rahmen mit Füllungen konstruiert – wie die Truhen zur selben Zeit –, wobei die Kufen entweder mit den Endteilen zusammen aus einem Stück geformt waren oder unten auf Beine gesteckt wurden.

Am oberen Ende hatten die Eckpfosten häufig gedrechselte Knöpfe oder Verzierungen, über die man beim Schaukeln des Babys etwas hängen konnte und die offensichtlich auch zum Aufwickeln von Wolle praktisch genutzt wurden. An manchen alten Wiegen sind auch ringsum kleine Knöpfe angebracht, die wahrscheinlich dazu dienten, die Decken festzubinden. Im 17. Jahrhundert wurden die Wiegen vor allem aus Eichenholz, manchmal aber auch aus Buchen-, Ulmen- oder verschiedenen Obstbaumhölzern angefertigt. Häufig waren sie mit Schnitzereien verziert – z. B. stilisierte Blumen und geometrische Motive –, die gerne auch Initialen und Geburtsdatum des Kindes enthielten. Auch dekorative Einlegearbeiten aus Buchsbaum- und Stechpalmenholz waren sehr beliebt.

Die einfacheren Wiegen bestanden aus durchgehenden Brettern an allen Seiten, die Schaukelkufen waren in diesem Fall als Querträger ausgebildet und von den Schmalseiten aus einige Zentimeter weiter innen befestigt. In klimatisch günstigeren Regionen, wo sich üppiges Bettzeug erübrigte, waren die Seitenelemente relativ niedrig, bei rauhem Klima waren sie hochgezogen – was einerseits wirksam vor Zugluft schützte und andererseits Platz bot für warme Decken und Kissen. Zusätzlich hatten viele Wiegen auch ein Dach, das besonders in den ärmeren, mit altem Stroh gedeckten Katen Schutz bot vor eindringender Nässe und eventuell herabfallenden Dachpartikeln. Damit man das Baby leicht herausnehmen konnte, waren viele Dächchen separat aufgesetzt und mit Scharnieren zum Hochklappen versehen. Auch die beschriebene Wiege ist aus soliden Brettern mit einem einfachen Klappdach gebaut.

Links: Unter diesen höchst interessanten Holzmöbeln und geflochtenen Körben und Taschen, die alle von einem schwedischen Bergbauernhof stammen, ist auch eine grob gebaute Wiege aus massiven Bohlen. Mit ihrer ungewöhnlichen Form und Technik spiegelt sie deutlich die eigenen Traditionen einer entlegenen Gegend wider.

Oben: Der Entwurf für diese stabile Holzwiege mit einfachem Dach basiert auf einem Vorbild aus dem späten 19. Jahrhundert, gefunden in einem irischen Bauernhaus. Sie ist in dunklem Rotbraun gestrichen und zeigt auch einige Gebrauchsspuren.

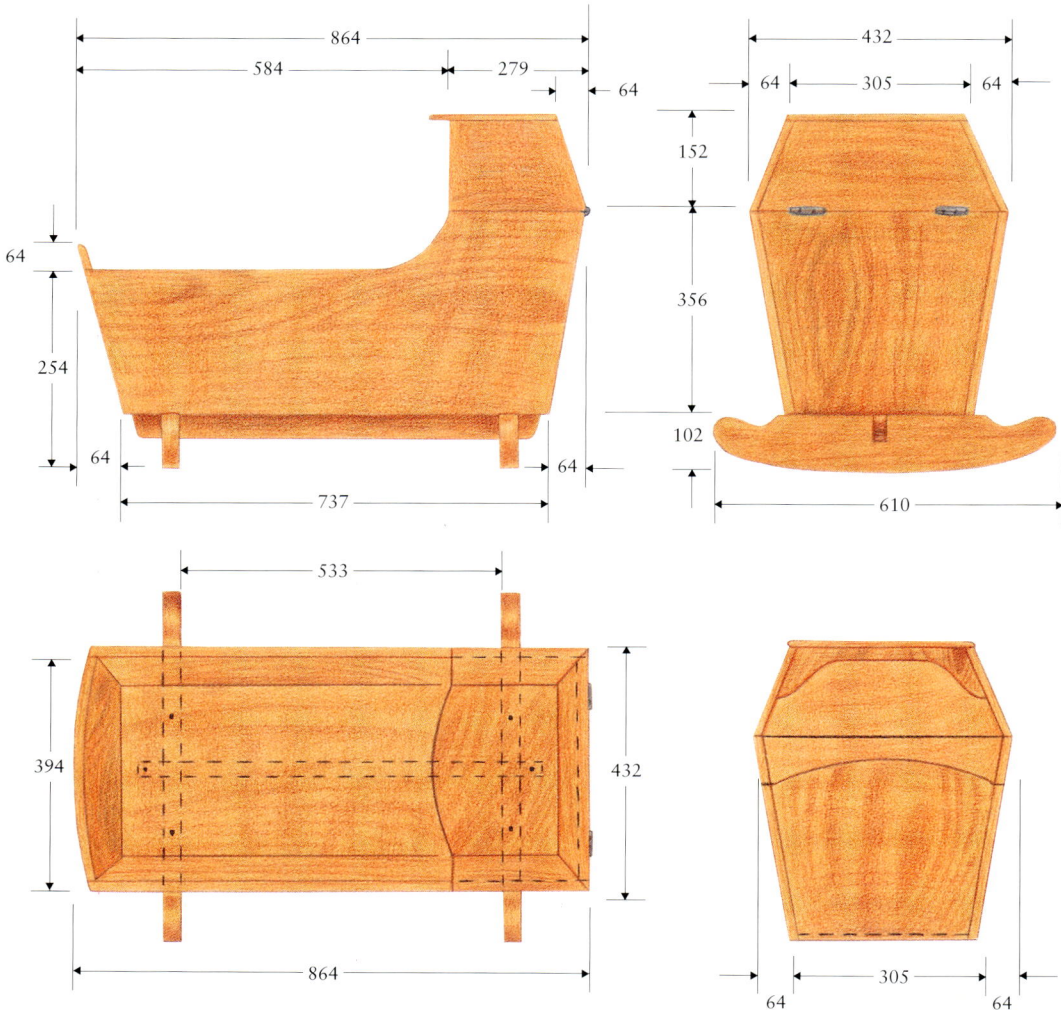

Arbeitsanleitung:

1 Als erstes bauen Sie den Korpus der Wiege. Verwenden Sie wenn möglich breite Bretter oder verleimen Sie schmalere Bretter in der Breite (Hinweise dazu siehe S. 141).

2 Schneiden Sie die Seitenteile wie angegeben zu und schleifen Sie die Sägekanten nach.

3 Dann verfahren Sie genauso mit Kopf- und Fußteil.

4 Die vier Korpusteile werden miteinander verleimt und zusätzlich genagelt oder – vorzugsweise – verschraubt. Zum Nageln verwenden Sie Stauchkopf- oder ovale Drahtnägel (38 mm), die sicherheitshalber schräg versetzt eingeschlagen werden.

5 Beim Schrauben werden die Seitenteile mit einem Stufenbohrer vorgebohrt (Hinweise dazu siehe S. 141).

6 Dann schrauben Sie die Einzelelemente noch ohne sie zu verleimen zusammen und überprüfen, ob alles genau paßt. Wieder auseinanderbauen.

7 Nun wird der Korpus der Wiege an den Verbindungsstellen verleimt und zusammengeschraubt bzw. -genagelt. Wischen Sie überschüssigen Leim feucht ab, überprüfen Sie, ob Kanten und Winkel gerade sind und lassen Sie den Leim abbinden. Setzen Sie Holzstöpsel auf die Schraubenlöcher bzw. treiben Sie die Nägel unter die Oberfläche und füllen Sie die Löcher auf.

8 Als letztes Teil bereiten Sie den Wiegenboden vor. Schneiden Sie diesen zunächst etwas größer als die abgenommenen Innenmaße zu – und zwar so, daß die Fasern quer, d. h. von einer Seite zur anderen, verlaufen. Passen Sie den Boden von oben ein und schneiden Sie die Kanten ringsum schräg zu. So verlaufen die Bodenkanten bündig mit den Unterkanten des Korpus, und der Boden kann keilförmig eingepaßt werden.

Stufe 2: Geübte

Fertigmaße: 864 x 432 x 508 mm

Material:
Fichte, Kirschbaum, Eiche

Holzliste:
2 Seitenteile
864 x 356 x 19 mm

1 Kopfteil
432 x 356 x 19 mm

1 Fußteil
394 x 328 x 19 mm

1 Boden
699 x 328 x 13 mm

2 Dachseiten
279 x 152 x 19 mm

1 Rückseite für das Dach
432 x 152 x 19 mm

1 Dachbogen
432 x 102 x 19 mm

1 Dachaufsatz
356 x 254 x 13 mm

2 Kufen
610 x 102 x 25 mm

1 Mittelstrebe
686 x 51 x 19 mm

Die Vorlagen für die Kufen und den Dachbogen finden Sie auf S. 153.

Alle Maße sind in Millimetern angegeben.

9 Ist alles passend ausgearbeitet, verleimen Sie den Boden und nageln ihn zusätzlich mit Drahtstiften fest. Trocknen lassen.

10 Nun begradigen Sie die Verbindungsstellen der Wiege und runden die scharfen Ecken ab.
11 Dort wo das Dach aufgesetzt wird, hobeln Sie die Oberkanten des Wiegenkorpus gerade zu.
12 Dann wird das Dach gebaut. Die dafür angegebenen Maße dienen nur als Richtwerte, da sie leicht von den tatsächlichen Maßen abweichen können. Nehmen Sie diese also direkt an Ihrer Wiege ab.
13 Zuerst zeichnen Sie die Rückseite des Dachs an und schneiden sie entsprechend zu; dadurch wird die Form festgelegt. Ausgehend davon, d. h. mit denselben Außenmaßen, reißen Sie nun das Bogenelement an und sägen auch dieses in seiner Grundform aus.
14 Nun sägen Sie noch die innere Bogenform zu (siehe Vorlage S. 153) und runden anschließend die Innenkanten ab.

15 Danach schneiden Sie die beiden Dachseiten zu.
16 Hobeln Sie auch die Ober- und Unterkanten von Rücken- und Seitenteilen des Dachs gerade zu, damit beim Verleimen mit dem Wiegenkorpus und für den Aufsatz ebene Flächen entstehen. Machen Sie sich keine Gedanken, wenn die Schnittflächen nicht perfekt zusammenpassen.
17 Halten Sie die Dachelemente probeweise aneinander und kontrollieren Sie, ob sie zusammenpassen bzw. auch genau auf die Wiege passen. Falls notwendig, korrigieren Sie noch;

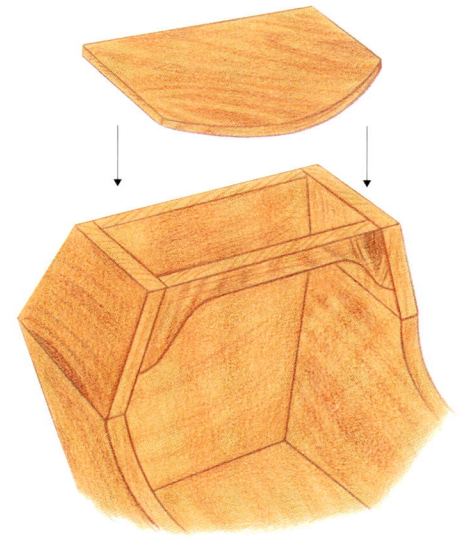

achten Sie aber darauf, daß die Komponenten dann nicht zu klein geraten.
18 Verleimen Sie die Einzelteile und nageln oder schrauben Sie sie zusammen. Überprüfen Sie, ob die Dachform immer noch auf den Korpus paßt und ob sie nicht verzogen ist. Wischen Sie überschüssigen Leim weg und lassen Sie das Dach trocknen. Verstöpseln Sie die Schraubenlöcher und treiben Sie die Nagelköpfe bündig oder bis unter die Oberfläche ein; in diesem Fall die Löcher auffüllen.
19 Jetzt schneiden Sie den flachen Dachaufsatz zu. Es genügt, diesen zu verleimen und mit Drahtstiften zu vernageln, aber arbeiten Sie

vorsichtig, damit das Holz nicht splittert (Hinweise siehe S. 141).
20 Begradigen Sie alle Verbindungsstellen des Dachs und runden Sie die scharfen Ecken ab.
21 Dann wird das Dach mit Scharnieren an der Wiege befestigt (nähere Hinweise dazu siehe S. 102, Schritt 20).
22 Die beiden Kufen schneiden Sie nach der Vorlage auf S. 153 zu und schleifen die Säge-

kanten. Runden Sie die Kanten an der Unterseite ab, damit beim Wiegen Boden oder Teppich nicht beschädigt werden. Dann bilden Sie bei beiden Schaukelkufen den Einschnitt für die Überblattung mit der Mittelstrebe (Hinweise dazu siehe S. 143).
23 Nun schneiden Sie auch die Mittelstrebe in den richtigen Maßen zu, formen die Kanten und glätten sie anschließend. Zum Schluß werden auch hier die Verbindungen für die Überblattung ausgeklinkt.
24 Kontrollieren Sie, ob Kufen und Mittelstrebe richtig zusammenpassen und korrigieren Sie, wenn notwendig.

25 Dann stellen Sie die Wiege auf ihren Unterbau, messen das Schaukelgestell in seiner Lage aus und zeichnen die Position entsprechend innen am Wiegenboden an.
26 Wie in der Zeichnung dargestellt, bohren Sie für die Schaukelkufen jeweils zwei Senklöcher, im Verlauf der Mittelstrebe drei.
27 Dann werden Kufen und Mittelstrebe durch den Wiegenboden hindurch mit Senkkopfschrauben festgeschraubt.
28 Runden Sie alle noch übrigen scharfen Kanten ab und schleifen Sie die Oberflächen ab, bis alles glatt ist. Nach Wunsch lackieren, beizen oder streichen Sie die fertige Wiege (Hinweise zur Oberflächenbehandlung siehe S. 147/148).

TRUHE FÜR DECKEN

Die Familientruhe, mit der die hier beschriebene ländliche Truhe verwandt ist, sehen viele Möbelhistoriker als ältesten Möbeltypus überhaupt an. Obwohl sie grundsätzlich zum Verstauen verschiedenster Haushaltsgegenstände gedacht war, übernahm sie in den Wohnräumen unserer Vorfahren eine wesentliche Rolle als multifunktionales Möbelstück. Man bewahrte Kleidung, Bettwäsche und Wertgegenstände wie Dokumente oder Tafelsilber darin auf, doch bei der damals allgemein nur spärlichen Möblierung wurde die Truhe auch als Sitzgelegenheit, Tisch und manchmal sogar als Bettstatt benützt. Meist war sie stets reisefertig gepackt und konnte auch schnell versteckt werden – womit man den sozial und politisch unruhigen Zeiten Rechnung trug.

Die primitivsten Truhen – nicht viel mehr als ausgehöhlte Baumstämme – könnte man aufgrund von Machart und Aussehen mit Fug und Recht als »Einbäume« bezeichnen, und wir dürfen uns glücklich schätzen, daß die modernen Abkömmlinge heute nur noch Bruchteile von deren Gewicht auf die Waage bringen. Mit der Verbesserung der Holzbearbeitungstechniken ging man dazu über, roh behauene Eichenbretter mit handgeschmiedeten Nägeln an den Ecken miteinander zu verbinden; die Kiste selbst wurde mit schweren Eisenbändern beschlagen, wodurch zum einen die Holzkonstruktion zusammengehalten, zum anderen aber auch deren Inhalt gesichert war. Truhen dieses Typs sind kaum erhalten: Häufig standen sie auf feuchten Steinböden, so daß mit der Zeit das Holz verrottete. Den Eisenbeschlägen erging es nicht viel besser, denn durch die feuchtigkeitsbedingte Absonderung von Gerbsäure (Tannin) im moderigen Eichenholz korrodierte das Metall.

Im 14. Jahrhundert wurde eine insgesamt stabilere Konstruktion mit vertikalen Eckpfosten entwickelt; mittels einer Nut waren darin die inzwischen dünneren, horizontal verlaufenden Bretter befestigt. Als man die Eckpfosten dann nach unten hin verlängerte, wurden aus ihnen Beine – was den Vorteil hatte, daß die Truhe nicht mehr auf dem Boden stand. Gleichzeitig und auch im Verlauf der weiteren Entwicklung wurden die Möbelstücke leichter – mit seitlichen Brettern, die im Schnitt 2,5 Zentimeter und weniger stark waren. Manche Truhen besaßen auch keine Eckpfosten, sondern hatten statt dessen mit Zinken und Schwalbenschwänzen gebildete Eckverbindungen.

Mit der Einführung der Rahmenkonstruktion im 15. Jahrhundert kam die Truhe in ihrer Entwicklung einen großen Schritt voran. Bei dieser Technik wird ein mit Schlitz und Zapfen verbundener und mit Nuten ausgestatteter Rahmen gebaut; ohne sie zu verleimen oder zu vernageln werden in diese Rahmennuten die Füllungen lediglich eingesteckt. Damit ist der nötige Spielraum für das Arbeiten des Holzes geschaffen, und die Gesamtkonstruktion wird nicht in Mitleidenschaft gezogen. Es liegt auf der Hand: In der Folge entwickelte sich aus diesem Truhentypus natürlich die Kommode – aber das ist eine andere Geschichte.

Die verbretterte Truhe oder Kiste blieb dennoch, vorwiegend in ländlichen Gegenden, in Gebrauch. Auch sie wurde durch die Verwendung abgelagerten Holzes, eine grundsätzlich leichtere Konstruktion und Zinken – statt genagelter Verbindungen – wesentlich verbessert. Bis in unsere Tage werden Truhen weiterhin vielseitig genutzt.

Oben: Ein einfacher, solide gebauter Kasten aus breiten Fichtenbrettern, die mit Zinken und Schwalbenschwänzen an den Ecken verbunden sind. Üblicherweise wurde eine solche Truhe am Fußende des Bettes aufgestellt, um Decken und Bettzeug darin zu verstauen.

Rechts: Kisten und Truhen waren in der Vergangenheit sehr viel häufiger in einem Haushalt anzutreffen. Die hier zusammengestellten Beispiele vermitteln eine Vorstellung von der Vielzahl der Gestaltungsmöglichkeiten; die meisten sind aus Fichtenholz angefertigt und gestrichen, einige hatten wohl ursprünglich einen dekorativ mit Messingnägeln beschlagenen Lederbezug.

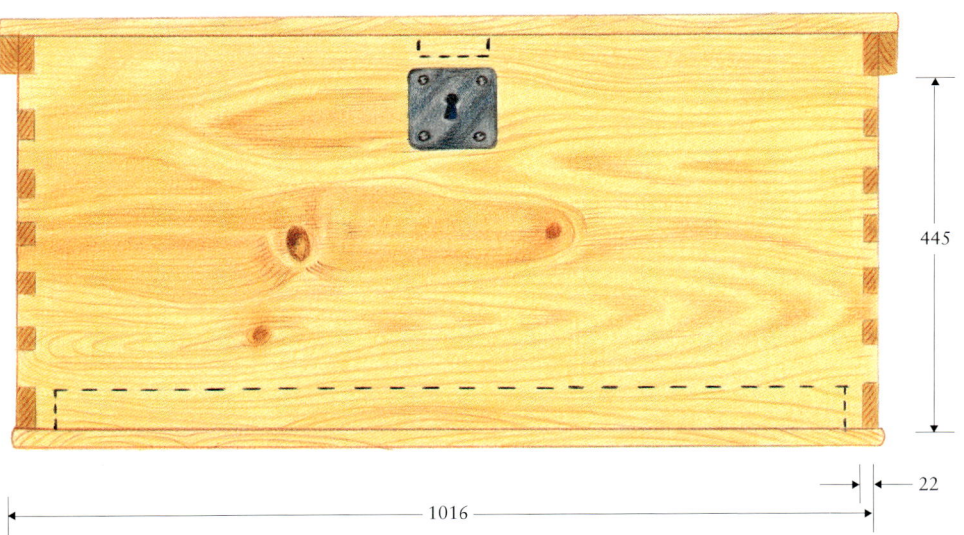

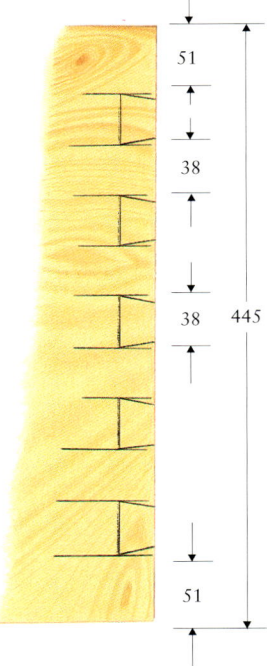

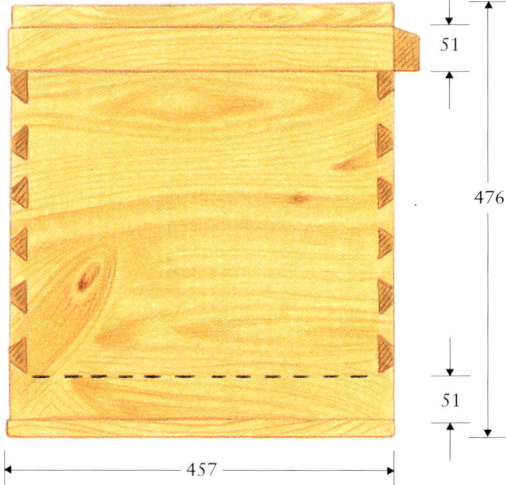

Stufe 2/3:
Geübte/Fortgeschrittene

Fertigmaße:
1016 x 457 x 483 mm

Material:
Fichte, Zeder

Holzliste:
2 Längsseiten
1016 x 445 x 22 mm

2 Schmalseiten
457 x 445 x 22 mm

1 Deckel
1067 x 457 x 22 mm

1 Boden
1016 x 457 x 22 mm

4 Leisten für die Schmalseiten
457 x 51 x 22 mm

3 Leisten für die Längsseiten
1016 x 51 x 22 mm

1 Mittelleiste
432 x 76 x 22 mm

2 T-Scharniere

1 Messing-Möbelschloß mit Messingplatte
101 x 101 mm

Alle Maße sind in Millimetern angegeben.

Arbeitsanleitung:

1 Ideal ist es, wenn Sie die Truhe wie früher aus Brettern in der erforderlichen Breite anfertigen können. Falls dies nicht möglich ist, müssen Sie schmälere Bretter in der Breite verleimen (Hinweise dazu siehe S. 141).

2 Schneiden Sie die vier Seitenteile nach Maß zu, die Schnittflächen müssen gerade und rechtwinklig verlaufen. Bestimmen Sie jeweils die schönere Seite als die Außenseite. Deckel und Boden schneiden Sie etwas größer zu; sie werden später, wenn die Seitenteile zusammengebaut sind, entprechend angepaßt.

3 Dann reißen Sie mit den angegebenen Maßen an den Schmalseiten sorgfältig die Schwalbenschwänze für die Eckverbindungen an (nähere Erläuterungen siehe S. 143). Vorsicht: Die Schwalbenschwänze oben und unten sind mit 51 mm als Maßeinheit größer als die anderen, die alle im Abstand von 38 mm angerissen werden. Anschließend zusägen.

4 Mit den Schwalbenschwänzen als Vorlage reißen Sie nun die Zinken an den Längsseiten an und sägen sie aus (Hinweise hierzu siehe S. 143).

5 Überprüfen Sie, ob die Verbindungselemente zusammenpassen und korrigieren Sie, falls notwendig. Vermeiden Sie aber zu häufiges Einpassen.

6 Bereiten Sie nun den Zusammenbau vor: Entfernen Sie Arbeitsspuren und Bleistiftlinien an allen Flächen und halten Sie Spannknechte bereit. Diese sind aber nicht unbedingt notwendig, wenn die Zinkenverbindungen paßgenau ausgearbeitet sind.

7 Verleimen Sie die Elemente und setzen Sie, falls nötig, Spannknechte an. Kontrollieren Sie, ob der Kasten rechtwinklig ist. Überschüssigen Leim wegwischen und trocknen lassen.

8 Dann schneiden Sie für alle vier Seiten eine Leiste in den entsprechenden Maßen zu. Sie

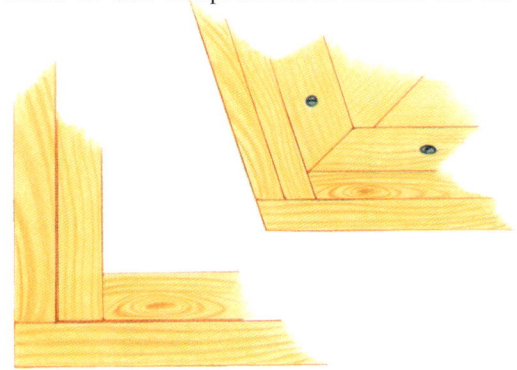

wird innen, und zwar an der Unterkante des Kastens, ringsum festgeleimt und verschraubt oder festgenagelt.

9 Nun schneiden Sie den Boden mit den Außenmaßen des Kastens zu. Befestigen Sie ihn

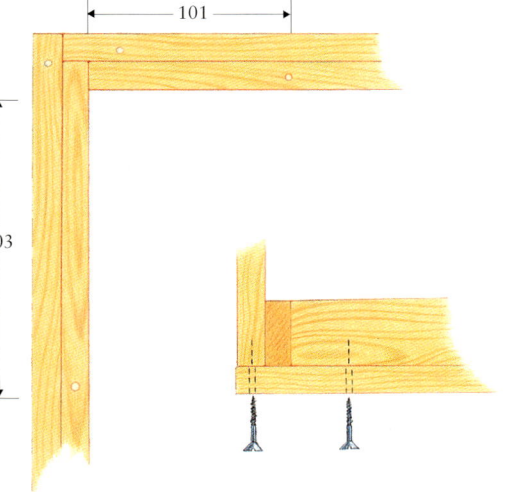

mit Senkkopfschrauben, die wie oben gezeigt an den Schmalseiten im Abstand von 101 mm, an den Längsseiten im Abstand von 203 mm versetzt plaziert werden.

10 Diese Methode entspricht dem Original, ist

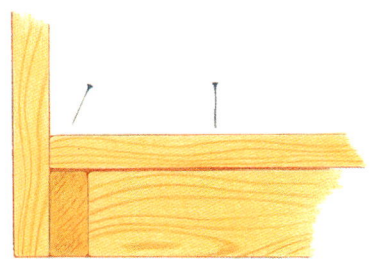

aber nicht die vorteilhafteste Lösung. Besser ist es, den Boden so zuzuschneiden, daß er innen in den Kasten paßt und dort auf den Leisten mit Drahtstiften festgenagelt wird.

11 Der Deckel wird so zugeschnitten, daß er in der Tiefe dem Kasten entspricht; in der Breite

soll er bündig mit den geplanten zusätzlichen Leisten an den Schmalseiten abschließen (siehe Detail unten).

12 Schneiden Sie die beiden Leisten für die Schmalseiten im richtigen Maß zu und leimen Sie sie am Deckel auf. Zusätzlich festschrauben oder -nageln. Dann schleifen Sie die Sägeflächen und runden die scharfen Kanten etwas ab.

13 Nun schneiden Sie die 76 mm breite Mittelleiste in den Innenmaßen der Kastentiefe so zu, daß sie genau paßt. Sie wird an der Unterseite des Deckels in der Mitte befestigt. Festleimen und verschrauben, damit die notwendige Stabilität gewährleistet ist, wenn das Schloß eingebaut wird.

14 Bei der originalen Truhe war der Deckel mit langen, gebogenen Scharnieren am Unterbau

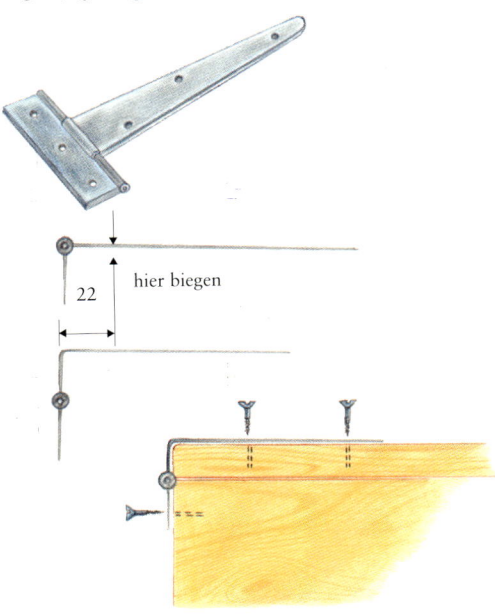

befestigt. Solche Scharniere sind heute nur schwer zu bekommen, statt dessen könnten Sie die gezeigten T-Scharniere verwenden. Biegen Sie diese an der entsprechenden Stelle (siehe Zeichnung) oder verwenden Sie einfache Scharniere (nähere Hinweise zum Befestigen siehe S. 102, Schritt 20).

15 Überprüfen Sie, ob der Deckel schließt, ohne die Scharniere zu überspannen. Möglicherweise müssen Sie noch kleinere Korrekturen vornehmen.

16 Die letzte Längsleiste verleimen Sie nun bündig mit der Oberkante des Kastens an der Rückseite der Truhe. Zusätzlich festschrauben oder -nageln. Bevor Sie sie befestigen, schrägen Sie die Oberkante leicht ab und nehmen dort, wo sich die Scharniere befinden, entsprechend Holz weg. So wird verhindert, daß der Deckel beim Öffnen zu weit nach hinten klappt.

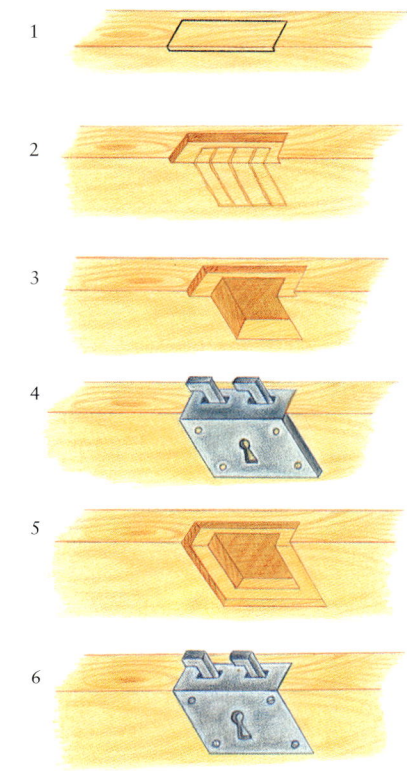

17 Nach den oben illustrierten Arbeitsschritten bauen Sie ein schweres Schloß ein. Zeichnen Sie die Lage des Schlosses an und bohren Sie an der Vorderseite ein Schlüsselloch. Dann stemmen Sie an der Innenseite der Truhenwand den entsprechenden Raum für das Schloß aus. Das Schließblech, das mit dem Schloß geliefert wird, befestigen Sie an der Unterseite des Deckels, dicht neben der Mittelleiste.

18 Wenn Sie das originale Schloß imitieren wollen, können Sie anschließend an der Außenfront noch eine Messingplatte (101 x 101 mm) mit geeignetem Schlüsselloch anbringen.

19 Ist die Truhe fertig, beseitigen Sie alle Arbeitsspuren an der Oberfläche und glätten eventuell rauhe Kanten. Dann behandeln Sie die Oberfläche nach Ihren Vorstellungen. Das Vorbild war gebeizt (siehe S. 146). Wenn Sie Zedernholz verwendet haben, sollten Sie das Truheninnere natur belassen, weil der Geruch dieses Holzes Motten vertreibt.

FOLKLORE-
BETT

Die Betten unserer Vorfahren bestanden noch in jüngster Vergangenheit aus derben Strohsäcken oder strohgefüllten Matratzen. In den früheren Zeiten lebte die Mehrheit der europäischen Bevölkerung noch in einem großen Raum, in dem man sich tagsüber aufhielt, kochte, aß und schlief, und dort wurden die Betten über dem Boden verteilt oder auf eine Truhe oder Bank gelegt. Manche waren auch, ähnlich wie Schiffskojen, in Wandnischen eingebaut.

In wohlhabenderen Familien legte man die Matratzen auf Holzbretter, die über dem Boden lagen und damit vor Zugluft und Ungeziefer geschützt waren: also auf eine »Bettstatt«. Unser heutiges Wort »Bett« ist eine Verkürzung von »Bettstatt«, was soviel bedeutet wie »der Platz für das Bett«. Solche Gestelle bestanden aus einem Rahmen mit vier horizontalen Streben, die an den Ecken mit kurzen Pfosten verbunden waren. Diese bildeten gleichzeitig die Beine. Später wurden in die Streben Löcher gebohrt, so daß man als Auflager für die Matratze quer über die Breite des Rahmens Seile oder Gurte spannen konnte.

Ab dieser Zeit entwickelten sich verschiedenste Varianten, wobei mit zu den bekanntesten diejenigen Bettgestelle zählen, bei denen ringsum Draperien vorgesehen waren – was später zu einem Typus mit vier hohen Eckpfosten, dem Himmelbett, führte. Die Draperien an Betten der Reichen und Adeligen erfüllten einen doppelten Zweck: Zum einen hielten sie warm, zum anderen sorgten sie für eine gewisse Intimität. Anfangs wurden die Bettvorhänge von der Decke abgehängt, später befestigte man sie an einem aufgehängten Rahmen, dem Betthimmel. In der Folge ging man dazu über, diesen durch vier Eckpfosten zu stützen, was wiederum zu einer mit dem Bettgestell verbundenen Version führte. Der einfache Bettrahmen hingegen war Grundprinzip für eine Vielzahl anderer Bettformen – z. B. für ein im 18. Jahrhundert beliebtes Modell, bei dem die gedrechselten oder auch quadratischen Beine in den Ecken des Rahmens an einer Seite nach oben verlängert und mit einem Kopfteil gefüllt waren. Zu dieser Zeit wurden statt der Lattenroste aus Holz, die inzwischen die Seile oder Gurte verdrängt hatten, bereits auch Drahtmatratzen verwendet. Mitte des 19. Jahrhunderts kamen eiserne oder Messingbetten in Mode, während man auf dem Land weiterhin bei den Holzbetten blieb, die bis heute nichts an Beliebtheit eingebüßt haben.

Links: Dieses solide Bett mit Kopf- und Fußteilen ist aus Fichtenholz gemacht; die Oberflächen wurden lediglich eingelassen. Insbesondere durch die ausgesägten Herzen – ein typisches Motiv für Tirol und die Alpenregionen – gewinnt es einen volkstümlichen Charakter.

Stufe 3:
Fortgeschrittene

Fertigmaße:
2032 x 1422 x 1118 mm

Material:
Fichte

Holzliste:
2 Eckpfosten
1118 x 76 x 76 mm

2 Eckpfosten
864 x 76 x 76 mm

1 Kopfteil
1346 x 813 x 19 mm

1 Fußteil
1346 x 559 x 19 mm

2 Bettseiten
1955 x 152 x 38 mm

2 seitliche Leisten für den Lattenrost
1905 x 51 x 25 mm

12 Latten
1320 x 76 x 25 mm

4 Holzkugeln
Y 76 mm

4 Schraubenbolzen mit Mutter
152 mm

Die angegebenen Bettmaße beziehen sich auf eine Matratze von 1905 x 1372 mm. Am besten gehen Sie von der Größe Ihrer Matratze aus und modifizieren dann die Maße für das Bett entsprechend.

Die Vorlage für das Herzmotiv finden Sie auf S. 153.

Alle Maße sind in Millimetern angegeben.

Hinweis: Das fertige Bett können Sie mit Öl oder Wachs einlassen, beizen oder streichen (zur Oberflächenbehandlung siehe S. 146/147). Vorher sämtliche Oberflächen schleifen.

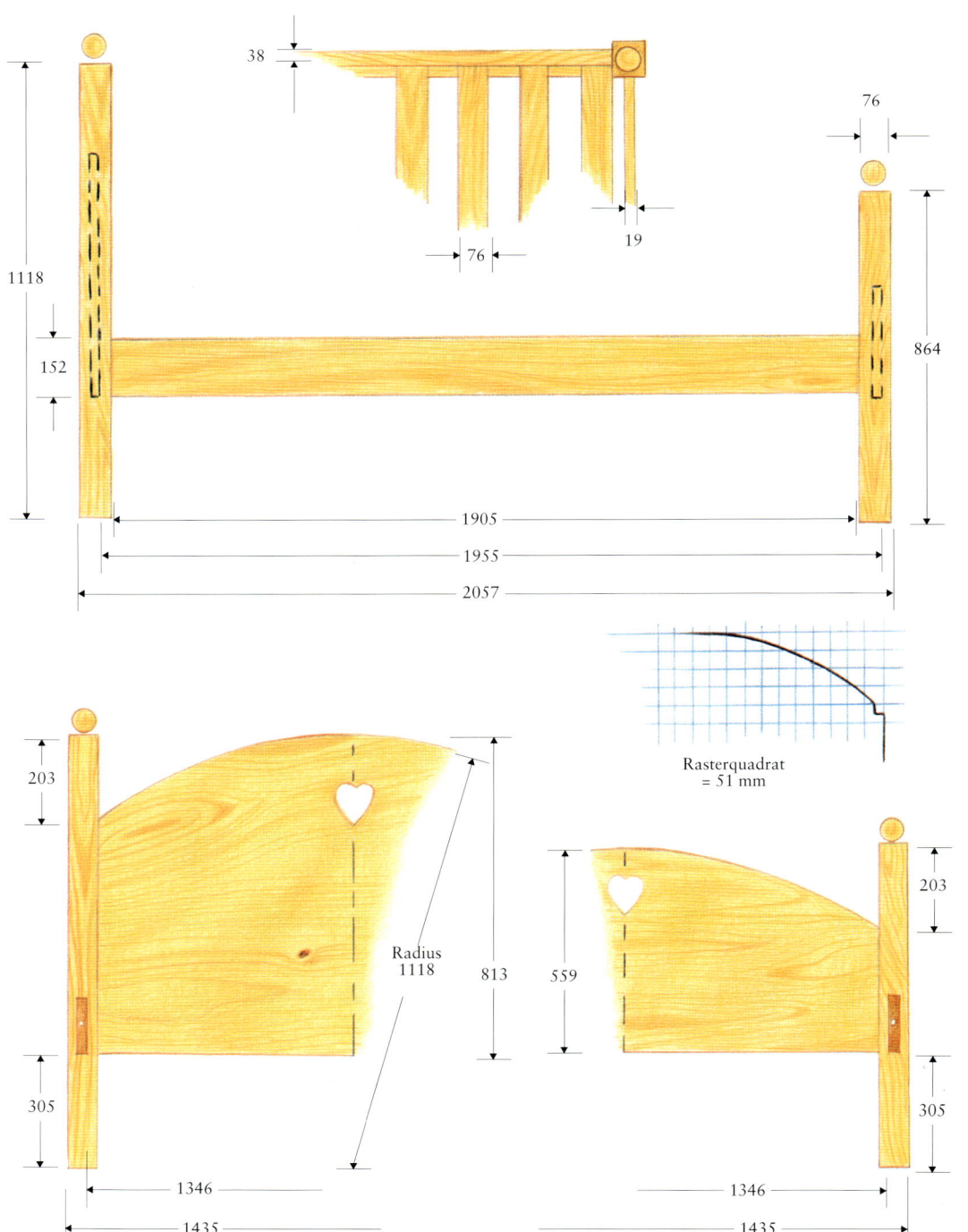

Rasterquadrat = 51 mm

Radius 1118

Arbeitsanleitung:

1 Zuerst fertigen Sie das Kopf- und Fußteil an, indem Sie mehrere Bretter in der Breite miteinander verleimen (Hinweise dazu siehe S. 141). Die Einzelteile sollten so breit wie möglich sein, damit nicht zu viele Fugen entstehen.
2 Wenn der Leim getrocknet ist, schleifen Sie die Teile und überprüfen, ob sie eben sind. Schneiden Sie sie dann auf die gewünschte Länge zu und achten Sie darauf, daß die Schnittflächen gerade sind.

3 Zeichnen Sie die geschwungene Oberkante an jedem Element an und sägen Sie die Form entsprechend zu. Die Kanten werden abgerundet.
4 Dann zeichnen Sie mit Hilfe der Vorlage auf S. 153 das Herzmotiv in seiner Lage an.
5 Nun werden die Eckpfosten in der Länge zugeschnitten, gehobelt und geschliffen. Die Zierkugeln können auch später befestigt werden. Mit Bleistift markieren Sie die Beine wie auf S. 131 oben gezeigt, damit beim Anreißen der Verbindungen kein Durcheinander entsteht.

6 Kopf- und Fußteil werden in ihrer gesamten Brettstärke in die Eckpfosten eingestemmt. Dazu werden an den Innenseiten der Pfosten etwas schmäler dimensionierte Schlitze ausgebildet. Die Maße nehmen Sie direkt an Ihren Elementen ab. Korrigieren Sie gegebenenfalls an den Enden, damit sie genau passen.

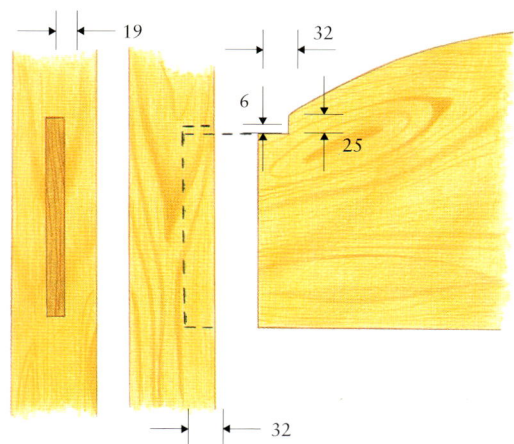

7 Die Enden von Kopf- und Fußteil werden an der Oberkante abgesetzt (siehe Zeichnung und Vorlage) und etwas in der Höhe reduziert. Dadurch wird das nötige Spiel geschaffen für eventuelles Arbeiten des Holzes.

8 Überprüfen Sie, ob die Kopf- und Fußelemente in die entsprechenden Schlitze passen. Falls notwendig, gleichen Sie die Enden so lange an, bis sie straff und bis zum Anschlag in den Schlitzen sitzen. Dann bauen Sie die Elemente wieder auseinander.

9 An der richtigen Seite werden nun bei jedem Pfosten die Schlitze für die Bettseiten angetragen. Hierfür werden Ihre Bleistiftmarkierungen eine wertvolle Hilfe sein. Die Schlitze ausstemmen (nähere Erläuterungen siehe S. 144).

10 Schneiden Sie die Seiten in der Länge zu und achten Sie darauf, daß die Enden gerade sind. Die Flächen werden abgehobelt oder glattgeschliffen.

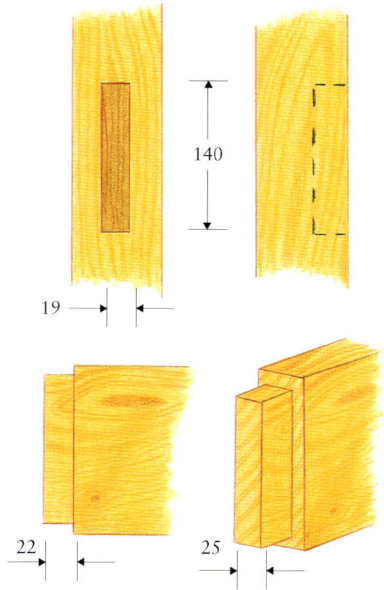

11 Jetzt reißen Sie an den Enden der Seitenelemente die Zapfen an (Hinweise dazu siehe S. 144).

12 Kontrollieren Sie, ob Schlitze und Zapfen zusammenpassen. Wenn nötig, noch entsprechend anpassen.

13 Kopf- und Fußteil werden jetzt in den zugehörigen Eckschlitzen verleimt. Die Bettseiten nicht verleimen, sondern nur zusammenstecken und mit Schraubenbolzen wie unten gezeigt befestigen. Das erleichtert den Zusammenbau und ermöglicht es auch, das Bett bei Bedarf abzubauen. Solche Schraubenbolzen können fertig gekauft oder aus Gewindestangen angefertigt werden.

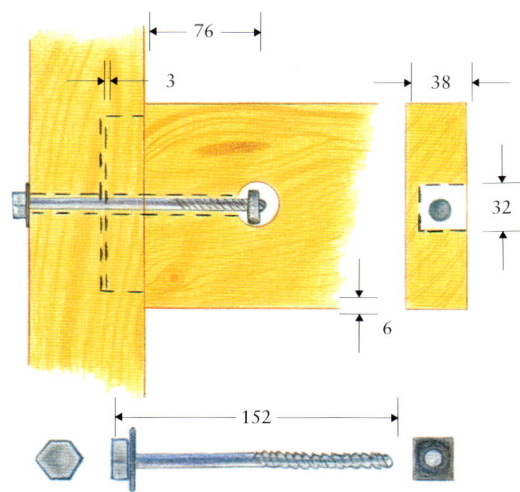

14 Der Zeichnung können Sie entnehmen, wie die Bolzen befestigt werden, allerdings kann es sein, daß Sie die Maße den tatsächlich verwendeten Bolzen angleichen müssen. Die Vertie-

fung für die Mutter wird an der Innenwand der Seitenelemente ausgebohrt. Dann legen Sie den Eckpfosten mit dem eingesteckten Zapfen seitlich auf die Werkbank und bohren mit einem Spiralbohrer vorsichtig das Loch durch.

15 Setzen Sie den Bolzen mit den entsprechenden Muttern ein und ziehen Sie die Verbindung so weit zusammen, bis die Zapfenbrüstung eng am Eckpfosten anliegt. Zeichnen Sie zusammengehörige Enden und Pfosten zusammen. Dann bauen Sie die Elemente wieder auseinander.

16 Falls Sie die Holzkugeln aufsetzen möchten, bohren Sie ein Loch durch die Mitte der Eckpfosten und verleimen darin einen Dübel.

17 Schrägen Sie die Längskanten der Beine ab; wenn Sie keine Holzkugeln befestigen, werden die Kanten am oberen Ende abgerundet.

18 Jetzt verleimen Sie Kopf- und Fußteil mit den zugehörigen Eckpfosten. Geben Sie dazu Leim in die Schlitze, passen Sie die Elemente korrekt ein und spannen Sie die Verbindungen mit Zwingen fest zusammen. Überschüssigen Leim abwischen und trocknen lassen.

19 Die Matratze liegt auf einem Lattenrost. Als Auflager dafür werden Leisten an der Innen-

seite der Seitenelemente verleimt und festgeschraubt. Bringen Sie diese so an, daß die Latten bündig mit der Oberkante der Bettseiten abschließen oder etwas darunter liegen.

20 Jetzt bauen Sie den Bettrahmen ganz zusammen. Achten Sie darauf, daß Sie die Seiten in die richtigen Schlitze einpassen und daß die Schraubenbolzen fest angezogen sind. Dann schneiden Sie die Latten in der richtigen Länge zu und legen sie in gleichmäßigen Abständen quer über den Rahmen. Es genügt, sie mit einem Textilband an beiden Seiten lose miteinander zu verbinden. Das Band wird festgenagelt oder -geklammert, die obere und untere Latte schrauben Sie in den Ecken an der Leiste fest.

Werkzeug & Techniken

Für die meisten der in diesem Buch vorgestellten Entwürfe benötigen Sie lediglich die einfachsten Werkzeuge zur Holzbearbeitung. Teure oder komplizierte Ausrüstung ist also nicht notwendig. Es werden jedoch Grundkenntnisse im Umgang mit dem genannten Werkzeug vorausgesetzt.

Beginnen Sie als Anfänger mit denjenigen Objekten, die für »Stufe 1/Anfänger« entworfen wurden. Aus der praktischen Erfahrung mit diesen Arbeiten werden Sie gewiß bald das notwendige Geschick und die Übung mitbringen, um sich an Projekte der »Stufe 2/Geübte« und »Stufe 3/Fortgeschrittene« zu wagen.

Alle Entwürfe können ausschließlich mit Handwerkzeugen realisiert werden. Trotzdem muß gesagt werden, daß reine Handarbeit (obwohl enorm befriedigend) sehr ermüdend und zeitintensiv sein kann – im Gegensatz zur Arbeit mit Elektrowerkzeugen. Zum anderen ist dafür oftmals ein hohes Maß an Können erforderlich. Wenn Ihnen also Maschinen zur Verfügung stehen – und Ihnen der sichere Umgang damit vertraut ist –, gibt es keinen Grund, warum Sie sich ihrer nicht bedienen sollten. Ich selbst kombiniere oft die Methoden: Maschineneinsatz für Anfangsarbeiten, die sich zudem meist wiederholen, wie Zuschneiden und Hobeln; Kombination von Elektro- und Handwerkzeug zum Formatschnitt und für Verbindungen; und Handwerkzeuge zur Fertigbearbeitung und für Detailarbeiten.

Handwerker auf dem Land hatten ehemals für Schreinerarbeiten nur wenig und kaum spezielles Werkzeug zur Verfügung. Es war in der Regel für allgemeine Zwecke bestimmt und wurde für alle um Haus und Hof anfallenden Arbeiten verwendet. Axt und Querbeil dienten beispielsweise zum Hacken und Spalten, eine Säge und ein paar Stemmeisen zum Schneiden, ein Ziehmesser, ein Schabhobel, eine Raspel und Feilen zum Zurichten, ein Hobel zum Glätten, Bohrwinde und Bohrer zum Löcher bohren, Hammer und Nägel zum Befestigen und ein Messer zum Schneiden und Schnitzen.

Auch die Konstruktionsmethoden waren universell einsetzbar und relativ einfach; an Holz wurde verwendet, was gerade vorrätig und für den jeweiligen Zweck geeignet war. Die grundlegenden Techniken der Holzbearbeitung – Zurichten und Verbinden – waren schon seit Jahrtausenden bekannt, aber die Arbeitsmethoden entwickelten sich aufgrund unterschiedlicher Aufgabenstellungen wie Haus- und Scheunenbauten, Zäune errichten, Radmachen u. v. m. weiter. Die gebräuchlichen Verbindungen waren für alle Sparten des holzverarbeitenden Gewerbes grundlegend: Die Schlitz- und Zapfenverbindungen der Zimmerleute im Schiffs- oder Hausbau ist größer und vielleicht roher als die eines Möbelbauers, aber es ist dieselbe Verbindung; und fußlange Holznägel unterscheiden sich im Prinzip nicht von den kleineren Dübeln, mit denen die Verbindungen eines ländlichen Stuhls zusammengehalten werden.

Für einen Möbelbauer auf dem Land waren die im praktischen Teil des Buches beschriebenen Techniken selbstverständlich, und wenn auch vielleicht manche Herstellungsmethoden und Konstruktionsprinzipien nicht zur täglichen Routine gehörten, so war er doch sicherlich mit ihnen vertraut. Die genaue Vorgehensweise und Abfolge jedoch waren individuell verschieden und abhängig von Wissensstand und handwerklichem Können des Einzelnen. So entsprechen auch die hier gegebenen Anleitungen traditionellen Methoden, die bis heute anerkannt und gebräuchlich sind, aber jederzeit individuell variiert werden können.

GRUNDAUSSTATTUNG

Es ist schwer zu sagen, welche Werkzeuge für einen Möbelbauer heute zur Grundausstattung gehören sollten. Aber wofür Sie sich auch entscheiden: Kaufen Sie im Rahmen dessen, was Sie sich leisten können, immer bestmögliche Qualität und gehen Sie dann achtsam damit um.

Die folgende Liste umfaßt das für die vorgestellten Objekte erforderliche Werkzeug. Sie enthält im wesentlichen Handwerkzeuge, ergänzt um einige der nützlichsten und zeitsparendsten Elektrowerkzeuge.

Grundausstattung / Handwerkzeuge

Rollbandmaß
Meterstab
Reißmesser oder Reißnadel
Winkel
Schmiege
Bleistifte (Härte HB)
Streichmaß

Kombinationssäge f. Längs- u. Querschnitt
Bügelsäge und Sägeblätter
kleine Rückensäge (Fuchsschwanz)

Schlichthobel zum Glätten (Nr. 4)
Schabhobel mit runder Schneide
verschiedene Stemmeisen
Hirnholzhobel
Schabhobel
Hohlbeitel

Holzhammer
Beißzange
verschiedene Schraubendreher
Schreinerhammer
Versenkstift
Bohrwinde oder Handbohrer
verschiedene Spiralbohrer/Forstner-Bohrer (Bohrereinsätze)
Spitzbohrer oder Ahle

Halbrundraspel
Halbrundfeile

Schraubzwingen

Abziehsteine

Elektrowerkzeuge (nach Möglichkeit)

Elektrobohrmaschine
Schwingschleifer
Stichsäge- oder Bandsägemaschine
Elektrooberfräse

Pläne und Schablonen

Bevor Sie irgendein Stück in Holz anfertigen, ist es sinnvoll, sich eine Zeichnung oder einen Plan anzulegen, der die Form und wichtigsten Maße insgesamt wiedergibt; vorzugsweise kommen auch noch einige Detailzeichnungen zu bestimmten Partien hinzu. Hierfür gibt es zwei grundsätzliche Darstellungsarten.

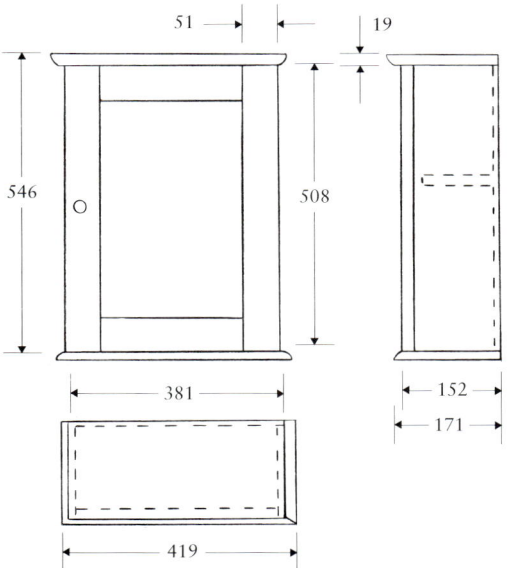

Die erste ist die sogenannte zweidimensionale Darstellung mit in der Regel drei Ansichten – Frontal- und Seitenansicht sowie Draufsicht oder waagrechter Schnitt.

Bei der zweiten Art der Darstellung handelt es

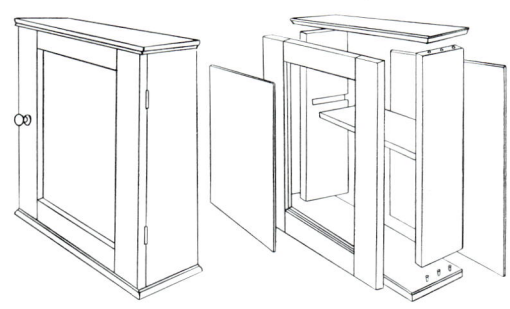

sich um eine perspektivische Zeichnung, die auch als »Explosionszeichnung« ausgeführt sein kann.

Manchmal ist es hilfreich, Details eines Arbeitsstücks, wie z. B. Rundungen, mit einem Muster oder einer Schablone gesondert wiederzugeben. Kann dies nicht in Originalgröße geschehen, wird eine maßstäbliche Zeichnung auf Raster- bzw. Millimeterpapier angefertigt. Jedes Quadrat entspricht beispielsweise 25 oder 50 mm im Original, und davon ausgehend können Sie mit Hilfe eines Rasters in richtiger Größe den Schnitt in wahre Maße übertragen.

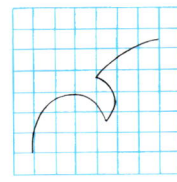

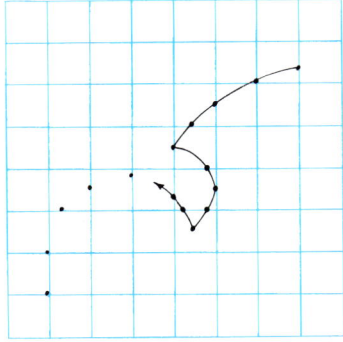

1 Rasterquadrat = 12 mm

Werkbank und Schraubstock

In praktischer Hinsicht benötigen Sie vor allem anderen einen Arbeitsraum und einen stabilen Tisch oder eine Werkbank. Dazu gehört unbedingt eine Vorrichtung, mit der Sie das Werkstück, an dem Sie gerade arbeiten, sicher befestigen. Dazu wird üblicherweise ein Schraubstock verwendet, Sie können aber auch andere Hilfsmittel einsetzen wie beispielsweise Bankhaken und Schraubzwingen verschiedener Größen.

Ideal ist ein gußeiserner Zimmermanns-Schraubstock mit hölzernen Spannbacken. Eiserne Spannbacken müssen Sie verkleiden, damit sie nicht ins Holz schneiden und es beschädigen. Bei leichten Arbeiten befestigen Sie lediglich vorübergehend eine Schraubzwinge an der Kante Ihrer Werkbank.

Eine weitere nützliche Vorrichtung ist ein Bankaufsatz, den Sie leicht selbst anfertigen können.

Er kann in den Schraubstock geklemmt oder als zusätzlicher Halt bei Stemm- oder Sägearbeiten an der Kante der Werkbank befestigt werden. Auch eine Beschädigung der Arbeitsfläche bei derartigen Tätigkeiten kann dadurch vermieden werden.

Maßnehmen und Anreißen

Bevor Sie mit der Arbeit an einem Werkstück beginnen, sollten Sie prüfen, ob das ausgewählte Holz die richtige Größe besitzt, ob es gerade ist und nicht geworfen oder verzogen. Wenn Sie gebrauchsfertiges Holz kaufen, dürften Sie bei der Arbeit keine Schwierigkeiten haben, aber die maschinengehobelte Oberfläche muß in der Regel noch von Hand gehobelt oder abgeschliffen werden. Suchen Sie sich die breiteste Oberfläche und eine Kante aus – falls notwendig hobeln Sie sie glatt – und dann tragen Sie oben und an den Seiten Ihre Maße an. Diese Flächen bilden von nun an den Ausgangspunkt für alle weiteren Maße und Markierungen.

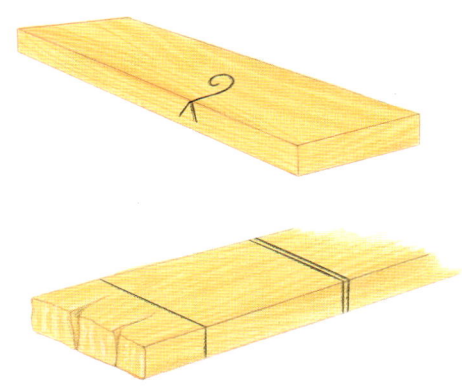

Bevor Sie ein Brett der Länge nach zuschneiden, sollten Sie prüfen, ob die Anfangskante glatt, d. h. nicht beschädigt oder gesplittert, und gerade ist. Falls nötig zeichnen Sie ein Abfallstück am betreffenden Ende an und tragen dann von dieser Markierung aus die Länge des Bretts an. Bei einem kurzen Brett können Sie einen Meterstab verwenden, für größere Längen ist ein ausziehbares Rollbandmaß aus Federstahl schneller und einfacher zu handhaben.

Die Markierungslinie für die Länge Ihres Bretts sollte sauber und gerade mit Hilfe eines Winkels gezogen werden. In Hinblick auf eine präzise Ausführung sollten Sie auch ausreichend Spiel für die Breite des Sägeschnitts berücksichtigen. Sägen Sie immer an der nach außen liegenden Seite der Linie entlang und rechnen Sie – wenn Sie mehrere Stücke von einem Brett absägen wollen – einen gut 3 mm breiten Streifen als Zwischenraum für den Sägeschnitt mit ein, den Sie stehen lassen.

Für die meisten Markierungen eignet sich ein gut gespitzter Bleistift der Härte HB. Sind jedoch absolut exakte Ergebnisse zu erzielen, wird zum Antragen der Maße die Spitze eines scharfen Messers oder Reißmessers verwendet – insbesondere, wenn die Markierung quer zur Holzmaserung verläuft. Die Messerspitze trennt die Holzfasern an der Oberfläche und hinterläßt nach dem Schneiden eine saubere Kante. Ein traditionelles Zimmermanns-Reißmesser hat zu diesem Zweck eine dicke, abgeschrägte Klinge, deren Schliff in der Regel auf Rechtshänder ausgerichtet ist. Empfehlenswert ist auch ein kleines Klapp-Taschenmesser.

Für Markierungen, die parallel zu einer Kante laufen, verwendet man am besten ein Streichmaß. Hauptsächlich dient es zum Antragen von Maßen in Länge, Breite und Dicke, bevor mit der Hand gehobelt wird. Stellen Sie das gewünschte Maß durch den entsprechenden Abstand zwischen dem beweglichen Streichmaßkopf und dem spitzen Stahlstift ein. Zum Anreißen drücken Sie dann den Kopf kräftig gegen die Kante und schieben das Streichmaß von sich weg. Drücken Sie nur leicht auf, damit sich die Spitze nicht ins Holz eingräbt und dadurch nicht mehr gerade, sondern mit der Maserung läuft.

Ist lediglich geringe Präzision erforderlich, reißen Sie Ihre Werkstücke »von Hand« an und führen dabei Ihre Hand und den Bleistift wie oben gezeigt.

Mit zwei weiteren Maßen sollten Sie vertraut sein: dem schneidenden Streichmaß und dem Zapfenstreichmaß. Anstelle der Anreißspitze besitzt das schneidende Streichmaß eine kleine Klinge, was beim Anreißen quer zur Holzmaserung besonders vorteilhaft ist. Das Zapfenstreichmaß wird, wie der Name sagt, hauptsächlich zum Anreißen von Zapfenverbindungen verwendet. Es hat zwei Anreißspitzen, wobei die innere verstellbar ist. So können gleichzeitig parallele Linien mit variablen Abständen angerissen werden.

Zirkel und Stechzirkel dienen meist zum Antragen von Kreisen oder Bögen, können aber auch zum Übertragen von Maßen und Markieren gleich langer Strecken entlang einer Linie verwendet werden.

Sägetypen und Sägen

Es gibt mehrere Arten von Handsägen, wobei die einen für den allgemeinen Gebrauch, die anderen eher für spezielle Anwendungen konzipiert sind. Die Unterschiede ergeben sich durch Form und Größe des Sägeblatts sowie Anzahl und Anordnung der Sägezähne.

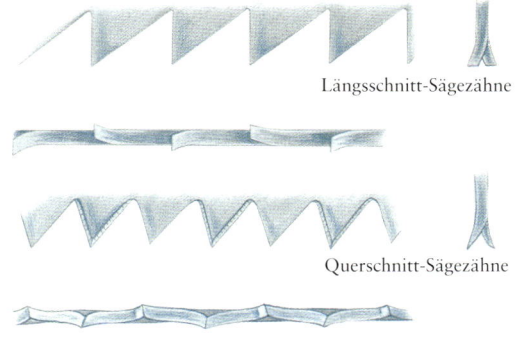

Längsschnitt-Sägezähne

Querschnitt-Sägezähne

Längsschnittsägen beispielsweise sind groß, haben 4 bis 6 Zähne pro 2,5 cm und werden zum Längssägen mit der Maserung eingesetzt; das Sägeblatt der kleineren Querschnittsäge besitzt 7 bis 12 Zähne pro 2,5 cm. Beide Typen werden vor allem zur Vorbereitung des Holzes und zum Zuschneiden von Brettern verwendet.

Die gebräuchlichste der sogenannten Rückensägen ist die Feinsäge. Rückensägen haben dünne, aber steife Sägeblätter, die durch einen gefalzten Metallstreifen über dem Rücken – häufig aus Messing – zusätzlich beschwert und verstärkt werden. Sie eignen sich für feinere Zuschnitte an der Werkbank und zum Aussägen von Verbindungen. In verschiedenen Größen erhältlich und mit 12 bis 20 Sägezähnen pro 2,5 cm, ist die kleinste Rückensäge die sogenannte Zinkensäge. Diese Feinsäge verfügt über

die größte Anzahl an Zähnen und ergibt den feinsten Schnitt. Zum Aussägen von geschweiften Formen werden schmale, biegsame Sägeblätter verwendet, die leicht brechen. Das ist u. a. darauf zurückzuführen, daß das Blatt unter Spannung in einem Rahmen befestigt ist. So ist das Sägeblatt der am längsten bekannten Säge in dieser Gruppe, der Schweifsäge, in einem Holzrahmen befestigt und wird mit Hilfe einer gedrehten Schnur gespannt. Modernere Ausführungen besitzen einen Federstahlrahmen und eine davon, die Bügelsäge, hat auswechselbare Blätter, die durch Stifte gesteckt und durch Drehen des Sägegriffs gespannt werden. Zudem kann das Blatt so eingestellt werden, daß der Schnitt entweder bei Zug oder Druck erfolgt. Um im Inneren einer Fläche zu sägen, bohren Sie zuerst ein kleines Loch durch das Werkstück, stecken das Sägeblatt hindurch und befestigen es dann im Bügel. Mit der Bügelsäge werden z. B. die Zinken und Schwalbenschwänze einer Zinkenverbindung ausgesägt (siehe S. 143).

Wenn Sie immer darauf achten, daß Ihr Blatt scharf ist, dürfte das Handsägen keine allzu großen Schwierigkeiten bereiten. Wenden Sie beim Einführen der Säge ins Holz nie Gewalt an; das ist anstrengend und führt leicht dazu, daß sich das Blatt verbiegt und im Schnitt verkantet. Damit alles problemlos vonstatten geht, sollten Sie das Werkstück so auflegen oder befestigen, daß es nicht verrutscht und dann mit kräftigen, flüssigen Zügen über die gesamte Länge des Sägeblatts sägen. Ziehen Sie zum Beginn ein paar Schnitte mit der Feinsäge nach hinten, arbeiten Sie anfangs sehr vorsichtig und sägen Sie am äußeren Rand Ihrer Markierung.

Sämtliche beschriebenen Sägearbeiten können auch mit tragbaren oder fest installierten Elektrowerkzeugen ausgeführt werden. Für gerade Schnitte verwenden Sie beispielsweise eine Kreissäge, für gerade Schnitte und Rundungen haben Sie die Wahl zwischen der vielseitigen Stichsäge, einer Decoupiersäge oder Bandsäge.

Hobel und Hobeln

Hobel werden dafür verwendet, die Stärke oder Länge und Breite eines Werkstücks auf die gewünschten Maße zu reduzieren; außerdem dienen sie zum Begradigen oder Glätten einer Oberfläche. Daneben gibt es eine Reihe von Spezialhobeln zum Bilden von Nuten (Grund- oder Nuthobel), für Profile und zum Formen von Holzteilen; es gibt auch Kombinationshobel.

Trotz der verschiedensten Arten und Größen der traditionellen Hobel sind alle sehr ähnlich konstruiert. Die älteren Hobel aus Holz arbeiteten mit einem Hobeleisen, das mit einem Holzkeil befestigt war.

Metallhobel kamen in der Mitte des 19. Jahrhunderts auf und werden inzwischen den Holzhobeln bevorzugt, weil die Eisen leichter und genauer einzustellen sind; trotzdem sind auch Holzhobel noch in Gebrauch.

Der Metall-Schlichthobel ist ein »Allround«-Hobel. Sein Hauptzweck besteht darin, das Werkstück auf seine Fertigmaße zu bringen, kann aber auch – mit geeigneter Sohle und einem geschärften Hobeleisen bestückt – zum Einebnen und Glätten verwendet werden. Zwischen 355 und 457 mm lang, ist der Metall-Schlichthobel auch zum Hobeln langer Kanten für Verbindungen geeignet. Metall-Putzhobel sind genauso gebaut wie die Schlichthobel, aber kürzer (203 bis 254 mm). Auch diese Hobel können für verschiedene Zwecke zum Einsatz gebracht werden, sind aber hauptsächlich zur Endbearbeitung der Oberfläche im Anschluß an einen Schlichthobel oder Maschinenhobel gedacht. Durch leichtes Hobeln mit einem scharfen und präzise eingestellten Schlichthobel entstehen feine Endoberflächen.
Bevor Sie mit dem Hobeln beginnen, sollten Sie darauf achten, daß Ihr Werkstück rutschsicher

befestigt ist. Zum Hobeln von Kanten spannen Sie das Brett oder Holz in einen Schraubstock; werden Oberflächen geglättet, klemmen Sie das Werkstück mit Schraubzwingen auf die Werkbank oder befestigen es zwischen zwei Bankhaken. Damit eine glatte Oberfläche entsteht, muß mit der Holzmaserung, nicht gegenläufig, gehobelt werden. Bei Hirnholzflächen hobeln Sie von beiden Seiten jeweils bis zur Mitte, damit die Außenkanten nicht ausreißen. Dazu arbeiten Sie am besten mit einem Hirnholzhobel und kleinerem Einstellwinkel des Hobeleisens.

Grundsätzlich sollte man darauf achten, einen Hobel, der gerade nicht in Gebrauch ist, mit der Seite auf die Werkbank zu legen, damit das Eisen nicht beschädigt wird.

Soll eine besonders feine Endoberfläche erzielt werden, insbesondere bei Hartholz, ist ein Schabhobel das ideale Werkzeug. Er besteht lediglich aus einem dünnen Stahlstück guter Qualität mit speziell geformter und geschärfter Kante, um extrem feine Holzspäne zu entfernen. Der

Schabhobel wird zwischen Fingern und Daumen beider Hände geführt und in geeignetem Winkel nach vorne über das Holz gestoßen.

Obwohl ein Schabhobel kein echter Hobel ist, funktioniert er nach einem sehr ähnlichen

Prinzip. Ältere Schabhobel aus Holz enthalten geschmiedete, scharfe Messer, die schwieriger einzustellen sind als bei modernen Versionen, aber mit ihnen entstehen sehr glatte Oberflächen. Die modernen Metall-Schabhobel sind mit runder oder gerader Sohle erhältlich. Ein Schabhobel wird in Stoßbewegungen geführt und zur Bildung von Vertiefungen und Auskehlungen bzw. zum Glätten geschweifter Kanten eingesetzt. Ein Ziehmesser verwendet man zum gröbsten Bearbeiten, zum Runden und in Form bringen. Es wird mit kräftigen Zügen zum Körper her geführt. Solche Messer eignen sich am besten zur Bearbeitung von frischem, nicht abgelagertem Holz.

Sonderhobel, beispielsweise zum Aushobeln von Nuten, sind durch den Einsatz von Elektrooberfräsen mehr oder weniger überholt. Trotzdem sind viele dieser Handhobel noch im Handel und können selbstverständlich auch verwendet werden.

Elektrohobel sind entweder Handhobel oder fest installiert. Elektro-Handhobel sind nicht empfehlenswert, und Maschinen können sehr teuer sein. Am besten kaufen Sie – wenn möglich – bereits »fertig gehobeltes« Holz in entsprechenden Maßen. Maschinengehobeltes Holz muß aber auf jeden Fall noch von Hand nachgehobelt oder -geschliffen werden, da alle Elektrohobel durch die Kreisbewegungen der Messer eine mehr oder weniger geriffelte Oberfläche hinterlassen.

Stemmeisen und Hohlbeitel
Zur Holzbearbeitung werden auch – je nach Verwendungszweck – Stemmeisen in verschiedensten Formen und Größen eingesetzt. Stemmeisen, Stecheisen mit seitlicher Fase oder Loch-

beitel sind nur einige der zahlreichen Namen und Typen. »Stemmeisen« mit Klingen in gebogenem Querschnitt bezeichnet man korrekter als Hohlbeitel. Darüber hinaus gibt es speziell für Drechsel- und Schnitzarbeiten angefertigte Werkzeuge. Stemmeisen werden nach Größen eingeteilt – z. B. je nach Breite der Messerschneide –, Hohlbeitel nach Größe und »Schwung«, d. h. dem Krümmungsgrad der Klinge.
Für die üblichen Arbeitsvorgänge hat das Stemmeisen mit seitlicher Fase einige deutliche Vorteile gegenüber den anderen. Besonders für

enge Ecken und zum Ausstemmen von Verbindungen eignet es sich hervorragend. Wenn notwendig kann man mit einem Holzhammer von oben leicht auf das Heft schlagen, um die Wirkung noch zu verstärken. Achten Sie darauf, daß Ihre Stemmeisen immer scharf sind: Mit einem stumpfen Eisen sind Kraftaufwand und daher auch die Unfallgefahr sehr viel größer. Und halten Sie nie mit der einen Hand Ihr Werkstück, während Sie mit der anderen das Stemmeisen führen. Spannen Sie das Holz auf der Werkbank ein und halten Sie beide Hände hinter der Schneide. Stemmen Sie zunächst einige Male quer zur Maserung, um die Fasern anzuschneiden und versuchen Sie dann, das Eisen immer mit der Laufrichtung des Holzes zu führen.

Formen und Glätten
Obwohl mit Schneidewerkzeugen zufriedenstellendere Ergebnisse zu erzielen sind, wird es manchmal notwendig, auf andere Hilfsmittel zum Formen und Glätten zurückzugreifen. Raspeln und Feilen sind Schabwerkzeuge aus gehärtetem Stahl. Raspeln haben grobe, dreieckige Zähne; sie nehmen ziemlich schnell Holz weg und werden daher für grobes Formen und Vorbearbeiten verwendet.
Feilen, in verschiedenen »Hieben« von grob bis fein, dienen hauptsächlich zum Glätten. Sie sind mit Heft erhältlich – und in flachem, halbrundem, auch rundem Querschnitt.

Moderne Schabwerkzeuge besitzen in der Regel Hartmetall-Zahnreihen, die zwar eine sehr harte, aber auch elastische Oberfläche abgeben. Eine andere Version ist mit einem austauschbaren Feilenblatt aus dünnem, gehärtetem Stahl ausgestattet, das zahlreiche scharfkantige Löcher enthält. Damit lassen sich die verschiedensten Schnittkanten bearbeiten, aber es bleibt eine rauhe Oberfläche, die noch geglättet werden muß.

Für viele Schleifarbeiten können Sie einen Elektro-Band- oder -Tellerschleifer einsetzen; ein Schwingschleifer dagegen wird eher zur Endbearbeitung von Oberflächen verwendet. Diese Werkzeuge sparen viel Zeit, besonders in professionellen Betrieben, aber nicht alle hinterlassen eine saubere Oberfläche. Zudem entsteht eine große Menge feinen Staubs, so daß das Gerät entweder einen Staubsack besitzen sollte oder Sie gezwungen sind, eine Staubschutz- oder Atemmaske zu tragen.

Bohrer und Bohren

Früher verwendete man zum Holzbohren einen Handbohrer aus Holz und Metall mit einem Futter, in das verschiedene Bohrereinsätze (z. B. Spiralbohrer) gesteckt werden konnten. Dieser Bohrertyp wurde von Ganzmetallwinden mit gleichfalls austauschbaren Bohrereinsätzen sowie einer Sonderform des Handbohrers, der Bohrwinde, verdrängt. Handbohrer, darunter manche mit Knarre, und Bohrwinden sind bis heute in Gebrauch, aber inzwischen wird die Elektrobohrmaschine zum Holzbohren bevorzugt und allgemein verwendet. Mit Hilfe eines vertikalen Bohrständers können Sie eine gewöhnliche Bohrmaschine problemlos zur Ständerbohrmaschine umfunktionieren; dagegen ist eine Bohrmaschine mit variablen Geschwindigkeiten – als Tisch- oder Bodenmodell – eher für schwere und immer wiederkehrende Bohrarbeiten geeignet. Neben der Wahl des Bohrers müssen Sie sich aus dem breiten Angebot an Bohrereinsätzen die geeigneten aussuchen. Für normale Bohrlöcher bis zu 12 mm Durchmesser genügen gewöhnliche Spiral- oder Schlosserbohrer (A). Eine Verbesserung dieses Bohrertyps sind die Dübelbohrer mit Zentrierspitze (B). Zum Bohren besonders sauberer Löcher und für größere Durchmesser empfiehlt sich der Forstnerbohrer mit Sägezähnen (C), der aber nur mit einer Elektrobohrmaschine verwendet werden kann. Arbeiten Sie mit einer Bohrwinde, sind wohl die herkömmlichen Zentrum- (D) und Schlangenbohrer (E) am geeignetsten. Zum bündigen Versenken von Holzschrauben in einem vorgebohrten Loch verwenden Sie den Versenker (F) mit Krauskopf.

Hammer, Schraubendreher etc.

Für die in diesem Buch vorgestellten Arbeiten genügt allgemein ein Schreinerhammer mittleren Gewichts. Kleine Nägel oder Stifte klopfen Sie zunächst mit der zugespitzten Finne ein; dann

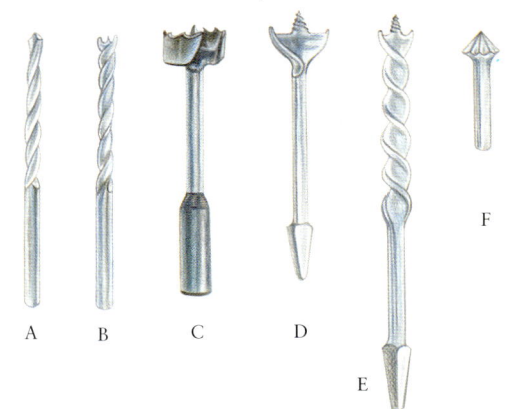

drehen Sie den Hammer um und schlagen sie mit der Breitseite ganz ein. Zum Entfernen krummgeschlagener oder abgebrochener Nägel benötigen Sie außerdem eine Beißzange. Ein Holzhammer wird hauptsächlich zum Treiben von Stemmeisen und Hohlbeitel verwendet, kann aber auch beim Zusammenbau (z. B. Zusammenklopfen von Verbindungen) sehr hilfreich sein. Es empfiehlt sich ein Holzhammer mittlerer Größe mit einem Kopf aus abgelagertem Buchenholz.

Schraubendreher sind in zahlreichen Größen und Arten, mit unterschiedlich ausgeformten Heften und aus verschiedenstem Material angefertigt, erhältlich. Am wichtigsten sind Größe und Form der Schneide oder Spitze, die der Größe und Art der verwendeten Schraube genau entsprechen müssen. Der älteste und wohl auch gebräuchlichste Schraubendreher besitzt eine flache Klinge, die in die herkömmlichen längs geschlitzten Schraubenköpfe paßt; modernere Ausführungen sind mit verschiedenen Kreuzschlitz- und Längsschlitzeinsätzen ausgestattet. Achten Sie darauf, daß die flache Schneide eines Schraubendrehers weder zu breit noch zu schmal ist. Damit die Schraube und auch das Holz nicht beschädigt werden, sollte sie genau in den Schlitz passen.

Bei Weichholz ist es hilfreich, das Loch für Schrauben – und manchmal auch Nägel – mit einer Ahle vorzubohren. Die mit der Spitze eines Schraubendrehers versehene Ahle durchtrennt die Holzfasern; dadurch verringert sich die Gefahr, daß das Holz splittert. Soll Hartholz, gelegentlich auch Weichholz genagelt oder verschraubt werden, ist es ratsam, Span- und Führungslöcher vorzubohren (siehe S. 141). Zum Versenken von Nagelköpfen unter der Holzoberfläche verwenden Sie einen Versenkstift oder Nageltreiber.

Schraubzwingen

Um Ihr Werkstück für die Dauer der Bearbeitung zu befestigen oder um verleimte Holzteile während des Trocknens und Abbindens zusammenzupressen, sind Schraubzwingen in verschiedenen Formen und Größen fast unentbehrliche Hilfsmittel. Größen werden gewöhnlich mit dem Abstand zwischen den Spannbacken angegeben, der zwischen 51 und 305 mm liegen kann.

Zum Fixieren größerer Werkstücke, vor allem beim Zusammenbau, sollte man verstellbare Spannknechte verwenden. Diese bestehen aus einer Stahlschiene mit Löchern in bestimmten Abständen, durch die ein Stift gesteckt wird, der den verschiebbaren Gleitbacken positioniert. Ein

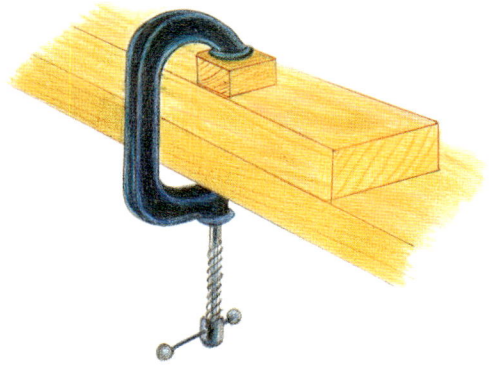

regulierbarer Druckbacken mit Schraubspindel am anderen Ende fängt den Druck auf. Verwenden Sie Schraubzwingen zum Schutz der Oberfläche Ihres Werkstücks nur mit einem untergelegten Holzklötzchen. Neben den beiden beschriebenen Standard-Ausführungen werden neuere Versionen von unterschiedlicher Qualität angeboten.

Schleifmaterial und Klebstoffe

Obwohl man häufig noch von »Sandpapier« spricht, ist auf Schleifpapier und Schleifbändern heute kein Sand mehr aufgebracht. Statt dessen werden Materialien wie Glasstaub, Granatsplitter, Aluminiumoxid oder Siliziumcarbid zum Schleifen verwendet. Damit werden auf Trägern – Stoff oder Papier – Strukturen in verschiedenen »Streuungen« und Körnungen angelegt. Grundlage zur Klassifizierung sind Art und Körnungsgrad des Schleifmaterials in Verbindung mit einem Zahlensystem: je höher die Zahl, desto feiner die Körnung. Zum Handschleifen wird meist das rotbraune Schleifpapier in Körnung 100, 150 und 220 bevorzugt. Schleifen Sie immer mit, nicht quer zur Holzmaserung und wickeln Sie die Bögen um ein Klötzchen, damit die Oberfläche des Werkstücks glatt bleibt. Auch wenn Sie einen Schwingschleifer verwenden, werden Sie wahrscheinlich noch von Hand nachschleifen müssen.

Die heute erhältlichen verschiedensten Klebstoffe werden im Sprachgebrauch sämtlich noch »verleimt«. Früher kannte man ausschließlich tierischen Knochenleim, der erhitzt und heiß aufgebracht werden mußte. Inzwischen gibt es mehr als ein Dutzend Klebstoffsorten, die zum Teil für professionelle Anwender konzipiert sind. Gut zu verwenden sind die auf PVAC basierenden, vielseitigen Leime, die zum Gebrauch in Innenräumen oder für den Außenbereich angeboten werden. Soll die Verbindung witterungs- und feuchtigkeitsbeständig sein, müssen Sie synthetischen Resorcinharzkleber verwenden.

Werkzeuge schärfen

Voraussetzung für die Qualität einer Arbeit ist scharfes und gepflegtes Werkzeug: Stumpfe Schneiden erschweren die Arbeit und sind unter Umständen auch gefährlich. Schnittverletzungen an der Hand passieren häufiger mit stumpfen als mit scharf geschliffenen Stemmeisen.

Geschärft wird in zwei verschiedenen Arbeitsgängen: durch Schleifen und Abziehen. Das Schleifen an einem sich drehenden Schleifstein hinterläßt eine rauhe Oberfläche, die als scharfe Schneide noch nicht zu gebrauchen ist. Daher muß das Werkzeug im Anschluß daran an einem Öl- oder Wasserstein abgezogen werden. Bei normaler Beanspruchung ist es ausreichend, das Werkzeug mehrmals nur abzuziehen, bevor wieder geschliffen werden muß.

Mit elektrischen Schleifmaschinen wird das Werkzeug an zumeist schmalen Schleifscheiben, die mit einer Geschwindigkeit von etwa 3000 Umdrehungen pro Minute rotieren, trocken geschliffen. Die Gefahr dabei ist, daß der Werkzeugstahl sich überhitzt und weich wird. Um dies zu vermeiden, sollte die Klinge zum Abkühlen regelmäßig in Wasser

getaucht werden. Geeigneter sind daher Schleifmaschinen mit breiteren Schleifscheiben und einer geringeren Anzahl von Umdrehungen (150 bis 200) pro Minute.

Abziehsteine – in der Regel Ölsteine – sind in den Körnungsgraden grob, mittel und fein und als Natur- oder Kunststein erhältlich. Mittlere und feine Körnung eignen sich im allgemeinen am besten. Zum Schutz sollten die Ölsteine in einer Holzbox aufbewahrt werden und an der Oberfläche immer mit einer dünnen Ölschicht geschmiert und feucht gehalten sein. Das Öl reduziert beim Abziehen die Reibung und schwemmt feine Metallpartikelchen weg. Diese verstopfen sonst die Poren des Steins; in diesem Fall wird die Oberfläche glatt und damit unbrauchbar. Die Abziehsteine sind ziemlich weich und können leicht beschädigt werden, aber zum Schärfen von Kanten und Schneiden eignen sie sich hervorragend. Um ein optimales Ergebnis zu erzielen, muß die Oberfläche absolut eben sein und das Werkzeug immer über die gesamte Breite des Steins abgezogen werden.

Neue Eisen von Schneidewerkzeugen wie Hobel und Stemmeisen sind lediglich geschliffen. Um ein Eisen im richtigen Winkel abzuziehen, setzen Sie die untere Fase mit beiden Händen flach (d. h. etwa im Winkel von 25°) auf den Stein auf. Dann heben Sie es leicht bis auf etwa 30° an. Mit leichtem Druck führen Sie dann die Klinge jeweils über die volle Länge des Steins vor und zurück. So entsteht ein feiner Grat an der Rückseite der Klinge, der mit dem Daumen

leicht zu erfühlen ist. Drehen Sie nun das Eisen um und ziehen Sie es noch einmal absolut flach über den Abziehstein; dadurch wird der Grat wieder abgewetzt und hinterläßt eine scharfe Schneide. Zur Kontrolle halten Sie die Klinge mit der abgezogenen Kante nach oben ins Licht. Verbliebene stumpfe Stellen reflektieren das Licht und erscheinen als weiße Linien oder Streifen. Noch schärfer wird die Schneide, wenn Sie die Klinge auf einem mit Öl und sanftem Schleifmittel getränkten Leder abziehen.

Am Anfang ist es oft ein Problem, das Werkzeug oder die Klinge beim Abziehen ruhig zu führen. Kippen oder Wackeln rundet die Fase ab und macht sie stumpf. Auch den richtigen Winkel beizubehalten, kann eine Schwierigkeit darstellen. Um ersteres zu umgehen, ist es eine Hilfe, das Eisen sehr fest zu umgreifen und die Handgelenke steif zu halten; beide Probleme kann eine Schleifführung aus der Welt schaffen. Mit dieser Vorrichtung auf Rollen wird das Eisen beim Abziehen fixiert und genau im richtigen Winkel geführt.

ARBEITSTECHNIKEN
Holzelemente verbinden

Zum Verbinden von Holzelementen gibt es verschiedene Möglichkeiten. Man kann Metallbefestigungen wie Schrauben oder Nägel verwenden, Holzdübel setzen, Flächen miteinander verleimen oder nach Bedarf die genannten Methoden kombinieren. Auch die Holzelemente selbst werden zu ineinandergreifenden Verbindungen wie Schlitz und Zapfen, Zinken und Schwalbenschwänzen u. a. geformt; durch zusätzliches Verleimen entsteht so eine sehr dauerhafte Konstruktion.

Diese Verbindungstechniken haben sich über Jahrhunderte hin weiterentwickelt und nur wenige scheinen noch verbesserungsfähig. In den letzten Jahren haben jedoch industriell gefertigte Materialien – wie Sperrholz, Spanplatten, mitteldichte Faserplatten (MDF) – und die Erfordernisse einer rationellen Fertigung zu anderen Montage- und Verbindungstechniken geführt. Dazu gehören beispielsweise Verbindungen mit Dübeln oder Lamelloplättchen und andere Schnellverbinder. Für die in diesem Buch vorgestellten Arbeitsstücke wird jedoch auf Verwendung massiven, abgelagerten Holzes Wert gelegt; entsprechend sind auch nur die herkömmlichen und für das jeweilige Werkstück relevanten Verbindungstechniken beschrieben.

Nageln

Nägel gibt es in einer Vielzahl an Formen und Größen. Die hier gezeigte Auswahl beschränkt sich auf diejenigen Typen, die für die Arbeiten im Buch erforderlich sind. Hergestellt werden Nägel aus unterschiedlichsten Metallen wie Stahl, galvanisiertem Stahl, Messing, Kupfer oder Aluminium. Allgemein unterscheidet man Drahtnägel – rund oder oval – und Drahtstifte. Stahlnägel eignen sich für nahezu alle Zwecke; wobei ovale Nägel das Risiko verringern, daß das Holz splittert. Außerdem können sie bis unter die Oberfläche getrieben werden, so daß ein sauberer Abschluß entsteht. Für leichtere Verbindungen und bei bestimmten Möbeltypen genügen Drahtstifte, die gleichfalls unter der Oberfläche verschwinden.

Wichtig ist, daß der Nagel oder Stift die passende Länge hat. Lange Stifte brechen leicht ab. Schlagen Sie sie deshalb nur vorsichtig ein und halten Sie sie dabei zwischen Daumen und Zeigefinger fest. Kurze Stifte, die nur schlecht zu halten sind, schlägt man durch ein Stück steifen Kartons.

In Verbindung mit Klebstoff oder Leim kann durch Stifte eine sehr feste Verbindung entstehen. Zusätzlich kann man die Wirkung verstärken, wenn – insbesondere bei breiten Brettern – schräg versetzt genagelt wird. Leichter geht der Zusammenbau vonstatten, wenn Sie zunächst den Nagel oder Stift fast ganz durch das oben liegende Teil klopfen, dann den Leim

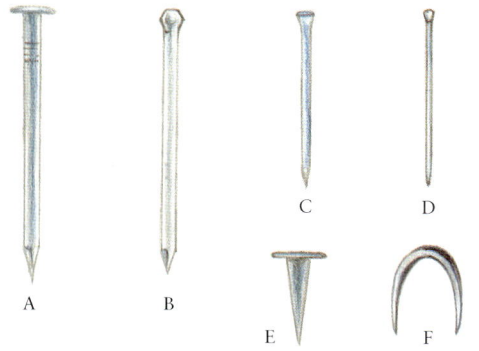

auftragen, die Holzelemente zusammensetzen und zum Schluß den Nagel ganz einschlagen. Bei der Arbeit mit Hartholz, das gerne splittert, empfiehlt es sich, Löcher vorzubohren, die etwas kleiner sind als die verwendeten Nägel oder Stifte. Damit ein sauberer Abschluß entsteht, treiben Sie die Nägel mit Versenkstift und Hammer unter die Holzoberfläche. Der Versenkstift sollte eine konkave Spitze besitzen, damit der Drahtstift- oder Nagelkopf nicht verrutscht. Die verbleibenden Löcher an der Oberfläche füllen Sie mit Holzkitt oder einer Leim-Sägespäne-Mischung auf.

Schrauben

Mit Holzschrauben können Holzelemente verbunden, aber auch Metallteile wie Scharniere, Griffe u. ä. befestigt werden.

Man unterscheidet sie nach Länge (L), Schaftdicke (D) und Form des Schraubenkopfs. Die Größe wird mit Maßen für Länge und Schaftdurchmesser in Millimetern angegeben. Es gibt Stahl- oder Messingschrauben und sogar einige Sorten, die beispielsweise mit Chrom oder Zink beschichtet sind. Die Schraubenköpfe sind entweder als Senk- bzw. Flachköpfe (A) ausgebildet, die bündig mit der Oberfläche abschließen oder in diese versenkt werden; oder sie

haben die Form eines Rundkopfs (B), der auf der Oberfläche sitzt. Ein gerader Schlitz ist auf herkömmliche Schraubendreher zugeschnitten; daneben können die Köpfe aber auch einen Kreuzschlitz (C) für spezielle Kreuzschlitz-Schraubendreher aufweisen.

Für die meisten Werkstücke im praktischen Teil des Buches sind Schlitzschrauben mit Senk-

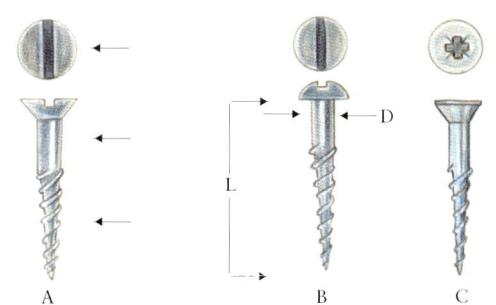

kopf erforderlich. Arbeitet man mit Eichenholz, müssen Messingschrauben verwendet werden, damit die Schrauben durch die Gerbsäure im Holz nicht korrodieren.

Zum Setzen von Holzschrauben als Verbindung oder zur Befestigung von Metallteilen sind Bohrlöcher erforderlich. Bei Hartholz bohren Sie ein Spanloch – etwas breiter als die Schaftdicke – durch das aufliegende Holzelement und ein Führungsloch – etwas schmäler im Durchmesser als das Schraubengewinde – für die Gesamtlänge der Holzschraube. Arbeiten Sie mit Weichholz, sollte das Spanloch gleichfalls gebohrt sein, für das Führungsloch können Sie aber auch eine Ahle (oder Spitzbohrer) verwenden. Erweitern Sie dann mit einem Versenker die Oberfläche für den Schraubenkopf oder legen Sie im oberen Teil mit einem Stufenbohrer ein Stufenloch an, in das später ein Holzstöpsel gesetzt werden kann; so verschwindet der Schraubenkopf vollständig. Beim Setzen der Schraube sollten Sie darauf achten, daß die Größe des Schraubendrehers genau

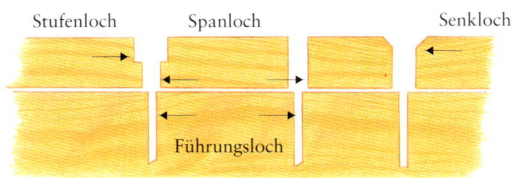

paßt. Drücken Sie den Schraubenkopf beim Drehen kräftig nach unten, damit der Schlitz nicht beschädigt wird – was bei den weichen Stahlschrauben sehr leicht geschieht.

Verleimen

Mit geeignetem Leim lassen sich oftmals Holzelemente am besten verbinden, insbesondere wenn diese Methode noch durch ineinandergreifende Holzverbindungen oder Nägel und

Schrauben verstärkt wird. Für optimale Haftung müssen die zu verleimenden Flächen zuerst gereinigt werden, denn Staub oder Späne könnten zu Rissen führen. Liegt Ihnen an einer haltbaren Verbindung, sollten Sie Leim nie zum Auffüllen von Lücken verwenden. Dann müssen die Verbindungsflächen fest zusammengepreßt werden – normalerweise mit Spannknechten –, bis der Leim sauber abgebunden hat (beachten Sie hierbei auch die Hinweise des Herstellers).

Bereiten Sie das Verleimen Ihres Werkstücks genau vor. Wichtige Voraussetzung ist eine saubere, staubfreie Arbeitsfläche. Außerdem sollten Sie vor dem Leimauftrag prüfen, ob alle Teile genau zusammenpassen und ob die Verbindungsflächen gerade sind. Dann bereiten Sie das notwendige Arbeitsmaterial vor: Leim, ein feuchtes Tuch und die auf richtige Größe eingestellten Spannknechte sollten zur Hand sein, daneben – falls notwendig – ein paar Holzklötzchen zum Schutz der Oberflächen. Tragen Sie ausreichend Leim auf, damit die Verbindungsflächen nicht trocken bleiben, aber auch nicht zuviel – sonst haben Sie hinterher viel zu tun, überschüssigen Leim mit dem feuchten Tuch überall wegzuwischen. An manchen Stellen können Leimspuren das Aussehen des fertigen Werkstücks stark beeinträchtigen.

HOLZVERBINDUNGEN
Breitenverbindungen

Wenn für ein Werkstück eine breite Holzfläche erforderlich ist, kann es sein, daß Sie zwei schmalere Stücke Kante an Kante miteinander verbinden müssen. Die einfachste Methode für diesen Fall ist eine Verbindung mit stumpfer Fuge. Entscheidend dabei ist, daß die Kanten, die zusammengefügt werden sollen, in ihrer gesamten Länge absolut eben und gerade sind. Häufig wird der Fehler begangen, die Enden stärker abzuhobeln; statt dessen sollte man lieber in der Mitte teilweise Holz wegnehmen und die beiden Kanten gleichzeitig mit dem Hobel bearbeiten. Um Lücken festzustellen, pressen Sie die Kanten aneinander und halten beide Teile zusammen gegen das Licht.

Wenn Sie mit dem Ergebnis zufrieden sind, tragen Sie Leim auf und drücken die Kanten kräftig zusammen; schieben Sie dann die Holzteile einige Male nach vor und zurück. Dadurch wird Luft in der Verbindung herausgepreßt und der Leim in die Fasern verrieben.

Zum Zusammendrücken der Kanten während des Abbindens benötigen Sie mindestens drei Spann- oder Schraubknechte, die – beginnend mit dem mittleren – wie auf S. 142 abgebildet positioniert werden. Überprüfen Sie, ob die Fläche eben ist, wischen Sie überschüssigen Leim

weg und lassen Sie das Werkstück über Nacht trocknen. Falls notwendig hobeln oder kratzen Sie die verleimten Fugen zum Schluß ab.

In den meisten Fällen ist eine Verbindung mit stumpfer Fuge ausreichend, aber für größere Flächen wie beispielsweise Tischplatten empfiehlt sich eine Verstärkung mit Holzdübeln oder

einer lose eingelegten Feder. Um breitere Bretter herzustellen, können fertige Nut-und-Federbretter miteinander verleimt werden.

Nut und Falz
Nut oder Falz sind Teile einer Holzverbindung. Die Nut ist eine schmale Rille, die gewöhnlich in der Länge eines Elements verläuft; der Falz bil-

det einen stufenförmigen Absatz an einer Ecke oder Kante, mit oder quer zur Faserrichtung. Beide dienen dazu, ein Element zu befestigen. Zum Anlegen von Nuten oder Fälzen gibt es spezielle Metallhobel. Ein Falzhobel schneidet ausschließlich Fälze, während ein Nuthobel für beide Holzverbindungsarten verwendet werden kann. Auch einige Kombinationshobel können für diese Zwecke eingesetzt werden und erfüllen daneben auch andere Aufgaben. Hobeln Sie das

Werkstück am Ende in kurzen Stößen an und lassen Sie zum Schluß hin die Schnitte leichter und länger werden.

Inzwischen haben Elektrooberfräsen mit austauschbaren Fräsern die Handhobel abgelöst. In Verbindung mit einer geeigneten Führung bei Handfräsen oder mit einer Fräsvorrichtung für feststehende Ausführungen, die fertig gekauft oder individuell angefertigt werden kann, hat man hierin ein sicheres, sauber arbeitendes und schnelles Werkzeug zur Verfügung.

Nutverbindungen
Diese Verbindungsart besteht aus einem schmalen Schlitz bzw. einer breiten Nut, die quer zur Faserrichtung eingeschnitten und in die das Ende eines anderen Holzelements – z. B. eines Fachbodens – hineingeschoben wird. Die Nuten können stumpf, d. h. in der Stärke des Fachbodens, ausgeführt sein oder als Gratnut – was bedeutet, daß die Stärke des Bodens durch eine Stufe (Feder) verringert wird und auch die Nut schmäler ist. Außerdem gibt es die Möglichkeit, die Nut abgesetzt oder durchgehend anzulegen (siehe Zeichnung unten). Nuten lassen sich von Hand – eventuell mit Hilfe einer Bohrmaschine – ausarbeiten (siehe Zeichnung oben rechts), oder Sie verwenden eine Elektrooberfräse.

Vermessen Sie zunächst die Stärke des Fachbodens bzw. diejenige der Feder am Ende des Bretts und zeichnen Sie die Lage der Böden an den Seitenteilen an.

Die Nut soll geringfügig schmäler sein als die Stärke des Bretts, damit eine straffe Verbindung entsteht. Überprüfen Sie Ihre Markierungen und reißen Sie dann die Schnittlinien quer zur Faserrichtung mit einem scharfen Reißmesser an. Mit dem Streichmaß wird die Tiefe der Nutverbindung angerissen, die in der Regel $^1/_3$

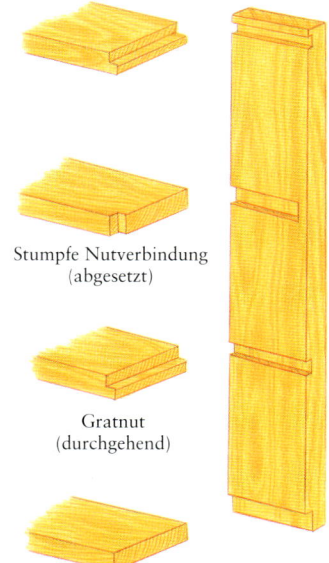

Stumpfe Nutverbindung
(abgesetzt)

Gratnut
(durchgehend)

der Seitenteilstärke beträgt. Befestigen Sie das Element mit Schraubzwingen rutschfest auf der Werkbank und stemmen Sie mit einem scharfen Stemmeisen (19 mm) an der Außenkante der Schnittlinien entlang eine Führungskerbe für die

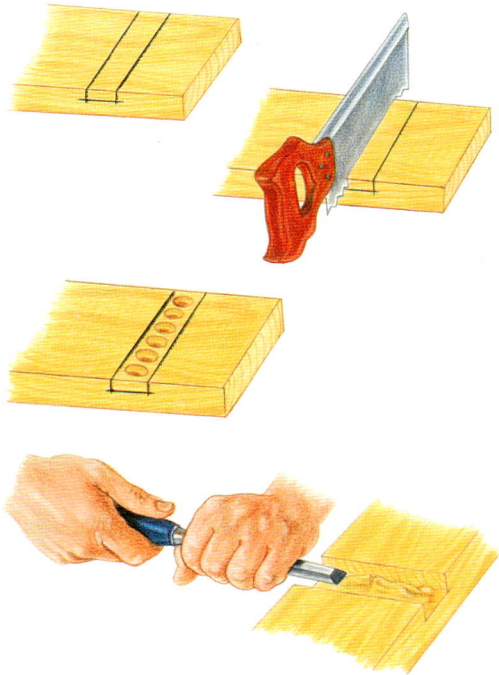

Säge. Mit dieser sägen Sie nun bis auf die Tiefe der Nut herunter und stemmen sie aus. Arbeiten Sie dabei so weit wie möglich von beiden Seiten aus zur Mitte (siehe Zeichnung oben). Wahlweise können Sie auch mit einem Bohrer die Hauptmasse des Holzes entfernen. Glätten Sie zum Abschluß den Boden der Nut und stecken Sie die beiden Elemente probeweise einmal zusammen. Falls notwendig, hobelt man die Unterseite des Fachbodens so lange ab, bis die Verbindung straff zusammenhält.

Für Eckverbindungen, wie beispielsweise bei einer Kastenkonstruktion, kann ein ähnliches Prinzip angewandt werden. Bildet man eine stumpfe Nut, wird aus ihr am Ende eines Holzelements in Wirklichkeit ein Falz quer zum Faserverlauf. Aufgrund ihrer geringen Stabilität sollte eine solche Eckverbindung geleimt und genagelt werden. Eine Nut- und Federverbindung ist in den meisten Fällen die bessere Lösung und kann, wenn sauber ausgeführt, durch Leim allein ausreichend gefestigt werden.

Zinkenverbindungen
Mit einer Zinkenverbindung können Eckelemente sehr viel stabiler zusammengebaut werden, was insbesondere für Schubladen ein Vorteil ist. Der Grund für diese Verbesserung liegt in der vergrößerten Fläche für den Leim und in den ineinandergreifenden Formen der Verbindung.

Die einfachste Form der Zinkenverbindung ist die sogenannte offene Zinkung. Charakteristisch dafür ist, daß nach dem Zusammenfügen die Hirnholzenden von Schwalben und Zinken auf beiden Seiten sichtbar sind. Bei der halbverdeckten Zinkung, die häufig bei Schubladenfronten zur Anwendung kommt, wird das Hirnholz an der Schauseite verdeckt.

Bei Schubladen bilden die Schwalbenschwanzstücke immer die Seitenteile. Schneiden Sie das Material mit einer geraden Kante auf die erforderliche Länge zu. Zusammengehörige Enden werden numeriert oder anderweitig zu-

sammengezeichnet. Zum Anreißen und Ausarbeiten einer offenen Zinkung, bei der Vorderstück und Seitenteile dieselbe Stärke haben, gehen Sie dann folgendermaßen vor:

1 Stellen Sie Ihr Streichmaß auf Holzstärke ein und reißen (oder markieren) Sie ringsum die Grundlinie für die Verbindungen an. Dann tragen Sie mit einer Schmiege oder einer Schablone

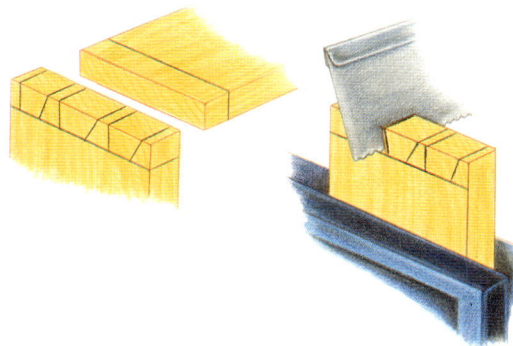

zunächst die Schwalben an. Achten Sie auf gleichmäßige Zwischenräume und setzen Sie die Linie über die Kanten hinweg gerade fort.
2 Das Holz wird mit dem Ende nach oben in einen Schraubstock gespannt. Dann sägen Sie die Schwalbenschwänze mit einer Zinken- oder anderen Rückensäge an der Außenseite der Linie entlang bis zur Grundlinie aus (siehe Zeichnung oben rechts).
3 Entfernen Sie die Hauptmasse des Holzes in den Zwischenräumen mit einer kleinen Bügelsäge; für die Feinarbeit verwenden Sie ein scharfes Stecheisen mit seitlicher Fase.

4 Mit der Schwalbenschwanzverbindung als Schablone werden nun die Zinken angerissen. Spannen Sie dazu das Zinkenstück aufrecht in den Schraubstock und stützen Sie das Element mit den Schwalben wie in der Zeichnung unten gezeigt. Übertragen Sie mit dem Messer vorsichtig die Umrisse der Schwalben und ziehen Sie die Linien über die Kanten auf beiden Seiten gerade bis zur Grundlinie herunter.
5 Wie vorher sägen Sie nun die Zwischenräume aus – immer an der Außenseite der Linie entlang! – und stechen mit einem scharfen Stecheisen sauber die Ecken nach. Testen Sie, ob die Verbin-

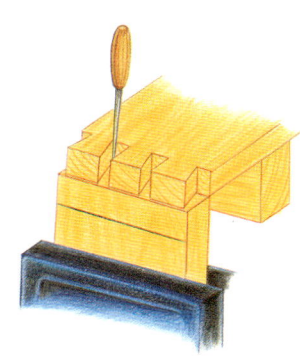

dungen zusammenpassen und korrigieren Sie wenn notwendig mit einem Stemmeisen.

Bei halbverdeckten Zinkungen ist das Schubladenvorderstück üblicherweise dicker als die Seitenteile, damit die Verdeckung der Schwalben möglich wird. Bereiten Sie die Einzel-

elemente wie bei der offenen Zinkung beschrieben vor und bestimmen Sie die Länge der Schwalben (die aus Gründen der Übereinstimmung häufig der Stärke der Seitenteile entspricht). Mit diesem Maß setzen Sie das Streichmaß an und markieren die Schwalbenschwanz-

stücke an allen vier Seiten. Das Vorderstück markieren Sie nur an der Innenseite. Aussägen der Schwalben und Anreißen der Zinken entsprechen der Vorgehensweise bei offener Zinkung.
1 Nun spannen Sie das Frontstück senkrecht in den Schraubstock und sägen vorsichtig im Winkel bis zur Grundlinie an der Innenseite und bis

an das Verdeck. Auch hier achten Sie wieder darauf, am Außenrand der Markierung zu sägen.
2 Anschließend spannen Sie das Werkstück flach auf die Werkbank und stemmen mit vertikalen Schnitten – quer zur Holzfaser –, dann mit horizontalen die Zwischenräume aus. Zum sauberen Nachstechen der Ecken verwenden Sie ein scharfes Stecheisen mit seitlicher Fase. Prüfen Sie, ob die Verbindung ineinanderpaßt und korrigieren Sie gegebenenfalls.

Zinkenverbindungen können auch maschinell angefertigt werden, sind aber gewöhnlich an der gleichmäßigen Ausarbeitung sofort zu erkennen. In Verbindung mit speziellen Vorrichtungen wird es jedoch möglich, mit einer Fräsmaschine Zinkungen auszubilden, die von handangefertigten Verbindungen nicht zu unterscheiden sind.

Kreuzüberblattung

Die Kreuzüberblattung dient dazu, zwei in der Regel gleich starke Holzelemente rechtwinklig und an der Oberfläche bündig miteinander zu verbinden bzw. zu überkreuzen.
Hobeln Sie Ihre Werkstücke in der entsprechenden Größe und rechtwinklig zu. Dann reißen Sie den Einschnitt mit einem Reißmesser über die

143

bindung, die gestemmte Rahmenecke mit Gratnut und abgesetztem Nutzapfen und die – speziellere – Doppelzapfenverbindung. Grundprinzip dieser Verbindungen sind ein Zapfenloch oder Schlitz, der normalerweise im senkrechten Rahmenteil (Fries) gebildet wird, sowie auf der anderen Seite der Zapfen. Dieser bildet eine in der Holzstärke reduzierte Nase am Ende des Verbindungsstücks – üblicherweise als Querfries bezeichnet –, die genau in den Schlitz passen soll.

Hobeln Sie die Einzelelemente so zu, daß sie absolut eben und damit an den Stirnseiten rechtwinklig sind. Liegen die Schlitze nahe an einem Ende, empfiehlt es sich, bei der Länge des Pfostens an dieser Seite etwas zuzugeben, damit das Holz beim Ausarbeiten der Verbindung nicht splittert. Die Überstände werden später abgesägt.

1 Sägen Sie das Querfries in der gewünschten Länge zu und beachten Sie, daß dabei die Länge der beiden Zapfen zugegeben werden muß. Reißen Sie die tatsächliche Querfrieslänge an beiden Enden ringsum rechtwinklig an. Das ist die Brüstungslinie für die Zapfen.

2 Zeichnen Sie zuerst die Schlitzlänge an; die Breite ergibt sich später aus der Breite des Zapfens.

größten Teil des Holzes innerhalb der Markierungen zunächst mit einem schmäleren Bohrer zu entfernen, bevor der Schlitz mit dem Lochbeitel versäubert und begradigt wird. Legen Sie die Schlitze jeweils 3 mm tiefer als die Länge der Zapfen an.

4 Nun sägen Sie in drei Arbeitsschritten an den Zapfenwangen entlang (an der Außenkante der

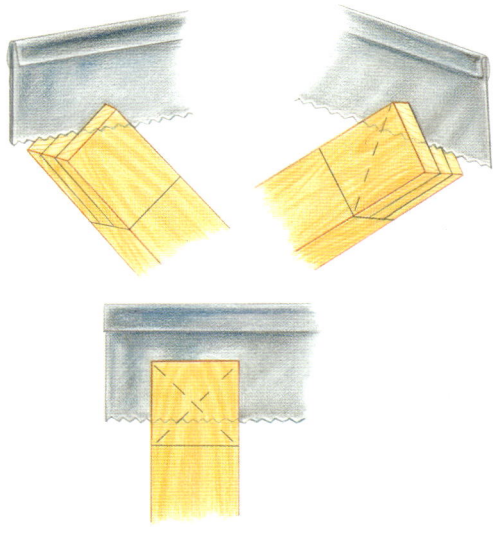

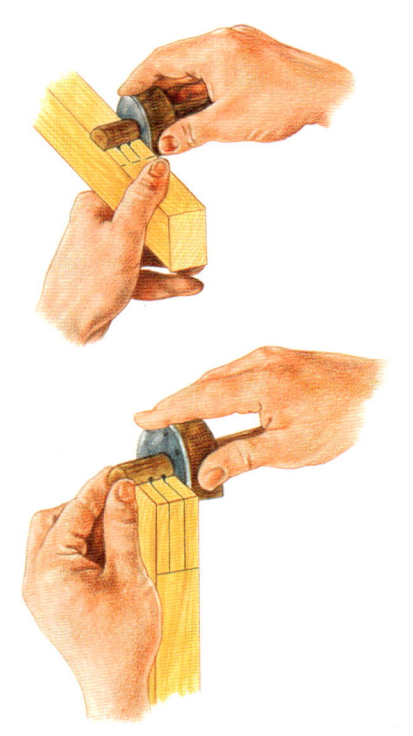

gesamte Breite und im rechten Winkel an. Mit dem Bleistift ziehen Sie die Markierungen geradlinig auch an den Seitenflächen herunter. Stellen Sie nun das Streichmaß auf halbe Holzstärke ein und markieren Sie damit die Tiefe der Überblattung auf beiden Seiten der Werkstücke. An der Außenkante der angerissenen Linien stemmen Sie eine leicht abgeschrägte, schmale Nut als Führung für die Säge und sägen dann senkrecht bis an die mit dem Streichmaß gezogene Mittellinie. Zum Schluß stemmen Sie die Vertiefung von beiden Seiten jeweils zur Mitte hin arbeitend aus; die Flächen sollten glatt und gerade sein.

Schlitz- und Zapfenverbindungen

Die stabilste und gebräuchlichste Rahmenverbindung ist diejenige mit Zapfen. Zwar gibt es bei dieser Technik zahlreiche Varianten, doch werden hier nur die für unsere Zwecke wichtigsten drei berücksichtigt: die eingestemmte Zapfenver-

Dann stellen Sie die Anreißspitzen des Zapfenstreichmaßes auf die Breite eines Lochbeitels ein, die genau oder annähernd ein Drittel der Querholzstärke betragen sollte. Mit dieser Maßeinstellung reißen Sie ringsum die Zapfenstärke an und vervollständigen auch die Markierung für den Schlitz (siehe Zeichnung oben).

3 Zuerst stemmen Sie jetzt die Schlitze aus. Falls Sie von Hand arbeiten, ist es eine Hilfe, den

Linien!), wobei das Querfries jeweils wie oben gezeigt in den Schraubstock gespannt sein sollte. Dann spannen Sie es flach auf die Werkbank und stemmen eine leicht schräge Führungskerbe für die Feinsäge entlang der Außenseite der Brüstungslinie.

Sägen Sie vorsichtig senkrecht bis zu dem vorher angelegten Sägeschnitt nach unten, um

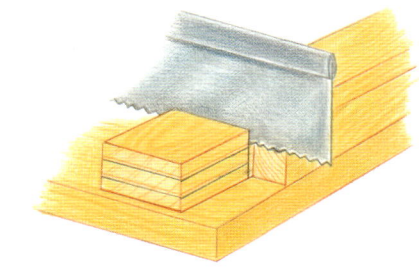

das Wangenholz beidseitig zu entfernen. Zum Schluß tragen Sie noch den Beschnitt des Zapfens in der Breite an und sägen den Zapfen entsprechend zu.

5 Passen Sie den Zapfen dann durch Feinbearbeitung so an, daß er gut in den Schlitz paßt.

Wichtig ist auch, daß alle Flächen gerade sind und im rechten Winkel zueinander stehen, damit an den Verbindungsstellen der Rahmen nicht splittert.

Die Zapfenverbindung mit abgesetztem Nutzapfen und Gratnut ist dann ideal, wenn Sie einen Rahmen mit Nut herstellen, in den eine Füllung eingepaßt werden soll – z. B. bei einer Füllungstür. Ein abgesetzter Zapfen kann grundsätzlich dazu beitragen, die Verbindung zu festigen; im Fall der Rahmenecke aber paßt er genau an das obere Ende der Nut im senkrechten Rahmenteil. Wenn möglich legen Sie die Nut in gleicher Breite an wie den Schlitz für den Zap-

fen. Der Schlitz wird wie vorher beschrieben ausgestemmt, vorher aber die Nut gebildet (siehe S. 142).

Reißen Sie dann den Zapfen an und sägen Sie die Wangen aus. Den Absatz des Zapfens

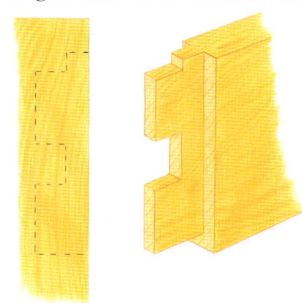

markieren Sie und behalten ihn bei, wenn Sie die an den anderen beiden Seiten die Brüstungen heruntersägen.

Doppelzapfen werden dann ausgearbeitet, wenn breite Querhölzer mit senkrechten Rahmenteilen verbunden werden sollen. Der lange Schlitz für einen einzelnen, breiten Zapfen würde das senkrechte Rahmenholz zu sehr schwächen; auch könnte ein sehr breiter Zapfen durch Schwinden des Holzes mit der Zeit locker werden. Breite Querfriese bei Rahmentüren oder Tischzargen werden z. B. auf diese Weise richtig gezapft. Reißen Sie die Verbindung wie oben gezeigt an. Dann stemmen Sie den Schlitz mit dem Absatz für den Zapfen und das Mittelstück aus. Anschließend sägen Sie den doppelten Zapfen zu und passen die Teile gegebenenfalls noch an.

Zur Anfertigung der Schlitze gibt es eigene Maschinen oder Vorrichtungen in Verbindung mit einer an der Werkbank installierten Bohrmaschine. In Schreinerbetrieben sind spezielle Maschinen zum Herstellen der Zapfen im Einsatz, für Ihre Arbeiten können Sie sie aber auch mit einer Bandsäge bzw. Elektrooberfräse zuschneiden.

Runde Zapfen und gebohrte Zapfenlöcher

Mit dieser traditionellen Verbindung für Hocker und Stühle werden Beine und Sitzfläche oder Querstege und senkrechte Elemente zusammengefügt. Die Zapfenlöcher können entweder durchgebohrt (offen) oder verdeckt sein; häufig

Verdecktes Zapfenloch   Durchgebohrtes und verkeiltes Zapfenloch

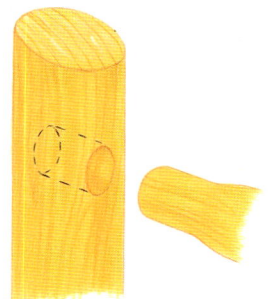

werden die offenen Verbindungen zusätzlich noch verkeilt (siehe Zeichnung unten). Manche Möbelbauer bevorzugen kegelförmig zulaufende Zapfenlöcher; gerade, mit parallelen Seiten sorgen Sie jedoch für eine stabilere Verbindung. Zuerst bohren Sie mit einer geeigneten Bohrerspitze – der Forstnerbohrer bietet sich an – das Zapfenloch im gewünschten Durchmesser aus.

Dann schnitzen Sie den runden Zapfen mit einem scharfen Messer zu oder geben ihm mit Schneidewerkzeug oder Raspel und Feile seine runde Form. Als Faustregel gilt: Die Tiefe des Zapfenlochs sollte mindestens dem Durchmesser des Zapfens entsprechen.

Schlitz- und Zapfenverbindung auf Zug

Eine alte Methode, Zapfenverbindungen festzuziehen und zu stabilisieren, besteht darin, einen Holzstift oder Bolzen durch die Verbindung zu

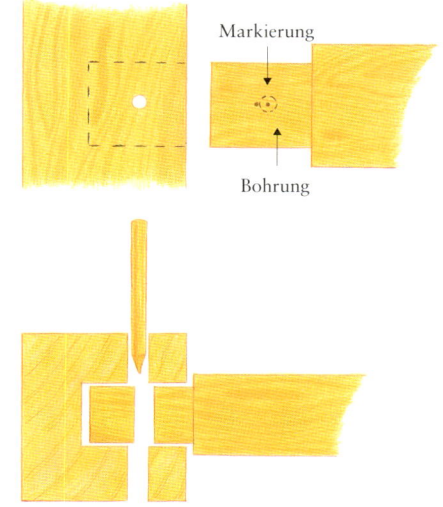

Markierung

Bohrung

schlagen. Bei neuzeitlichen Imitationen alter Möbel wird die Technik häufig falsch kopiert, indem man einfach durch die zusammengesetzte Verbindung bohrt und einen Dübel setzt.

Richtig geht man bei dieser Methode folgendermaßen vor: Nachdem Sie die Verbindung ausgearbeitet haben, bohren Sie ein in der Größe geeignetes Loch durch die Wangen des Schlitzes; der Zapfen ist dabei nicht eingesteckt. Dann setzen Sie das Querholz mit dem Zapfen ganz ein und bohren erneut, aber nur um die Bohrstelle an der Oberfläche zu markieren. Das tatsäch-

145

liche Bohrloch durch den Zapfen setzen Sie etwa 1,5 mm näher an die Brüstung. Durch diese kleine Verschiebung zieht sich Verbindung absolut fest, wenn Sie den Stift einschlagen.

Verwenden Sie einen Holzstift mit geradem Faserverlauf, der im Durchmesser etwas größer ist als das Loch. Spitzen Sie ihn an einem Ende zu, damit er leichter eingeführt werden kann, und sägen Sie ihn zum Schluß bündig ab.

OBERFLÄCHENBEHANDLUNG

Manche Holzarten sind von Natur aus widerstandsfähiger als andere, aber in jedem Fall ist eine Behandlung der Oberfläche von Vorteil. Zu ihrem Schutz gibt es Mittel, die die Holzporen versiegeln. Andere Produkte, wie z. B. deckende Farben, lassen die Holzoberfläche gänzlich verschwinden, während transparente Lacke die natürlichen Farbeigenschaften des Holzes steigern und ihm Glanz verleihen. Die Behandlung der Oberfläche macht ein Möbelstück widerstandsfähiger gegen die Beanspruchungen des täglichen Gebrauchs; der Überzug oder Anstrich kann nach Wunsch auch erneuert oder verändert werden.

Während man heute mit einer geradezu verwirrenden Vielfalt an Produkten konfrontiert wird, kannte man früher lediglich mehrere Farbmischungen und einige Öle und Wachse. Für einen Möbelbauer auf dem Land reduzierte sich die Auswahl noch zusätzlich aus Kostengründen oder hinsichtlich der Verfügbarkeit.

Zu dem komplexen Thema der Oberflächenbehandlung können im folgenden nur allgemeine Bemerkungen gemacht werden. Lassen Sie sich von Ihrem Farbenhändler beraten und beachten Sie stets die Hinweise des Herstellers.

Farben

Die bemalten Möbel und kunsthandwerklichen Erzeugnisse im alten Ägypten wie auch die Farbgebung in mittelalterlichen Bauwerken liefern uns Hinweise zum Gebrauch und Charakter der »Farben« in früheren Zeiten. Farben wurden aus den am Ort verfügbaren Materialien – d. h. Erde und pflanzlichen Pigmenten – und einem geeigneten Lösungsmittel hergestellt. Dieses konnte einfach Wasser sein (für Leim- und Kalkfarben) oder aus einer Mischung von Wasser mit anderen Zusätzen wie Leinöl und Eigelb (für Temperafarben) bestehen. Leinöl wurde auch zur Herstellung von Ölfarben verwendet.

Kaseinfarben

Leim- und Kalkfarben sind besser für Wand- als für Holzanstriche geeignet, und Tempera- oder Ölfarben waren teuer und zeitaufwendig in der Herstellung. Eine Kompromißlösung hatte man mit den Kaseinfarben gefunden. Diese werden aus farbigen Erden, entrahmter Milch und etwas Kalk gemischt. Insbesondere in den ländlichen Gebieten Nordamerikas, wo die Bestandteile unmittelbar zugänglich waren bzw. problemlos vorbereitet werden konnten, wurden Kaseinfarben äußerst beliebt. Sie sind einfach aufzutragen und ergeben in trockenem Zuzsand einen dauerhaften, glatten und matten Anstrich. Die Farben sind klar und werden mit der Zeit angenehm weicher und sanfter.

Kaseinfarbe wird mit Pinsel oder Schwamm verstrichen, ist wasserverdünnbar und daher leicht zu verarbeiten. Sie trocknet schnell ab und wird dabei heller. Durch einen zweiten Anstrich deckt die Farbe besser ab. Nach dem Trocknen kann man die Oberfläche noch mit Klarlack oder Wachs einlassen, um sie zu versiegeln und nachzudunkeln. Kaseinfarbe ist ein authentisches und »altes« Mittel zur Farbbehandlung von Oberflächen, dabei umweltfreundlich. An modernen wasserlöslichen Farben gibt es ein breites Spektrum von Acryl- und Emulsionsfarben.

Ölfarben

Auf Ölbasis hergestellte Farben waren ursprünglich ein Gemisch aus Leinöl, Farbpigmenten und Terpentin als Lösungsmittel. Heutige Zusammensetzungen beinhalten meist verschiedene Öle und Kunstharze, wobei Blei aus gesundheitlichen Gründen nicht mehr Bestandteil ist. Das Verdünnungsmittel ist in der Regel Terpentinersatz. Ölfarben sind in verschiedensten Farbtönen und in matt, halbmatt und glänzend erhältlich; sie sind meist vollkommen deckend und bilden einen ziemlich strapazierfähigen und dauerhaften Oberflächenanstrich. Bei naturbelassenem Holz muß jedoch zuerst grundiert oder vorlackiert werden. Nachteile der Ölfarben: Sie trocknen nur langsam, und Pinsel und anderes Gerät sind mit Terpentinersatz zu reinigen.

Lacke

Früher verwendete Lacke wurden aus natürlichen Harzen wie z. B. der Kopalfichte (Kopallack) hergestellt und in Öl (Leinöl) oder Alkohol (Ethylalkohol) gelöst. Sie bildeten einen transparenten oder annähernd transparenten Überzug, der nach Vorbehandlung auf Naturholz aufgebracht werden konnte oder über einem matten Farbanstrich als Oberflächenlackierung diente. Lacke werden auch als Schutzüberzug aufgetragen, weil sie eine strapazierfähige Oberfläche erzeugen.

Die meisten modernen »Lacke« sind aus Kunstharzen hergestellt. Polyurethanlack – matt, halbmatt und glänzend – gehört zu den gebräuchlichsten synthetischen Lacken und bildet einen harten Überzug, der witterungsbeständig ist. Bevor man dabei abschließend den Lack direkt aus der Dose verstreicht, wird am besten mehrmals mit einer Verdünnung vorlackiert (mit Terpentinersatz, im Verhältnis 1:1). Jeder Auftrag muß zuerst ganz trocknen und anschließend mit sehr feinem Schleifpapier abgeschliffen werden (außer dem letzten). Entfernen Sie jeweils sehr sorgfältig den Schleifstaub, sonst gelingt keine saubere Oberfläche.

Beizen

Mit Beizen kann man die Holzfarbe verändern oder intensivieren und die Oberfläche oder Holzmaserung eines naturbelassenen Möbelstücks in ihrer Wirkung steigern. Grundsätzlich gibt es vier verschiedene Arten von Beizen: Wasser-, Spiritus-, Terpentinöl- und chemische Beizen. Machen Sie vor Gebrauch immer erst einen Test mit einem Reststück des gleichen Holzes.

Bereiten Sie das Holz vor dem Beizen sorgfältig vor: Kleine Fehler und rauhe Fasern an der Oberfläche werden durch die Beize noch zusätzlich hervorgehoben, und durch eventuelle Fett- oder Klebstoffflecken haftet der Auftrag nicht, so daß ein ungleichmäßiger Überzug entsteht.

Wasserbeizen dringen gut in das Holz ein, bewirken aber auch, daß die Fasern sich aufrichten. Deshalb muß die Oberfläche glatt abgeschliffen werden, bevor man die Arbeit fortsetzen kann. Dieses Problem ist geringer zu halten, wenn man das Holz vorher anfeuchtet, trocknen läßt, abschleift und erst dann mit dem Beizen beginnt. Bei Terpentinölbeizen tritt dieser Effekt nicht auf, aber sie trocknen nur langsam und sind teuer. Spiritusbeizen sind wahrscheinlich im Gebrauch am schwierigsten – gerade weil sie sehr schnell trocknen und daher an Stellen, wo sich verschiedene Aufträge überlappen, leicht Ränder entstehen. Chemische Beizen schließlich reagieren bei Kontakt mit dem Holz; der dadurch entstehende Farbton ist nicht immer vorhersehbar. Wenn Ihr Möbelstück gebeizt und vollständig durchgetrocknet ist, versiegeln Sie die Oberfläche mit Lack, Öl oder Wachs.

Wachse und Öle

Bienenwachs und Leinöl sind wohl die am längsten bekannten Mittel zur Behandlung von Holzoberflächen. Diese transparenten bzw. annähernd transparenten Polituren verleihen dem Holz einen angenehmen Glanz, der die natürlichen Farbeigenschaften sowie Merkmale der Maserung hervorragend zur Geltung bringt. Beide Mittel sind gebrauchsfertig erhältlich und aufgrund ihrer unkomplizierten Verarbeitung sehr beliebt. Nachteile liegen darin, daß sie nur einen vergleichsweise geringen Schutz bieten und daher leichter Beschädigungen auftreten können. Ein großes Plus dagegen ist, daß die Oberflächen leicht nachgewachst oder wieder eingelassen werden können.

Wachse

Im Handel sind mehrere gute Wachspolituren erhältlich, man sollte jedoch darauf achten, daß sie auf Bienenwachs-Basis hergestellt sind, denn manchmal bildet auch Paraffin die Grundlage.

Verwenden Sie keine Produkte, denen Silikon beigemischt ist – damit kann die Oberfläche zwar auf »Hochglanz« poliert werden, in Hinblick auf Schutz und Pflege des Holzes sind diese Wachse jedoch fast wertlos. Eine Wachspolitur kann auf unbehandeltes Holz aufgetragen werden und dann als Basis dienen für den langsamen Aufbau der Oberfläche mit ergänzenden Mitteln. Lassen Sie das Holz jedoch umgekehrt zuerst mit einem Mittel ein, das die Oberfläche versiegelt und gleichzeitig glättet – beispielsweise mit einer dünnen Schellackpolitur oder Polyurethanlack –, kann die darübergelegte Wachsschicht gleichmäßig verteilt werden, und Sie sparen sich eine Menge Arbeit. Schleifen Sie diese Grundierung mit sehr feinem Schleifpapier ab und tragen Sie dann die Wachspolitur mit einem weichen Lappen auf. Reiben Sie das Wachs gut ein und lassen Sie die Schicht einige Minuten einziehen, bevor Sie mit einem trockenen, sauberen Tuch nachpolieren. Mehrmaliger Wachsauftrag steigert den Glanz und fördert mit dem Alterungsprozeß die Bildung einer ansehnlichen Patina.

Öle

»Einmal am Tag eine Woche lang, einmal die Woche einen Monat, einmal im Monat ein Jahr, und einmal im Jahr für immer« – so lautet eine althergebrachte Regel zur Oberflächenbehandlung mit Öl. Früher verwendete man Leinöl, mit dem Holzflächen tatsächlich oftmals eingelassen werden mußten. Bevor eine neue Schicht aufgetragen werden konnte, mußte die darunterliegende (durch Oxidation) erst abtrocknen, und Ziel war es, diesen Vorgang so lange zu wiederholen, bis das Holz kein Öl mehr aufsaugen konnte.

Erhitztes Leinöl trocknet schneller ab als kaltes, die heute eher gebräuchlichen Mittel – wie Tungöl, Teak- oder »Danish«-Öle –, enthalten jedoch Trocknungsbeschleuniger (Sikkative). Weil sie zudem besser in das Holz eindringen, sind hierbei lediglich zwei oder drei Anwendungen notwendig. Aufgetragen werden diese im Handel erhältlichen, speziellen Öle genau wie Leinöl mit einem Pinsel oder Lappen.

KÜNSTLICHE ALTERUNG

Um einer Holzoberfläche den Anschein des Alters zu verleihen – mit den Spuren, die Sonnenlicht, Staub, Feuchtigkeit und jahrelanger Gebrauch im Alltag hinterlassen –, gibt es verschiedene Techniken. Diese Methoden werden inzwischen allgemein praktiziert und sind aus ästhetischen Gründen anerkannt – obwohl sie auch zu Fälschungen dienen, mit denen neu gebaute Möbel als original antike oder alte ausge-

geben werden sollen. Allgemein werden bei einer derartigen Behandlung Abnützungserscheinungen vorgetäuscht, die mit tatsächlichen kleinen Beschädigungen des Holzes zu erzielen sind, aber auch mit speziellen Mitteln, die die Schichten an der Oberfläche bleichen, abblättern, craquelieren oder patinieren.

Mechanische Methoden und Patinieren

Bevor die Oberflächen eingelassen werden, kann man das Holz mit künstlichen Altersspuren versehen. Das geschieht durch Eindellen, Kratzen oder Scheuern mit einer Drahtbürste und indem man Kanten und Ecken abrundet oder absichtlich bestößt. Weichholz wie Fichte eignet sich besonders für die Drahtbürsten-Methode. Abnützungsspuren an Stuhllehnen, Tischbeinen u. ä. können einfach vorgetäuscht werden, indem man die Oberflächen abschleift; damit sich ein möglichst originales Erscheinungsbild ergibt, sollten Sie allerdings darauf achten, daß diese künstlich hervorgerufenen Beeinträchtigungen dort vorgenommen werden, wo sie bei normalem Gebrauch der Möbelstücke auch am ehesten auftreten.

Eine weitere beliebte Möglichkeit, neue Holzflächen altern zu lassen, besteht darin, sie mit einer Antik-Politur abzuwischen. Dafür werden einer transparenten Ölpolitur kleine Mengen an Farbpigmenten wie gebrannte Umbra, Siena oder das sogenannte VanDyck-Braun zugesetzt. Die geeignete Konsistenz des Bindemittels erzielen Sie mit einem Mischungsverhältnis von 1 Teil zum Kochen gebrachten Leinöls zu 2 Teilen Terpentinersatz oder ersatzweise auch verdünntem Öl- oder Polyurethanlack. Alternativ können Sie auch wasserverdünnten Lack verwenden. Diese gefärbte Politur wischen Sie mit einem Tuch oder einer Bürste über die Oberfläche und entfernen sie dann sofort wieder; in den Dellen, Löchern und Rissen bleiben so die Farbpigmente zurück.

Wenn Sie graue oder milchigweiße matte Farbe verdünnen, aufbürsten und sofort wieder wegwischen, bleiben bei Hartholz genügend Pigmente in den Fasern zurück, um den Eindruck hervorzurufen, daß es sich um ein altes oder gekalktes Möbelstück handelt. Gebrauchsfertige »Antikholz«-Beize sorgt für überzeugend gealterte Weichholzoberflächen. Präparate mit Kalk, Natronlauge, Ammoniak oder Schwefelsäure sind gleichfalls sehr wirkungsvoll, aber gefährlich, und sind daher mit höchster Vorsicht zu verwenden.

Mit Antik-Wachsen – Wachspolituren mit nachdunkelnden Farbpigmenten – wird schnell und auf einfache Weise der Anschein mehrfach von Politur und Schmutz überlagerter Schichten, also einer Alterspatina, hervorgerufen. Solche

Wachspolituren sind gebrauchsfertig eingefärbt im Handel erhältlich, können aber aus normaler Möbelwachspolitur mit Zusatz von Farbpigmenten oder Schuhcreme auch selbst angefertigt werden.

Altersspuren bei Farbanstrichen

Mit Antik-Politur können Sie auch über eine gestrichene Oberfläche gehen. Dies dunkelt die Farbe ab und erzeugt eine Wirkung, die sich auf natürlichem Weg erst nach Jahren einstellt. Schleifen Sie dagegen einen Anstrich mit Schleifpapier oder Stahlwolle an, hellt sich der Farbton auf – womit Abnutzung oder Verbleichen durch Sonnenlicht vorgetäuscht werden. Besonders effektvoll ist es auch, die Farbe an einigen Stellen ganz abzuschleifen, so daß darunter liegende Farbschichten sichtbar werden. Eine Variante besteht darin, das Möbelstück zu streichen, diesen Farbauftrag trocknen zu lassen und darüber einen zweiten, verschiedenfarbigen Anstrich zu legen. Bevor dieser getrocknet ist, wischen Sie die Farbe an den Stellen wieder weg, die normalerweise der stärksten Beanspruchung ausgesetzt sind. In diesen Bereichen wird der Farbton der Grundierung und partiell vielleicht sogar das blanke Holz zum Vorschein kommen. Um eine Vorstellung davon zu gewinnen, wie das Endresultat bei dieser Vorgehensweise aussehen könnte oder sollte, ist es sinnvoll, sich vorher einmal ein wirklich altes Stück mit Farbanstrich genau anzusehen.

Abgeplatzte Farbe ist ein häufig anzutreffendes Charakteristikum alter Möbel, insbesondere wenn diese der Feuchtigkeit ausgesetzt waren. Um solche Abplatzungen künstlich hervorzurufen, gibt es folgende Methode: An Stellen, wo Wachsflecken – entweder auf der unbehandelten oder vorher gestrichenen Holzoberfläche – aufgebracht sind, können weitere Farbschichten nicht haften. Ist also der letzte Anstrich getrocknet, reiben Sie vorsichtig über die vorher gewachsten Stellen, und die Farbe platzt ab. Durch Feuchtigkeit entstehende Craqueluren und Risse im Farbauftrag können aber auch mit speziellen Reißlacken simuliert werden. Die Risse entstehen durch unterschiedliche Trocknungszeiten der auf Öl- und Wasserbasis hergestellten Lacke – zwei Komponenten, die normalerweise schlecht kombinierbar sind. Die besten Resultate erzielt man, wenn vor dem Überzug mit Reißlack zwei verschiedenfarbige Anstriche als Grundierung aufgebracht werden. Wenn die Oberfläche abgetrocknet ist, können Sie, falls notwendig, noch zusätzlich Farbe in die Risse wischen.

Alle künstlich erzeugten Abnützungs- und Altersspuren müssen vorsichtig und eher sparsam verwendet werden, damit sie überzeugend wirken. Beachten Sie dabei, daß Verschleißerscheinungen konzentriert an bestimmten Stellen auftreten, daß Schmutz und Staub sich vorwiegend in Ecken und Vertiefungen ansammeln und daß an exponierten Oberflächen – wie scharfen Kanten, Tischplatten oder Schubladenfronten die Farben aufgrund von Abnützung und direkter Einwirkung des Sonnenlichts – in der Regel blasser sind. Besonders häufig finden sich Gebrauchsspuren und Schmutzschichten auch in der Umgebung von Tür- und Schubladengriffen. Derartige Details führen Sie am besten mit Künstlerfarben und einem feinen Pinsel aus.

Wenn Ihr Möbelstück entsprechend »gealtert« ist, überziehen Sie es zum Schutz abschließend mit Klarlack, der aber nicht zu glänzend sein darf.

Bei der Auswahl einer Holzart für ein bestimmtes Werkstück ist es von Vorteil, die wesentlichen Charakteristika der jeweiligen Hölzer – Eigenschaften bei der Bearbeitung, Farbe, Haltbarkeit etc. – zu kennen. Hilfreich ist es auch zu wissen, ob es sich um Hartholz (H) oder Weichholz (W) handelt. Im folgenden finden Sie eine kurze Zusammenstellung derjenigen nordamerikanischen und europäischen Holzarten, die für die Arbeitsmodelle in diesem Buch verwendet oder empfohlen werden und gleichzeitig für einen Möbelbauer auf dem Land einfach zugänglich waren.

Gebrauchsfertig besäumtes und gehobeltes Holz können Sie in Sägewerken oder Holzhandlungen kaufen. Weichholz ist in der Regel billiger als Hartholz, aber auch weniger widerstandsfähig. In einigen Ländern werden auch größere Mengen Hart- oder Weichholz nach Volumen bemessen – z. B. Kubikmeter – verkauft. Ein Kubikmeter entspricht beispielsweise einem Brett in den Maßen 25 mm (Stärke) x 305 mm (Breite) x 3,6 m (Länge). Bei kleineren Mengen ist es üblich, einen Preis pro Stück oder laufenden Meter zu berechnen.

Ahorn (H)

Zuckerahorn (Acer saccharum), auch harter Ahorn, ist die in Nordamerika wohl bekannteste Ahornart. Sein hartes, schweres Holz mit engen Jahresringen ist weißlich bis hellbraun und manchmal schwer zu bearbeiten. Demgegenüber zeigt es aber auch extreme Widerstandsfähigkeit, ist kaum abzunutzen und auch an den Oberflächen leicht zu behandeln. Roter oder weicher Ahorn (Acer rubrum) ist – wie der Name sagt – nicht so hart und robust wie Zuckerahorn, dafür aber leichter zu verarbeiten. Der englische Feldahorn (Acer campestre) ist in der Regel nur wenig größer als eine niedrige Hecke und daher nur von geringem kommerziellen Wert. Keine der Ahornarten eignet sich ohne entsprechende Behandlung für den Außenbereich.

Birke (H)

Birken (Betula sp.) sind weltweit die wohl verbreitetsten und widerstandsfähigsten Bäume, deren Arten von Krüppelbirken bis hin zu Bäumen mäßiger Größe reichen. Charakteristisch für Nordamerika ist die Papierbirke (Betula papyrifera), aber auch die Zuckerbirke (Betula lenta) und Gelbbirke (Betula alleghanensis) kommen häufig vor. In Großbritannien sind Trauerbirke (Betula pendula) und Schwarzbirke (Betula pubescens) weit verbreitet. Birken-Splintholz ist milchig-weiß, das Kernholz hellbraun. Für Verwendung im Freien ist Birkenholz nicht widerstandsfähig genug, bei Bearbeitung und Oberflächenbehandlung zeigt es jedoch recht gute Eigenschaften.

Buche (H)

Buchenholz ist kräftig und strapazierfähig und besitzt gute Verarbeitungseigenschaften. Die europäische Rotbuche (Fagus sylvatica) ist von großem Wuchs, und ihr Holz ist aufgrund der feinen, gleichmäßigen Struktur sehr beliebt. Die amerikanische Rotbuche (Fagus grandifolia), ein relativ kleiner Baum, besitzt vergleichbare Zähigkeit und Bearbeitungseigenschaften, ihre Holzstruktur ist jedoch etwas gröber. Buchenholz ist blaß- bis rotbraun und läßt sich – auch wenn die Maserung oft nicht sehr charakteristisch hervortritt – gut beizen und lackieren. Soll das Holz witterungs- oder feuchtigkeitsbeständig sein, muß die Oberfläche entsprechend behandelt werden.

Eiche (H)

Bei Eichen gibt es zahlreiche Arten. Die amerikanischen werden allgemein in zwei Gruppen unterteilt, nämlich in Weißeichen (Quercus alba) und Roteichen (Quercus rubra); die beiden in Europa heimischen Eichenvarietäten sind die Stieleiche (Quercus robur) und Traubeneiche (Quercus petraea). Eichenholz ist berühmt für seine Robustheit und Dauerhaftigkeit – Qualitäten, die aber abhängig von den Wachstumsbedingungen und der Geschwindigkeit des Wachstums etwas variieren. Weißeiche zeigt ähnliche Merkmale wie die europäischen Arten, Roteiche dagegen ist gröber strukturiert mit weniger ansprechender Zeichnung. Die Färbung variiert von hellgelb bis braun und geht häufig leicht ins Rosarote. Eichenholz ist gut zu verarbeiten, enthält aber Gerbsäure (Tannin), so daß eisenhaltige Metallverbindungen korrodieren.

Esche (H)

Die europäische Esche (Fraxinus excelsior) ist ein großer Baum, deren Name je nach Herkunftsland variiert (z. B. französische Esche, englische Esche u. ä.). Amerikanische Esche aus Kanada und den Vereinigten Staaten (Fraxinus americana) ist in der Regel etwas kleiner im Wuchs, aber in zahlreichen Varianten bzw. Holzfärbungen wie schwarz, weiß, gelblich und bläulich vertreten. Das Holz ist grobstrukturiert, hat aber eine geradlinige Maserung und zeichnet sich durch seine Zähigkeit – bei gleichzeitiger Elastizität – aus. Europäische Esche ist in der Farbe weißlich bis hellbraun und besitzt eine deutlich erkennbare Zeichnung; bei Bearbeitung und Oberflächenbehandlung zeigt sie sehr gute Eigenschaften. Für den Außenbereich ist Esche nur geeignet, wenn die Oberfläche mit entsprechenden Mitteln zum Schutz eingelassen wird.

Haselnuß (H)

In Europa ist die Waldhasel (Corylus avellana) weit verbreitet; sie ist eher als Strauchgewächs (Haselstrauch) zu bezeichnen und wurde in England früher auch gepflanzt. Aus den Ästen und Zweigen werden für bestimmte Elemente im Möbelbau kräftige, gerade Stäbe hergestellt. Einheimische amerikanische Arten sind beispielsweise Corylus americana und Corylus californica.

Hickory (H)

In Kanada und im Osten der Vereinigten Staaten beheimatet, liefert

Hickory (u. a. Carya glabra, Carya laciniosa) robustes Holz mit gleichmäßiger Struktur. In Aussehen und seinen wesentlichen Merkmalen ist Hickoryholz mit Esche vergleichbar, durch die gröbere Struktur bedingt jedoch zäher.

Kiefer (W)

Kiefernholz ist wahrscheinlich das am häufigsten verarbeitete Holz überhaupt. Die Bezeichnung »Kiefer« wird für alle Arten der Pinus-Familie und im kommerziellen Bereich auch für manche Sorten verwendet, die im Grunde nicht dazugehören. Unterschiedliche Merkmale und Eigenschaften der annähernd 35 amerikanischen Arten sind geographisch bedingt – von den harten Sumpfkiefern oder »Pitchpines« (Pinus palustris) des Südens bis hin zu den weichen Kiefernarten wie Weymouthskiefer bzw. Strobe (Pinus strobus) im Osten und Gebirgskiefer (Pinus monticola) im Westen. Weymouthskiefernholz ist leicht zu bearbeiten und blaßgelb bis braun im Ton; ähnliche Merkmale weist Gebirgskiefernholz auf, ist aber härter. Aus der europäischen Waldkiefer oder Föhre (Pinus sylvestris) wird bei uns das beliebte »Redwood« gewonnen – ein relativ robustes, leicht harziges Holz, gelb- bis rotbraun in der Färbung und häufig mit deutlicher Zeichnung. Kiefernholz ist leicht zu verarbeiten (mit Ausnahme der Flächen, in denen sich Astlöcher befinden), und bei entsprechender Behandlung können auch saubere Oberflächen erzielt werden. Alle Arten nehmen Beizen, Farbe und Lacke gut an, sind jedoch erst für den Außenbereich geeignet, wenn entsprechende Schutzmaßnahmen getroffen werden.

Kirschbaum (H)

Die amerikanische Trauben- oder Spätkirsche (Prunus serotina) liefert gutes, gleichmäßig und fein strukturiertes Holz, das auch dekorativ aussieht. Der Baum ist von mittlerer Größe, es gibt aber auch kleinere Arten wie beispielsweise die Süßkirsche. Die europäische Süßkirsche (Prunus avium) ist ein kleiner Baum, deren Holz hauptsächlich für Einzelanfertigungen und kleinere Stücke verwendet wird. Mit scharfem Werkzeug ist das rötlich-braune Holz leicht zu bearbeiten. Auch die Oberflächen lassen sich gut behandeln und werden stark glänzend.

Linde (H)

Das fein strukturierte und gelblich-weiße Holz der europäischen Linde (Tilia vulgaris) ist leicht zu bearbeiten. Insbesondere für Schnitzarbeiten eignet es sich hervorragend, weil in jeder Richtung gerade Schnitte gebildet werden können.

Nußbaum (H)

Nußbaum ist ein besonderes Holz mit einigen hervorragenden Eigenschaften. Die nordamerikanische schwarze Walnuß (Juglans nigra) ist ein großer Baum, der robustes, ziemlich grob strukturiertes Holz mit geradlinigem, aber auch lebhaftem Faserverlauf liefert. Die Kernholzfarbe reicht von tiefem Rotbraun bis hin zu Schwarz. Gute Verarbeitungsqualitäten, starker Glanz an der Oberfläche und eine gewisse Widerstandsfähigkeit im Freien zeichnen das Holz aus. Der europäische Nußbaum, die Welsche Nuß (Juglans regia), ist kleiner im Wuchs, und die Holzfärbung changiert zwischen Graubraun und Braun, wobei auch häufig dunklere Streifen auftreten. Die Verarbeitungseigenschaften sind denen von Juglans nigra vergleichbar.

Platane (H)

Die amerikanische Sykomore oder abendländische Platane (Platanus occidentalis) und die europäische Sykomore bzw. der Bergahorn (Acer pseudoplatanus) haben im Grunde nichts miteinander gemein. Erstere gehört zur Familie der Platanen, bei letzterem handelt es sich um eine Ahornart. Das Holz der amerikanischen Platane ist hellbraun-rötlich und gleichmäßig strukturiert. Es ist gut zu bearbeiten und zu lackieren. Bergahorn hat eine noch feinere Struktur und ist weiß bis gelblich-weiß in der Farbe. Auch hier sind hervorragende Qualitäten bei der Verarbeitung und Behandlung gegeben, insbesondere können sehr glänzende Oberflächen erzielt werden. Keine der Sorten ist jedoch für den Gebrauch im Außenbereich widerstandsfähig genug.

Ulme (Rüster) (H)

In Teilen Nordamerikas und Europas ehemals weit verbreitet, sind die amerikanische Weißrüster (Ulmus americana) und europäische Feldulme (Ulmus procera) heute aufgrund des mit verheerender Geschwindigkeit um sich greifenden Ulmensterbens beinahe vom Aussterben bedroht. Die europäische Feld- oder Rotulme ist größer als die amerikanische Art, durchwegs ist das Holz aber grob strukturiert. Meist haben die verschiedenen Arten eine schöne Zeichnung, insbesondere Ulmus procera. Das hellbraune Holz ist mit scharfem Werkzeug gut zu bearbeiten, unbehandelt allerdings nicht zur Verwendung im Freien geeignet.

Zeder (W)

Die echte oder Libanonzeder (Cedrus libani) ist ein mächtiger Baum, dessen Stamm bis zu 1,5 m Durchmesser erreichen kann. Das Holz ist gleichmäßig strukturiert, wenn auch ein wenig spröde, und einfach zu bearbeiten (außer im Bereich von Astlöchern). Durch sein Aroma hält es zudem Motten und Ungeziefer ab. Unter amerikanischen »Zedern« versteht man den abendländischen Lebensbaum (Thuja occidentalis), den Riesenlebensbaum bzw. die kanadische Rotzeder (Thuja plicata), die Alaskazeder (Chamaecyparis nootkatensis) u. a. Sowohl Lebensbaum (Thuja) als auch Rotzeder (Riesenlebensbaum) haben rötlich-braunes Holz und sind gröber strukturiert; außerdem splittert Rotzedernholz leicht. Demgegenüber ist das Holz der Alaskazeder hellgelb, fein strukturiert und läßt sich hervorragend verarbeiten.

VORLAGEN

Aus Gründen der Platzersparnis wurden die auf den folgenden Seiten zusammengestellten Vorlagen für die Modelle (siehe nebenstehende Legende) übereinander angeordnet. Trotzdem dürfte es keine Schwierigkeiten bereiten, die Zeichnungen richtig zuzuordnen und voneinander zu unterscheiden, da jede Vorlage mit einem Buchstaben in dem entsprechenden Symbol gekennzeichnet ist. Pausen Sie die zu einem Modell gehörigen Vorlagen jeweils einzeln durch und beschriften Sie sie mit dem richtigen Buchstaben. Die Vorlagen auf S. 151 bis 156 sind in Originalgröße wiedergegeben, diejenigen auf S. 155 verkleinert (jedes Rasterquadrat entspricht 2,5 cm).

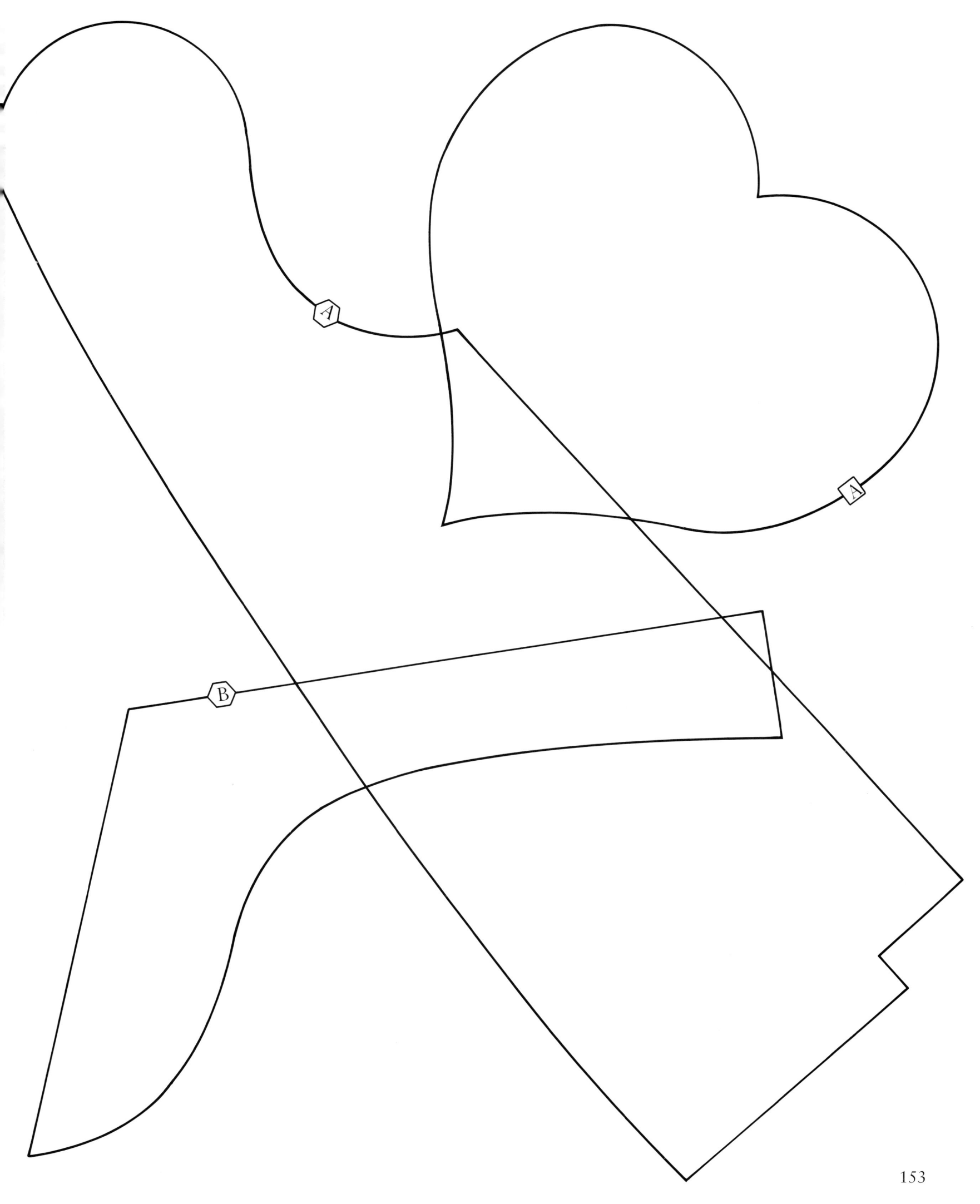

A

A

B

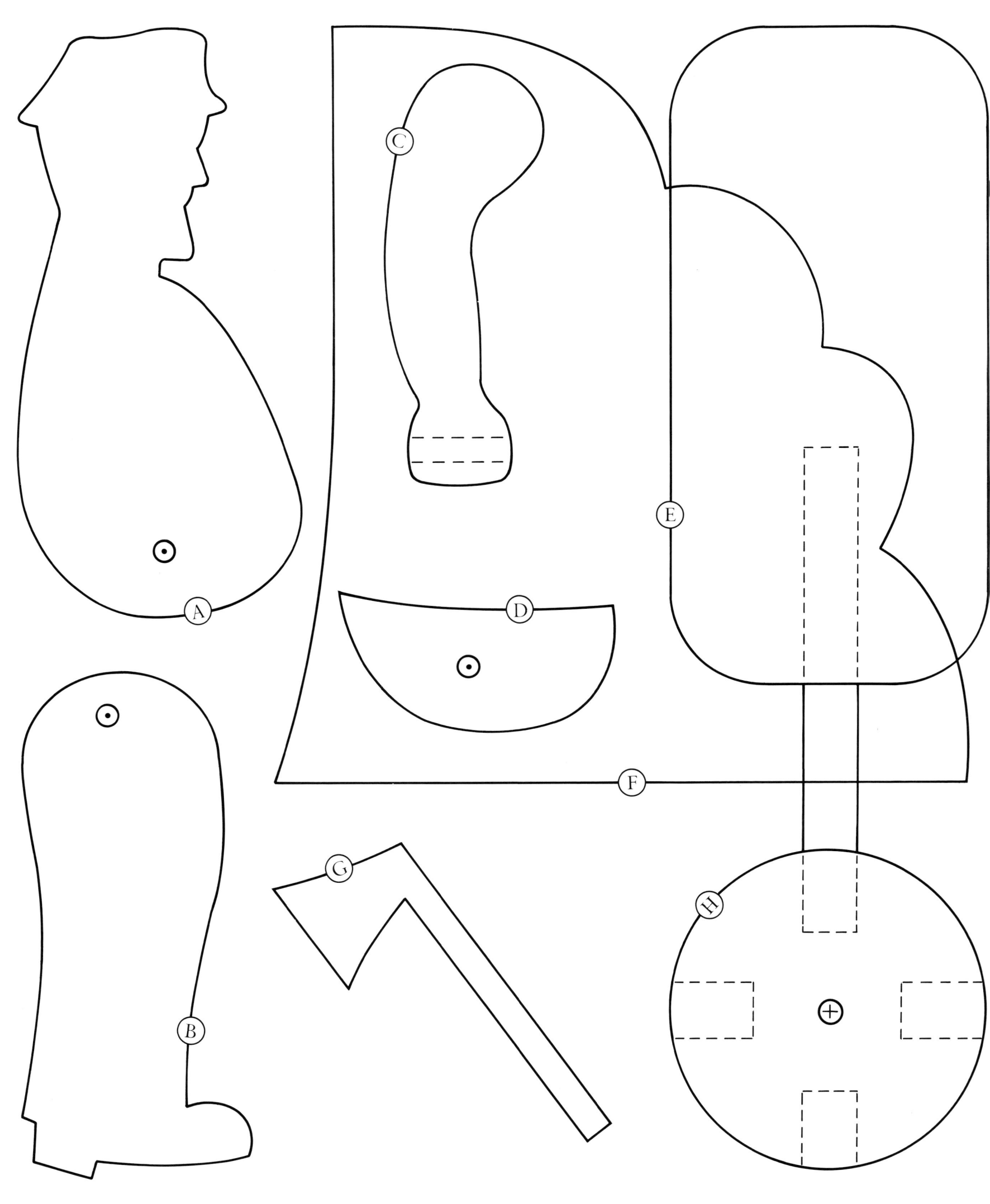

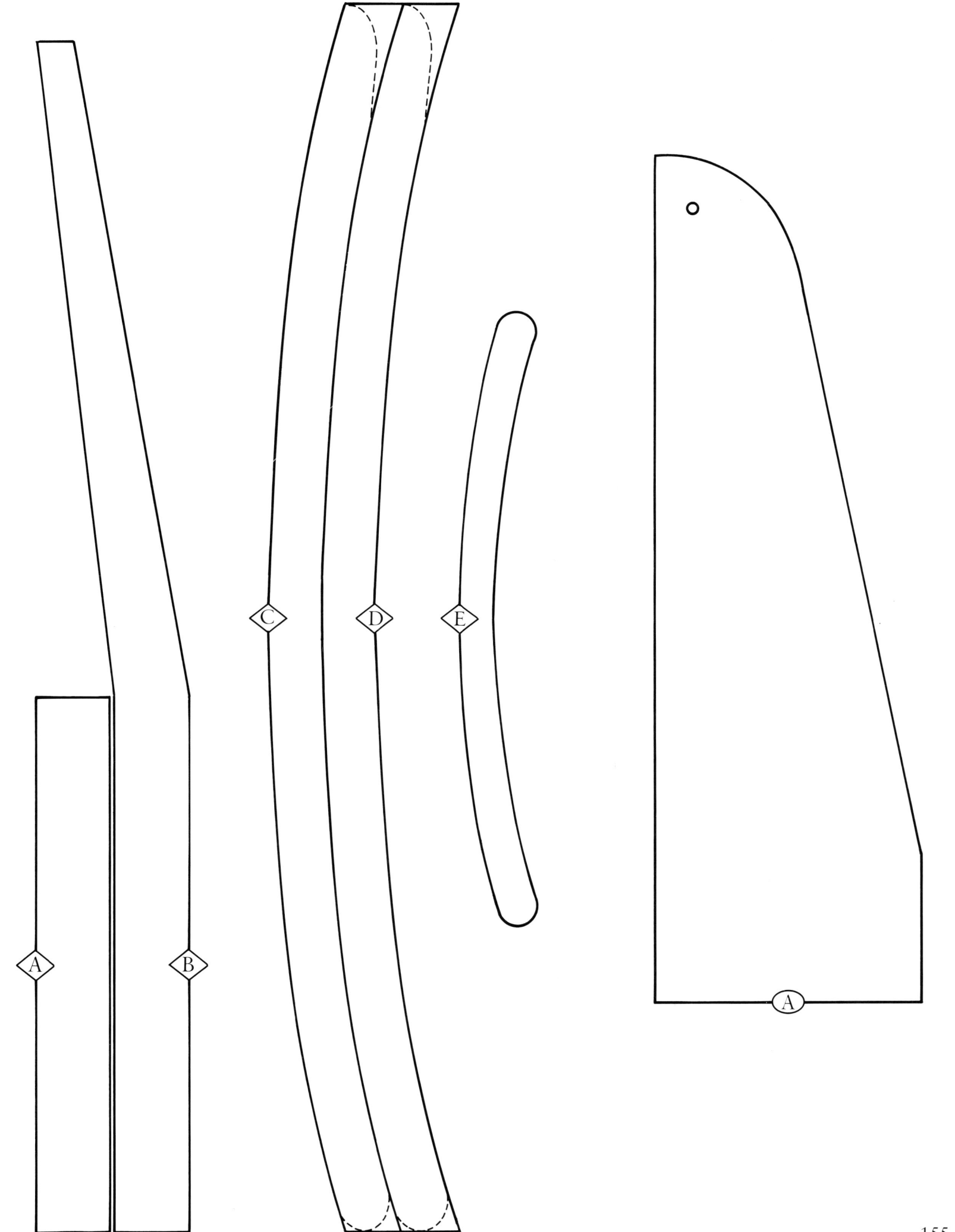

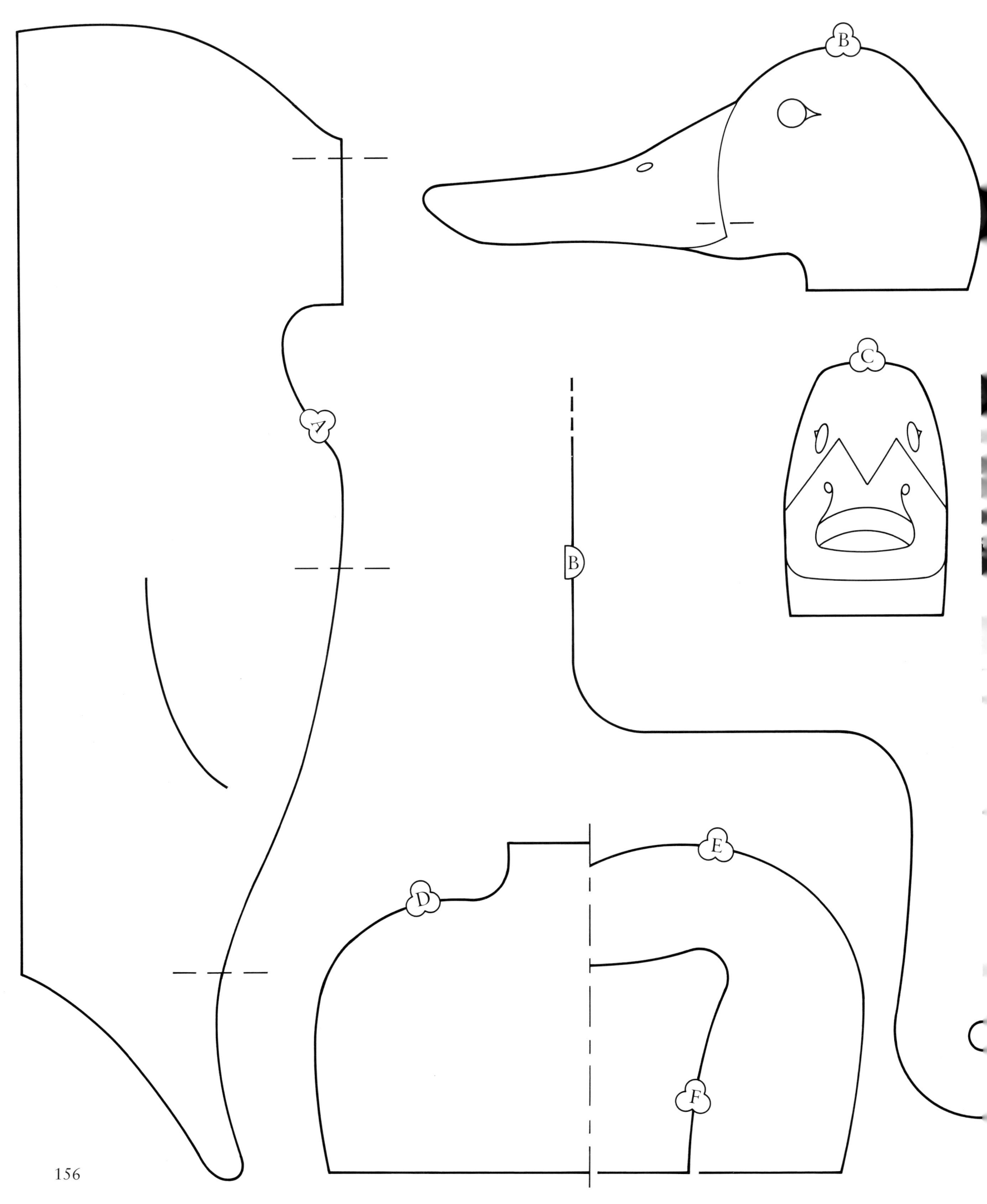

LITERATUR

Gilborn, Craig. *Adirondack Furniture and the Rustic Tradition.*
Abrams Inc., New York. 1987.

Hill, Jack. *Country Chair Making.*
David & Charles, Newton Abbot. 1993.

Kettell, Russell H. *The Pine Furniture of Early New England.*
Dover, New York. 1949.

Kinmonth, Claudia. *Irish Country Furniture.*
Yale University Press. 1993.

Knell, David. *England Country Furniture.*
Berry & Jenkins, London. 1992.

Mack, Daniel. *Making Rustic Furniture.*
Sterling Lark, New York. 1992.

Miller, Judith & Martin. *Period Finishes and Effects.*
Mitchell Beazley, London. 1992.

Shea, John G. *Antique Country Furniture of North America.*
Van Nostrand Reinhold, New York. 1975.

Sparkes, Ivan. *English Domestic Furniture.*
Spurbooks, Bourne End. 1980.

Sprigg, J. & Larkin, D. *Shaker: Life, Work, and Art.*
Cassell, London. 1988.

DANKSAGUNG

Ich danke Judith More für ihre Anregung, dieses Buch zu schreiben und ihre Unterstüzung während des gesamten Entstehungsprozesses, desgleichen Sophie Pearse, die dabei war, als es geboren wurde, und Jenny Jones, die es in seinem teilweise stark überfrachteten Endzustand durchsah. Mein Dank gilt auch der Abteilung Gestaltung und Produktion und allen im Hintergrund wirkenden Mitherausgebern, Lektoren und Illustratoren, die uns geholfen haben, Stück für Stück alle Teile zusammenzubringen. Dank auch an die Buchführung, deren Schriftbeitrag – durch Ausstellen von Schecks – nicht übersehen werden soll.

Besonders danke ich James Merrell für seine hervorragenden Fotos, meinen amerikanischen Freunden Merryll und Ed Saylan, die Teile des Manuskripts gelesen haben, Chris Mowe und Henryk Terpilowski für Rat und Hilfe zum Kapitel »antike« Oberflächenbehandlung sowie Linda Fielder für ihre Arbeit am Text.

Schließlich möchte ich all jenen Personen danken, von denen ich im Laufe der Jahre gelernt habe, Holz zu lieben und zu verstehen und sinnvolle Dinge daraus anzufertigen. Und ich danke Gott für die Bäume, die wir alle dafür verwenden.

Der Verlag dankt folgenden Personen, in deren Häusern und Wohnungen wir fotografieren durften:
Shirley Dupree, Jack Hill, Howard Kaplan, Tasha und Jack Polizzi, George Schmidt, Maryanne Wilkins